JN298710

LIVING MANAGEMENT IN THE 21ST CENTURY

2001

DOBUNSHOIN

Printed in Japan

21世紀の生活経営
自分らしく生きる
第三版

臼井和恵
［編著］

◆

奥田都子・藤田純子・鬼頭由美子
磯村浩子・中澤弥子・岡部千鶴
小野瀬裕子・中澤孝江・小澤千穂子
岩本真代・田中美恵子
［著］

◆

同文書院

■執筆者紹介 (執筆順)

編著者

臼井　和恵（うすい　かずえ）（序章, 第8章）
　　相模女子大学副学長

著　者

奥田　都子（おくだ　みやこ）（第1章）
　　静岡県立大学短期大学部准教授

藤田　純子（ふじた　じゅんこ）（第2章）
　　相模女子大学・成蹊大学非常勤講師

鬼頭由美子（きとう　ゆみこ）（第3章）
　　金城学院大学非常勤講師・消費生活アドバイザー

磯村　浩子（いそむら　ひろこ）（第4章）
　　社団法人NACS消費生活研究所所長・消費生活専門相談員

中澤　弥子（なかざわ　ひろこ）（第5章）
　　長野県短期大学教授

岡部　千鶴（おかべ　ちづる）（第6章, 終章）
　　久留米信愛女学院短期大学教授

小野瀬裕子（おのせひろこ）（第7章, 附章Ⅱ）
　　共立女子大学・相模女子大学・東京家政大学・大妻女子大学短期
　　大学部非常勤講師

中澤　孝江（なかざわ　たかえ）（第9章）
　　愛国学園短期大学教授

小澤千穂子（おざわちほこ）（第10章）
　　大妻女子大学准教授

岩本　真代（いわもと　まさよ）（附章Ⅰ）
　　元・金蘭短期大学非常勤講師

田中美恵子（たなかみえこ）（附章Ⅲ）
　　相模女子大学教務補佐員

（カッコ内は, 担当した章を示す）

まえがき

　まさに21世紀を生きる若い皆さんに，この著書をお届けします。書名も『21世紀の生活経営――自分らしく生きる――』にしました。好評のうちに第三版を迎えます。この一冊の中には，新世紀の生活者が，知りかつ考えてほしい重要な基礎事項が，キラ星のごとく並んでいます。21世紀を托す若い皆さんが，かけがえのない「生命を生かし」，自らの人生を「自分らしく生きる」ための知恵とエールを，執筆者12人，熱い心で込めました。

　本書は，生活経営のあり方を，"わたしを活かし，あなたも活かす"という男女共同参画の視点からとらえる序章に始まり，第1章「家族を考える」では，変容する現代家族の実態に豊富なデータから鋭く迫ります。第2章は，就職が重大関心事である皆さんにふさわしいテーマ「女性が働く」です。結婚や教育にかかる費用を，ライフステージごとに生き生きと分析する第3章「経済を整える」，恋人商法をはじめとし，若者の側に立って消費者問題をとらえる第4章「消費社会を生きる」，地球環境問題の現在とその対策を，高いレベルでわかりやすく説く第5章「環境と共生する」，変貌する情報社会の現状と問題について考える第6章「情報を活かす」，どれも手応え充分の内容です。少子社会の現在，真正面から子どもを持つということを考える第7章「子どもと育つ」と高齢社会をプラス思考でとらえる第8章「老いを愛しむ」では，人間関係を中心にした生活経営を考えます。社会保障をリスクマネジメントの視点から整理した第9章「支え合って生きる」，大学生ボランティアにも触れる第10章「地域でふれあう」，そして終章では，次世代にも持続可能な，環境と調和した"サスティナブルな生活"という，21世紀を貫く価値観について学びます。章を追うごとに生活者としての力がつくこと請け合いです。

　附章Iの「生活の生命学」も，ユニークで奥深い内容です。新たに若者の「性」をめぐる問題が加わりました。附章IIは知っておきたい法律で役に立ちます。附章IIIは戦後の「生活史年表」。祖母・母・わたしと連なる生命と生活の重みが伝わってくる労作です。1945（昭和20）年の東京大空襲，広島，長崎への原爆投下に始まるこの年表から，戦争の悲惨さと平和の有難さとを，汲み取ってください。

　本書が生活学関連の専門書としてのみならず，21世紀を生きる若者のためのベーシックな教養書として，広く読まれることを願っています。家庭を中心とした生活こそは，人権，ヒューマニティーを育てる大地だと考えるからです。

2007年3月

執筆者を代表して　　臼井　和恵

21世紀の生活経営 ——自分らしく生きる—— 目　次

まえがき

序章　男女共同参画社会の生活経営
　　　——21世紀, わたしを活かし, あなたも活かす—— ………………………… 1

　1．蒼白い顔の月から太陽へ ——男女平等への歩み——／1
　2．今もいる蒼白い顔の月 ——乗り越えるべき課題——／1
　3．21世紀の生活経営／3
　4．男女共同参画社会の生活経営／4

第1章　家族を考える　——家族のゆらぎを越えて—— ……………………… 5

　1．変容する家族／5
　　（1）家族のゆらぎ／5　　（2）結婚と離婚をめぐる変化／5
　　（3）家族機能の変容 ——情緒機能への期待の高まり——／10
　　（4）家族の個人化／11　　（5）家族をめぐる法制度の変化／12
　2．ゆれる男女役割と家族／13
　　（1）性別役割分業のゆらぎ／13　　（2）夫妻の役割分担における不平等／13
　　（3）平等な関係を築くために／15
　　（4）男女の自立に向けて ——性別役割分業を再生産しないために——／16
　3．これからの家族を考える／17
　　（1）個人の自立をどう確保するか／17
　　（2）個人が尊重される, 安らぎのある家族をめざして／18

第2章　女性が働く　——アンペイド・ワークとペイド・ワーク—— ……………… 20

　1．アンペイド・ワーク／20
　　（1）アンペイド・ワークとペイド・ワークの定義／20
　　（2）シャドウ・ワーク・家事労働・市場労働／20　　（3）家事労働の誕生と特性／21
　　（4）家事時間と性別役割分業／22　　（5）これからの家事労働／23
　2．ペイド・ワーク／24
　　（1）戦後の女性の働き方と産業構造の変化／25　　（2）女性の就業状況／25
　　（3）多様な働き方／26　　（4）職業と家庭の二重負担／28
　3．これからの働き方／29
　　（1）働き続けることへの支援／29　　（2）自分の働き方を考える／31

第3章　経済を整える　——ライフステージと家庭経済—— ……………………… 35

　1．国民経済の循環の中で／35
　　（1）国民経済の循環／35　　（2）家庭経済の特質／35

2．ライフステージの各段階での家庭経済／36
　　（1）ステージⅠ…ひとり暮らしの経済／36　（2）ステージⅡ…ふたりで暮らす／38
　　（3）ステージⅢ…子どもを育てる／40　（4）ステージⅣ…子どもの高等教育／41
　　（5）ステージⅤ…再び夫婦ふたり／42　（6）ステージⅥ…高齢のひとり暮らし／42
　3．現在と将来の生活のバランス／43
　　（1）"今"の充実／43　（2）"将来"の安心／45
　4．社会の変化と家庭経済の変容／47
　　（1）キャッシュレス化／47　（2）家計から個計へ／48
　　（3）世代間の経済関係——世代継承型から一世代完結型へ——／48

第4章　消費社会を生きる　——コンシューマリズムの確立—— ……………… 50

　1．消費者問題の現在／50
　　（1）消費者意識の高まり／50　（2）経済社会の変化と消費者問題／50
　　（3）安全性をめぐる消費者問題／52　（4）消費者取引をめぐる消費者問題／53
　2．コンシューマリズムの確立と消費者の権利／57
　　（1）コンシューマリズムの確立／57　（2）消費者の権利／57
　　（3）消費者のための法制度／59
　3．消費者の行動と消費者主権／60
　　（1）市場経済と消費者主権／60　（2）購入と消費者行動／62
　4．消費者の自覚と責任／62
　　（1）消費者運動／62　（2）消費者の自立とネットワーク／63　（3）消費者学習／64

第5章　環境と共生する　——循環型社会の実現へ向けて—— ……………… 65

　1．地球環境問題の現在／65
　　（1）大量消費型ライフスタイルと地球環境問題／65　（2）国際的取り組みの推進／66
　2．家庭生活が及ぼす影響／67
　　（1）水環境とライフスタイル／67　（2）食環境とライフスタイル／69
　　（3）家庭ごみの現状／71　（4）自動車の利用にともなう環境への負荷／72
　　（5）電気の大量消費と環境問題／73
　3．循環型社会の実現へ向けて／74
　　（1）4つのR／74　（2）ライフスタイルの改革／76　（3）社会構造の改革／78

第6章　情報を活かす　——情報リテラシー能力を身につける—— ……………… 81

　1．情報リテラシーと生活／81
　　（1）情報社会から高度情報社会へ／81　（2）高度情報社会の進展／82
　　（3）情報リテラシー能力とは／83
　2．情報ネットワークとセキュリティ／84
　　（1）ネットワーク社会の進展にともなう問題／84　（2）個人情報の保護／86
　　（3）情報モラルの育成／88

3．IT革命とこれからの生活経営／89
 （1）インターネットを活用した生活経営／89
 （2）さまざまなITの発達にともなう生活経営の変化／90
 （3）21世紀型IT社会の形成へ向けて／92

第7章　子どもと育つ　——世代のつながりを楽しむために—— ……………… 96

1．子どもを持つということ／96
 （1）子どもを持つ選択／97　（2）子どもを持たない選択／97　（3）少子社会の現状／99
2．子育てを楽しむ／101
 （1）母親と子ども／101　（2）父親と子ども／103　（3）みんなで育てる／105
3．子どもの権利／107
 （1）児童虐待／107　（2）いじめ／108　（3）子どもの人権／109
4．子どもと育つ地域と世代のつながり／109

第8章　老いを愛しむ　——ウェル・エイジング社会の中で—— ……………… 112

1．身近な老い ——父母の場合——／112
 （1）定年と老い／112　（2）更年期と老い／113
2．身近な老い ——祖父母の場合——／114
 （1）祖父母と孫の交流／115　（2）三世代同居の闇／115
3．老いの順送り／117
4．認知症を理解する／119
5．女は3度老いを生きる／120
6．高齢社会に生きる／122
 （1）将来人口の動き／122　（2）老年人口も働いている ——統計数字のトリック——／122
7．老いを愛しむ ——ウェル・エイジング社会の中で——／125

第9章　支え合って生きる　——リスクマネジメントと生活保障—— ……………… 126

1．私たちの生活とリスクマネジメント／126
 （1）不測の事態の実例／126　（2）私たちの生活と社会保障制度／127
2．女性の生活を支える／127
 （1）雇用保険／127　（2）生活保護／127　（3）母子および寡婦福祉／129
 （4）婦人保護事業／129
3．子どもの生活を支える／131
 （1）少子化対策：子ども・子育て応援プラン／131　（2）児童福祉対策／131
 （3）母子保健対策／131　（4）児童手当／131　（5）児童扶養手当／131
4．障害者の生活を支える／132
 （1）障害者対策／132　（2）身体障害者の現状と対策／132
 （3）知的障害者の現状と対策／133　（4）精神障害者の現状と対策／133
5．高齢者の生活を支える／134
 （1）進む高齢化と高齢者対策／134　（2）介護保険制度／134

6．健やかな生活を支える／136
　（1）国民健康の実態と健康対策／136　（2）医療保険制度／136
　（3）医療制度の構造改革の概要／138
7．高齢期の生活を支える／138
　（1）高齢者の所得保障／138　（2）公的年金制度の概要／138
8．支え合って生きる／140

第10章　地域でふれあう　——コミュニティとボランティア—— ……… 142

1．人と人とのつながり方の変化／142
　（1）ITによる新しいつながり方／142　（2）地域との交流が個人の生活に果たす機能／142
2．生活価値観の変化とコミュニティ／143
　（1）コミュニティの登場／143　（2）物の豊かさ，心の豊かさ／144
　（3）コミュニティを見つめ直す気運の高まり／145
　（4）コミュニティ形成のネットワークとNPO／146
3．ボランティアで支え合う社会／148
　（1）ボランティアへの関心の高まりと実践／148　（2）ボランティアの活動内容／150
4．閉ざされた家庭から開かれたネットワークへ／152

終章　自分流ライフスタイルの構築　——21世紀の生活経営—— ……… 154

1．豊かさのもたらしたもの／154
2．情報化のもたらすもの／155
3．パラダイムの転換へ／156
4．サスティナブルな生活へ／157

附章Ⅰ　生活の生命学　——性・生命・死—— ……… 159

1．性を考える／159
（1）生殖と性／159　（2）受精と胎児の成長／160　（3）恋愛と性／161
（4）セックスとジェンダー／162
（5）リプロダクティブ・ヘルス，リプロダクティブ・ライツ／162
（6）子づくりのために／165　（7）自分らしい出産／165　（8）生殖をめぐる生命倫理／167
（9）インフォームド・コンセント／168
2．死について考える／169
（1）Death Education，死への準備教育／169　（2）死を自分のものとする／169
（3）終末期医療／170　（4）脳死・臓器移植／172
3．生命と生活／173
（1）自然・不自然・超自然と私たちの生活／173　（2）再び，物に出会う／174

附章Ⅱ　生活・女性と法　——知っておきたいこの法律—— ……… 176

1．家族の法律／176
（1）親族／176　（2）結婚／176　（3）親子関係／178　（4）離婚／180　（5）相続／181

2．日常の取引の法律／183
（1）契約／183　（2）権利の実現方法／184
3．男女共同参画社会をめざすための法／185
（1）日本国憲法／185　（2）女子差別撤廃条約／185　（3）ＩＬＯ条約第156号／185
（4）第4回世界女性会議「北京宣言」および行動綱領／185　（5）労働基準法／186
（6）男女雇用機会均等法／186　（7）育児・介護休業法／186　（8）ＤＶ防止法／186

附章Ⅲ　生活史年表 ——祖母・母・わたしの時代—— ……………………………… 187

参　考　困ったときは国民生活センター，全国消費生活センターへ…………… 198

索　引 …………………………………………………………………………………………… 199

序章

男女共同参画社会の生活経営
── 21世紀，わたしを活かし，あなたも活かす ──

1. 蒼白い顔の月から太陽へ ──男女平等への歩み──

　1999年6月23日，「男女共同参画社会基本法」が公布・施行された。男女共同参画社会とは「男女が，たがいにその人権を尊重しつつ責任も分かち合い，性別にかかわりなく，その個性と能力を十分に発揮することができる社会」である。21世紀は男女共同参画社会を実現する世紀である。条文を味わってみよう。

> **男女共同参画社会の形成（第2条）**
> 　男女が，社会の対等な構成員として，自らの意思によって社会のあらゆる分野における活動に参画する機会が確保され，もって男女が均等に政治的，経済的，社会的及び文化的利益を享受することができ，かつ，共に責任を担うべき社会を形成することをいう。
>
> **男女の人権の尊重（第3条）**
> 　男女共同参画社会の形成は，男女の個人としての尊厳が重んぜられること，男女が性別による差別的取扱いを受けないこと，男女が個人として能力を発揮する機会が確保されることその他の男女の人権が尊重されることを旨として，行われなければならない。（傍点は筆者）

　平塚雷鳥が女性の解放を叫んで『青鞜』を発刊してから88年，ひとつの豊かな実りが，男女共同参画社会基本法であろう。父や夫や息子といった男たちに照らされて輝く「蒼白い顔の月」であった女たちが，今や目覚めて，太陽のように自らが輝く条件は用意されたのである（資料序－1）。21世紀に生きる私たち一人ひとりの生き方と生活経営のあり方とが，まさに今，問われている。

2. 今もいる蒼白い顔の月 ──乗り越えるべき課題──

　男女の人権の尊重が謳われている男女共同参画社会基本法が成立した現在も，人権とはほど遠い女と男の関係は存在する。夫や恋人など，親密な関係にある男性から，女性に対してふるわれる暴力，「ドメスティック・バイオレンス（Domestic Violence　ＤＶ）」の関係もそのひとつである。

> **資料序−1　明治の女たちからのメッセージ**　　　　　『青鞜』創刊号　1911（明治44）年
>
> 　　　　元始，女性は太陽であった　　　平塚らいてう
> 　元始，女性はじつに太陽であった。真正の人であった。
> 　今，女性は月である。他に依って生き，他の光によって輝く，
> 病人のような蒼白い顔の月である。
>
> 　　　　そぞろごと　　　　　　　　　与謝野晶子
> 　山の動く日来る
> 　かく言えども人われを信ぜじ　　　　されど，そは信ぜずともよし
> 　山は姑く眠りしのみ　　　　　　　　人よ，ああ，ただこれを信ぜよ
> 　その昔において　　　　　　　　　　すべて眠りし女今ぞ目覚めて動くなる
> 　山は皆火に燃えて動きしものを

　ＤＶは夫婦ふたりの問題に止まらず，子どもをも巻きこんでいく。ＤＶを目撃した子どもは，夜泣き，うつ症状，不安症状などを呈することが多く，成長しても情緒不安定，対人関係がうまく築けないなど，子どもの生活全体に影響があるといわれている。暴力をふるわれる女の不幸はもちろん，殴っている夫自身もまた不幸なのである。

　次の3つの事例からわかるように，ＤＶの根底には，男性優位という性別役割意識が生み出す女性差別が澱んでいる（資料序−2）。「お前のような価値のない人間を養ってやっているんだから，ありがたく思え」や「女なのに」という夫の言葉がそれを示している。ＤＶは人権侵害であり，犯罪行為であるにもかかわらず，男の暴力に寛大で甘い社会のあり方にも問題がある。人生をともに生きる対等なパートナーとしての女と男，そこに望まれて生まれ，安心して育つ子どもたちこそ21世紀の生活主体である。パートナーの選択は慎重に。あとひとつ，大切なことがある。「私には生きる価値がある，と自分自身で思えること」，これがＤＶから抜け出せた女たちの実感である。自ら「生きる価値がある」と思えるような，自分流ライフスタイルを構築するための歩みを，今日から始めよう。

> **資料序−2　ＤＶの事例**
> ・事例1　「養ってやっているんだから」と殴られるＴさん
> 　　　　　　　　　　　　　　　　　　　（『ともに』相模原市男女共同参画課，1999）
> 　結婚したのは20歳の時。アルバイト先の上司で7歳上の彼は，当初から「独占欲が強い人」という印象があったものの，「年上の人なら頼れるかな」と，プロポーズを受け入れました。けれど，結婚式の翌日には，私が用意した食事が気に入らないと，暴力がスタート。その後，「お前の顔は醜い」などといった言葉の暴力が続き，半年後には，馬乗りになって殴られるといった日々で毎日ビクビクとすごしていました。一方で，夫は「お前のような価値のない人間を養ってやっているんだから，ありがたく思え」を繰り返しました。こんな生活が，離婚を決意するまでの5〜6年にわたって続いたのです。
>
> ・事例2　「女のくせに」と刃物を振り回されたＡさん
> 　　　　　　　　　　　　　　　　　　　（『Waveかながわ女性センターだより』2000）
> 　はじめての暴力は，新婚2ヵ月目。忘年会で遅くなると告げて出たのに，その日に彼の友人が遊びにきていて，私が帰宅すると，「女なのに，こんなに遅く帰ってきて，いったい何様のつもりなんだ」と

夫は半狂乱で刃物を振り回しました。なだめて包丁を取り上げようとした私の手がぱっくりと切れ，血がぽたぽた落ちたとき，彼は正気に返りました。

それからの3年間は地獄の日々でした。夫は，思い通りにならないとカッとなり，自分を押さえられなくなるのです。首をしめられ，気絶したこともありました。

危害を加えられたらどうしようという恐怖感の中，離婚調停の申立てを起こし，「家名によくも泥を塗ってくれた」という義父からの嫌がらせの電話にも耐え，1年後に正式に離婚が成立しました。

・事例3 「三食ただで食べさせてやっているのだ」と言われ続けるM子さん

(読売新聞「人生案内」1990.10.20)

ひどい夫にうんざり ――妊娠中に浮気――

[問] 子供が2人いる20代の主婦です。夫とのこれからの生活をどうしたらよいのか，助言をお願いします。夫は私が妊娠中に，浮気なのか，本気だったのか，女性と関係を持ちました。以来，3年になりますが，この間に夫婦生活は数回しかありません。夫は「男は女の1人や2人はいないとダメだ。自分はもてるから女性の方から誘ってくる」と少しも悪びれたところがありません。1年前に病気になり，高熱で体調が悪い時にも「病気になって金がかかる」と怒る始末で，家事に協力もしてくれません。生活費は渡してくれるものの，「三食ただで食べさせてやっているのだから，ありがたく思え」が口癖です。この先もこんな夫との生活が続くかと思うとやりきれませんが，そうかと言って，子供を残して離婚するなんて，とても心残りで出来そうもありません。どうしたらいいでしょうか。

(栃木・M子)

3. 21世紀の生活経営

バブルがはじけ，リストラや就職難といった不況の時代に入っている。所得やモノやサービスの量で幸せや満足をはかる(スケールメリット追究)時代からの転換が迫られているといってよいであろう。豊かさや満足とは何か，を問う時期に来ているのである。経済だけでははかれない多様な豊かさを，一人ひとりが見いだしていく時なのであろう。子どもたちの世代，孫たちの世代をも見通した，持続可能(サスティナブル)な生活経営のあり方が求められている。日本社会の格差是正を前提としつつ。

生活を経営する主人公，すなわち生活主体は当然のことながら人間である。生活経営は人間の「生命」が大前提となる。恩師の田辺義一先生は，「生活とは，生命を維持し，生存を全うするもろもろの営み」と定義された。先生は家庭を「人間の生命維持機構」ととらえる。人間という「種(Species)」の視点，「生命」の視点から生活を築き上げていくことの大切さを，まず確認したい。生活は「主として，人間が生きていくための命の働きを実現していくための行為」(別枝篤彦『世界の生活文化』帝国書院，1990)なのである。命の働きを実現していくための方法については第1章以下でじっくり考えることとしよう。「健康な自己愛」を持ちながら(資料序－3)。

資料序－3 命の働きと健康な自己愛

自分はみんなに望まれてこの世に生まれてきたのだという素朴な確信のことを私は「健康な自己愛」と呼んでいます。

(斎藤学『家族依存症』誠心書房，1988)

4．男女共同参画社会の生活経営

　日本の各都市で，熱い想いを込めて，さまざまな「男女共同参画都市宣言」がなされている。青森市と相模原市の2つを掲げたい。わたしを活かし，あなたも活かす——21世紀の生活主体のあり方が伝わってくるであろう。若い皆さん，このヒューマンな歴史の潮流に加わり，さらに確かな流れへとつなげていただきたい。

「男女共同参画都市」青森宣言

私は私を大切に思うのと同じ重さで
あなたを大切に思う

性別を超え
世代を超え
時代を超え
人と協調し　人を信頼できる
誇り高い人間でありたい

すべての人の自立と平等をめざして
青森は　ここに「男女共同参画都市」
を宣言します

平成8年10月22日　青森市

さがみはら男女共同参画都市宣言

わたくしたちは
家庭に　地域に　職場に
男女がともに参画できる社会をつくります
人として尊びあい
責任を分かちあい
豊かで活力ある未来を拓きます
市民60万人となった西暦2000年
相模原市は
男女共同参画都市として
新たにあゆみはじめます

平成12年7月8日　相模原市

　こうした明るい流れの反面，信じられないような「情報」も伝わってくる。資料序－4はユニセフ親善大使の黒柳徹子さんが訪れた，中米ハイチの首都ポルトープランスでの2000年の現実である。同時代を生きる人間として，貧困に苦しむこの少女の痛みをともに痛みたい。「情報という武器」を通して。

資料序－4　エイズより食べるもの　　　（黒柳徹子「ユニセフQ&A Vol.26」朝日新聞，2000）

　ハイチの首都ポルトープランスの中央墓地で，売春をしていた12歳の少女に，「エイズが怖くないの」と聞くと，こう答えました。「怖いけど，エイズになっても何年かは生きられるでしょう。私の家族は，明日，食べるものがないのですもの」。この少女のように貧しい毎日を必死で生きる若い人たちを守るためにも，情報という武器が必要なのだと思います。

〈参考文献〉

田辺義一『家政学総論』光生館，1971
臼井和恵『生活文化の世界——人生の四季に寄せて——』酒井書店，1997
かながわ女性センター『ドメスティック・バイオレンスをなくすために』2000
神奈川県県民部人権男女共同参画課『男女共同参画社会を生きる女と男のライフデザイン』2000
金子雅臣『壊れる男たち——セクハラはなぜ繰り返されるのか——』岩波書店，2006

第1章

家族を考える
——家族のゆらぎを越えて——

　「あなたにとって最も大切なものは何ですか」。この質問に「家族」と答えるあなたは，平均的日本人といえる。統計数理研究所の「日本人の国民性調査」でも，1970年代以降「家族」と答えるものが最も多く，その割合も高まっているという。しかし一方で，夫婦関係の破綻は増え続け，ドメスティック・バイオレンス，児童虐待など家族関係のゆがみも明らかに存在し，家族をめぐる状況はゆらいでいる。この章では，家族に生じているゆらぎの背景を探りながら，21世紀の家族関係をどのように育んでいくのかを考えたい。

1．変容する家族

（1）家族のゆらぎ

　現在，家族にどのようなゆらぎが生じているのだろうか。1960年代以降，欧米諸国から始まった家族変動は，離婚率の上昇，単親家庭の増加をはじめとして，婚姻率の低下，結婚せず同棲するカップルやシングルの増加，婚外子出生率の上昇などの現象を次々に引き起こし，このままでは家族が崩壊するのではないかという不安を私たちに抱かせた。
　日本においても，1970年頃から家族の変化が指摘されるようになり，これまでに離婚・再婚の増加や，未婚化，晩婚化などが進んでいる。なぜこのような変化が生じたのか，また，夫婦の関係や結婚のあり方がゆらぎ，これまでとは異なる方向に進むことによって，これからの家族はどのように変わっていくのだろうか。結婚と離婚をめぐる意識の変化に注目しながら，家族の変容を探ってみよう。

（2）結婚と離婚をめぐる変化
1）結婚観の変化
　かつて女性の経済的自立が困難であった時代，結婚は女性にとって「永久就職」の道であり，生活保障の手段だった。「結婚して子どもを生み育てる生き方にこそ女性の幸せがある」とする考えも社会一般に強く，結婚しない人生は選びにくかった。
　しかし，女性の就業機会が増大し経済力も高まった今日では，「結婚しなくてもよい」と考える男女が増え，結婚しない生き方に対する世間の評価も寛容になった（図1－1）。結婚へのプレッシャーはおおいに弱まっ

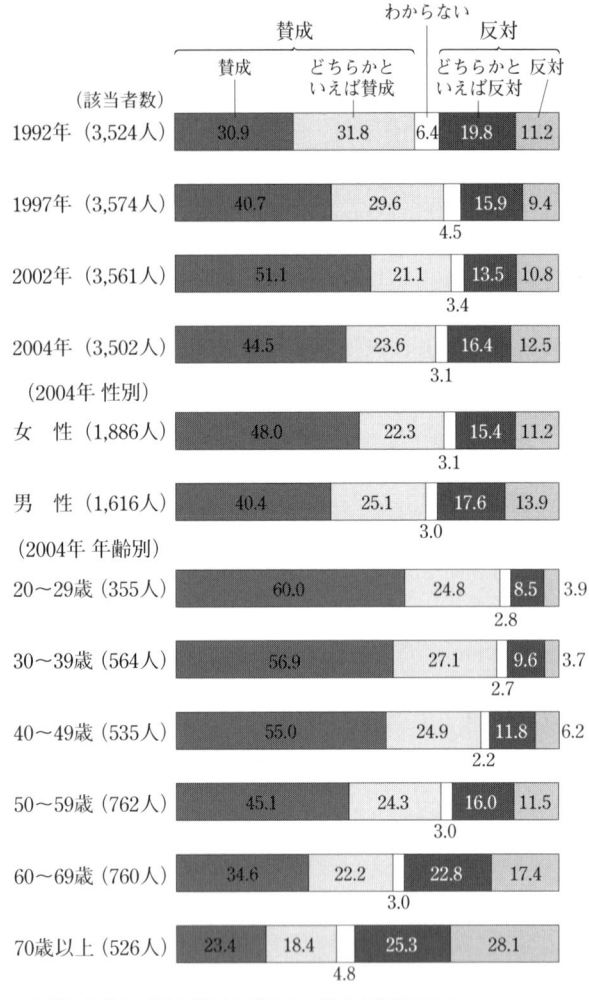

たといえる。

結婚するかしないかは個人の選択に委ねられるようになっており、いまや結婚は「選択の余地なく、皆が必ずしなければならないもの」から、「するかしないかを選ぶことのできるもの」へと変化している。

2）未婚化・晩婚化の進行

結婚観の変化は、未婚化（未婚率の上昇）や晩婚化（初婚年齢の上昇）の進行という形でもあらわれている。

20代後半の女性の未婚率は、1975年の20.9％から、2005年には59.9％に増え、30代前半でも7.7％から32.6％に増えた（図1－2）。男性も同様の傾向で、若者が結婚を先延ばしにする傾向が進んでいる。

では独身志向が強まっているのだろうか。生涯結婚の意思をもたないシングル志向者の割合は、最近でも6〜7％程度にすぎないとはいえ、わずかずつ増える傾向にあり、非婚という生き方が人生の選択肢のひとつになっていることがうかがわれる（表1－1）。

しかし、大多数の未婚男女は、結婚したい気持ちを持っている。にもかかわらず、なぜ独身なのだろうか。シングルの理由をみると、結婚を意識するようになる25歳以上では「適当な相手にめぐりあわない」という答えが最も多く、「必要性を感じない」「自由や気楽さを失いたくない」と続

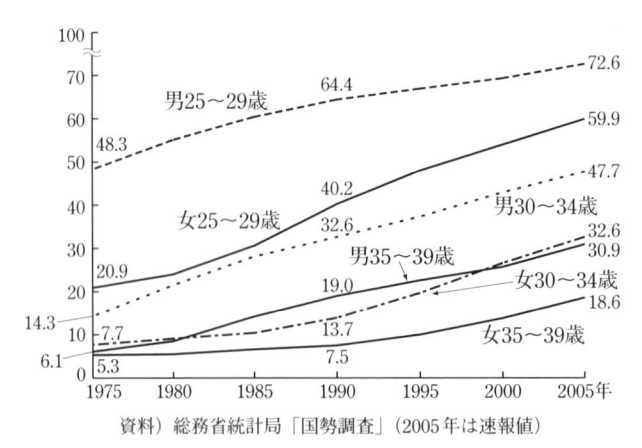

資料）内閣府「男女共同参画社会に関する世論調査」2004

図1－1　「結婚は個人の自由であるから、結婚してもしなくてもどちらでもよい」という考え方について（％）

資料）総務省統計局「国勢調査」（2005年は速報値）

図1－2　未婚率の推移（％，1975〜2005年）

1．変容する家族

資料 1 − 1　独身いろいろ——女性のいい分

　仕事を持ち，おけいこごとに通い，趣味を深め，幅広く友達と交遊し，楽しく充実した生活を送っています。母と弟の 3 人家族。家はとても居心地がいいです。結婚は特にしたいわけでも，したくないわけでもありません。
（茨城県，自営業 32 歳）

　交際 7 年の彼と結婚するつもり。でも，まだ猶予してほしいのです。親元にいた方が楽。食事や洗濯は母がやり，電話代や光熱費その他も親任せ。不況による待遇悪化で会社を辞めた私が，「納得のいく仕事」を悠々として探していられるのも親元にいるからです。
（東京都，無職 27 歳）

　結婚する機会がありません。あまり社交的な性格でなく，人見知りするのが原因でしょうか。「自分で相手を探したい」という気持ちが強く，お見合いをしたことがありません。私はプライドが高く，わがままなのでしょうか。
（神奈川県，無職 33 歳）

　交際 4 年の彼がいます。ずっと付き合っていくと思いますが，結婚するかは分かりません。「結婚」にとらわれたくないのです。独身でいてはいけないのでしょうか。世の中は独身女性に冷たく，生きづらいとよく感じます。もう私のことはほっといてください。
（東京都，会社員 32 歳）

　「結婚したい」と感じたことはありません。決定的な影響を与えたのは両親の不仲。…幸せな家族なんてありえない幻想です。
（東京都，家事手伝い 27 歳）

　いまの私には恋人と呼ぶことのできる人がいます。その人に出会って，私ははじめて結婚というものにあこがれました。どうしてもその人と結婚したい。そう切に願っています。しかしながら，私たちは結婚できません。なぜなら私もその人も女性だからです。
（埼玉県，老人介護職 27 歳）

　経済的に 1 人でやっと暮らせるようになった自分を失うのが怖い。主婦になるのはだんな様に食わせてもらうこと。でも別れない保障はありません。そんな時に困らないように働き続けると，今度は生活の余裕が自分にはつくれません。
（東京都，会社員 32 歳）

出典）朝日新聞社会部編「私が結婚したくない理由」「結婚したくてもできないという悩み」「たかが結婚，されど結婚」『どうするあなたなら 世間』朝日新聞社，pp.80-100，1999 より抜粋

表 1 − 1　未婚男女の結婚の意思（％）

	女　性					男　性				
生涯の結婚意思	1987	1992	1997	2002	2005	1987	1992	1997	2002	2005
いずれ結婚するつもり	92.9	90.2	89.1	88.3	90.0	91.8	90.0	85.9	87.0	87.0
一生結婚するつもりはない	4.6	5.2	4.9	5.0	5.6	4.5	4.9	6.3	5.4	7.1
結婚の意思を持つ未婚者の結婚への態度	1987	1992	1997	2002	2005	1987	1992	1997	2002	2005
ある程度の年齢までには結婚するつもり	54.1	49.2	42.9	43.6	49.5	60.4	52.8	48.6	48.1	51.9
理想的な相手が見つかるまで結婚しなくてもかまわない	44.5	49.6	56.1	55.2	49.0	37.5	45.5	50.1	50.5	46.7

（注）全国の 18 歳以上 35 歳未満の未婚男女を対象とした調査

資料）国立社会保障・人口問題研究所「出生動向基本調査」

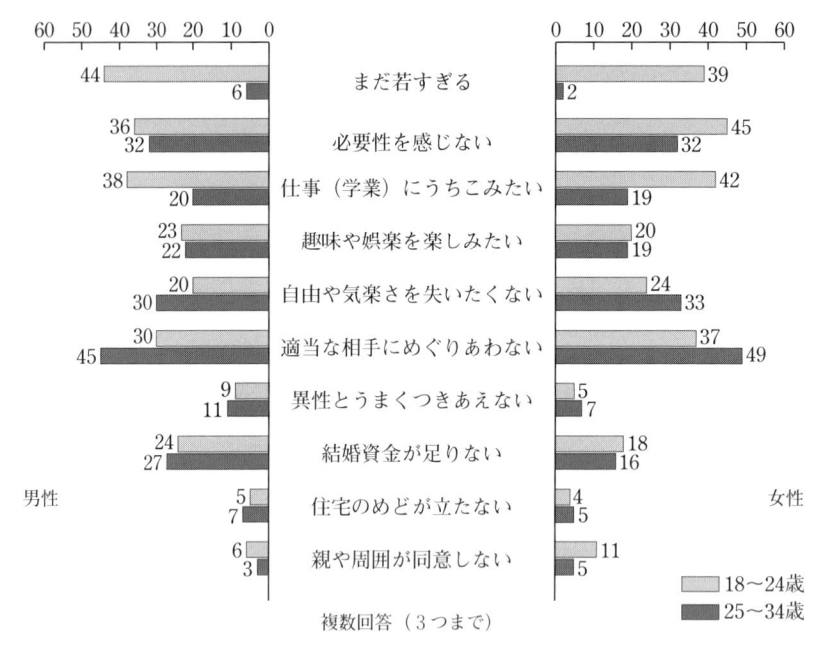

第1章　家族を考える

図1-3　独身の理由（%，2005）

男性／女性、18～24歳／25～34歳

理由	男性18-24	男性25-34	女性18-24	女性25-34
まだ若すぎる	44	6	39	2
必要性を感じない	36	32	45	32
仕事（学業）にうちこみたい	38	20	42	19
趣味や娯楽を楽しみたい	23	22	20	19
自由や気楽さを失いたくない	20	30	24	33
適当な相手にめぐりあわない	30	45	37	49
異性とうまくつきあえない	9	11	5	7
結婚資金が足りない	24	27	18	16
住宅のめどが立たない	5	7	4	5
親や周囲が同意しない	6	3	11	5

複数回答（3つまで）

出典）国立社会保障・人口問題研究所「第13回出生動向基本調査」2005

（図1-3）。結婚しなくても生活に支障がなくなったことが結婚の魅力を薄め，希望にかなう相手との，自由や気楽さを損なわない結婚でなければ，結婚の決断を下せない様子がうかがわれる。

とくに，親元で暮らして生活費や家事負担をほとんど負わず，金銭的・時間的な自由度の高いシングル男女にこの傾向が強く，結婚への社会的圧力が弱まったこともあって，なかなか結婚に踏み切らない現象が目立つようになった。

結婚を成立させにくくする要因としては，このほかにも，性別役割分業のライフスタイルに関する男女の考え方の相違があげられる。たとえば女性のライフコースをめぐる男女の意識をみると（図1-4）仕事も育児も両立する生き方を志向する傾向が男女とも強まっており，専業主婦志向は弱まった。しかしよくみると，男性は，妻に対して子育て期は育児に専念してもらい，子どもが手を離れてから再就職する生き方を強く期待しており，家事や子育てに協力的なパートナーを求める女性の期待とはズレがある。また，女性の2割近くはいまなお専業主婦になりたいと思っているが，男性側では専業主婦を求めるものは1割強にすぎない。これらから，男女双方の役割期待のミスマッチが，未婚化・晩婚化の背景要因になっていることがうかがわれよう。

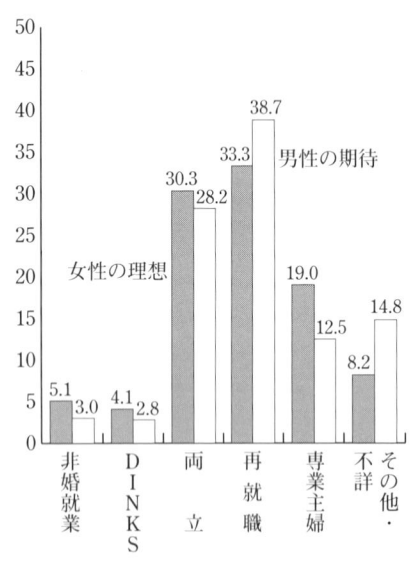

図1-4　理想・期待するライフコースの比較（%）

女性の理想／男性の期待

	非婚就業	DINKS	両立	再就職	専業主婦	不詳	その他・
女性の理想	5.1	4.1	30.3	33.3	19.0	8.2	
男性の期待	3.0	2.8	28.2	38.7	12.5		14.8

出典）国立社会保障・人口問題研究所「第11回出生動向基本調査」p.74, 1997

3）非婚カップル・婚外子のゆくえ

シングル以外にも「非婚」のスタイルはある。非婚同棲

1．変容する家族

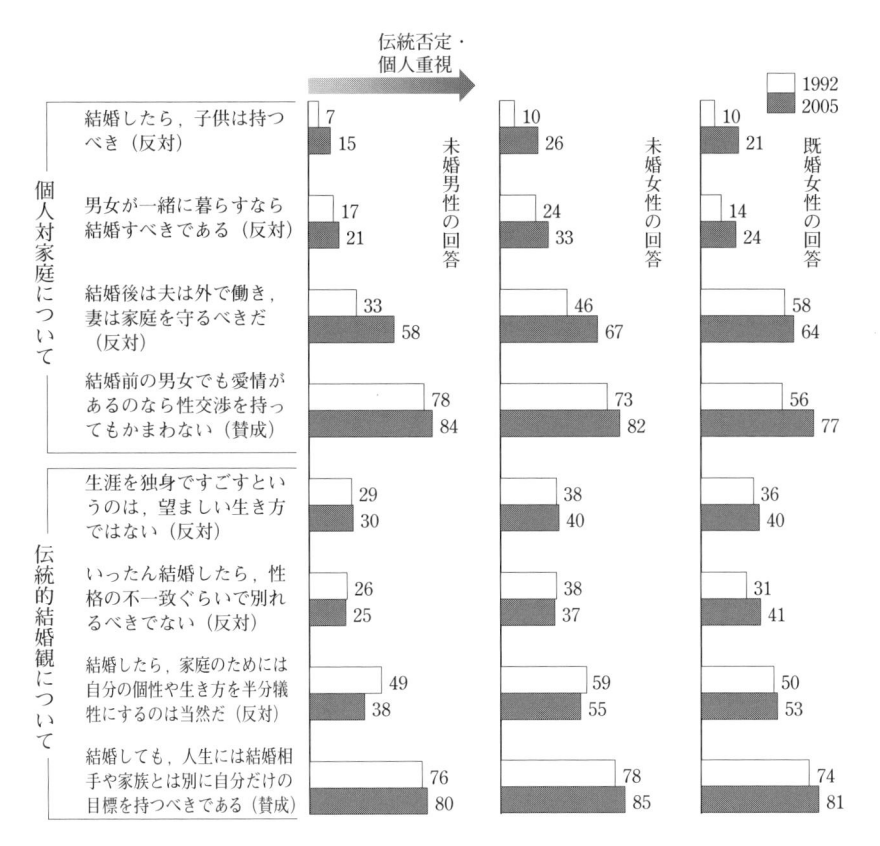

<図省略>

(注) 回答者は，初婚どうし夫婦の妻と，18～34歳の未婚者。設問によって，賛成者（賛成）の割合または反対者（反対）の割合が示されている。割合（％）が高いほど，伝統的結婚観を否定する傾向が強いことを示す。
出典）国立社会保障・人口問題研究所「第13回出生動向基本調査」2005

図1-5 結婚・家族に対する意識（％）

というスタイルは，欧米ではすっかり定着しているが，日本で同棲カップルや婚外子が目立って増える様子はみられない。「結婚しないで子どもを持つべきではない」とする考えが強く，法律上も婚外子差別が残っているため，婚外子を生みにくい土壌であることによっている（図1-5）。

しかし，最近では，夫婦別姓を望むケースや，婚姻制度に縛られることを嫌うケース，高齢者どうしの再婚などで，婚姻届を提出せずに事実婚を選択するカップルの存在が次第に知られるようになった。今後，高齢化の進展により，配偶者を失った高齢男女が，将来の相続紛争を避けるために，婚姻届を出さない非婚のスタイルを選択するケースは増えるのではないだろうか。

4）離婚の増加と離婚観の変化

欧米に比べれば低い水準にあるとはいえ，離婚率，離婚件数とも上昇傾向が続いている。離婚増加の背景には，女性の就業機会の増大などの要因のほか，離婚に対する意識の変化がある。「相手に満足できない時は離婚すればよい」という考え方への支持は，1970年代には2割にすぎなかっ

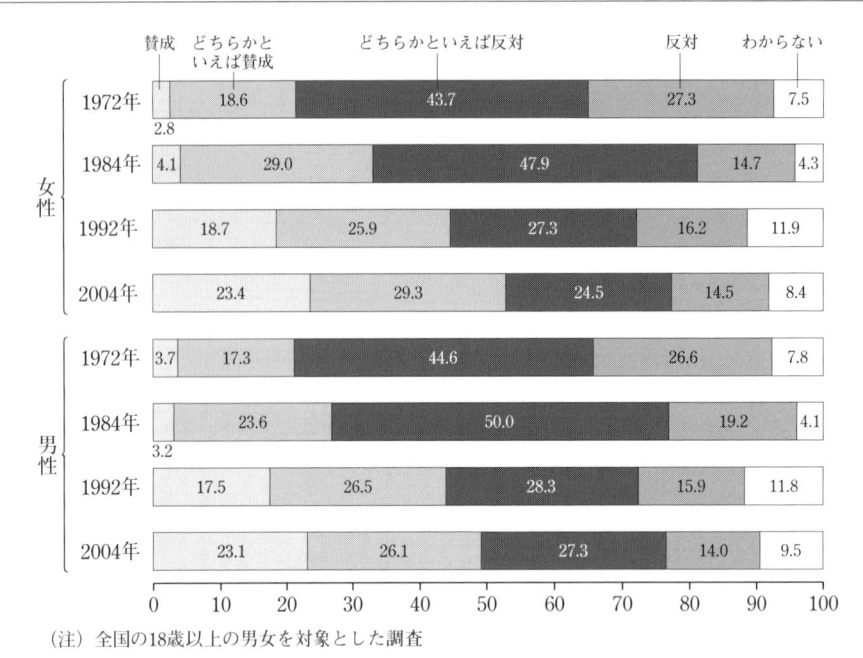

	賛成	どちらかといえば賛成	どちらかといえば反対	反対	わからない
女性 1972年	2.8	18.6	43.7	27.3	7.5
女性 1984年	4.1	29.0	47.9	14.7	4.3
女性 1992年		18.7 / 25.9	27.3	16.2	11.9
女性 2004年		23.4 / 29.3	24.5	14.5	8.4
男性 1972年	3.7	17.3	44.6	26.6	7.8
男性 1984年	3.2	23.6	50.0	19.2	4.1
男性 1992年		17.5 / 26.5	28.3	15.9	11.8
男性 2004年		23.1 / 26.1	27.3	14.0	9.5

(注) 全国の18歳以上の男女を対象とした調査

出典）総理府広報室「婦人に関する意識調査」1972,「婦人に関する国際比較調査」1984,「男女平等に関する世論調査」1992, 内閣府「男女共同参画社会に関する世論調査」2004

図1−6 「結婚しても相手に満足できない時は離婚すればいい」という考え方について（％）

たが，最近では半数を超え（図1−6），「不幸な結婚生活を続けるより，離婚して人生の再出発に踏み出す方が本人にも子どもにもよい」とする考えが受け入れられるようになってきた。

離婚経験者への偏見や単親家庭に注がれるまなざしにも変化が生じつつあり，離婚のマイナス面だけでなく，プラスの側面にも目が向けられるようになったといえる。

5）個人重視の家族観

以上にみたように，結婚や家族のあり方は伝統的・画一的なあり方を脱して多様な形態をとるようになり（家族形態の多様化），シングルや非婚同棲，離婚などさまざまな生き方を許容する傾向が進みつつある。

それとともに，もうひとつの傾向として，たとえ結婚して家族を持っても，ひとりの人間としての生き方を大切にしたいという意識の強まりも指摘できる。図1−5にみるように，「家庭のために自分の個性や生き方を犠牲にするべき」とは考えない人々が増えるとともに，「家族とは別に，個人としての目標を持つ」ことへの支持も厚く，家族や家庭の中にあっても個人として生きることへの志向が高まっているといえよう。

（3）家族機能の変容 ——情緒機能への期待の高まり——

高度成長期以降，家事労働の商品化・サービス化が進み，社会保障や福祉制度の進歩によって，それまで家庭で営まれていた機能の多くが，外部の専門機関に委ねられるようになった（家族機能の社会化）。既製服や調

理済み食品を活用し，保育や介護のサービスを利用するなど，かつて家庭でしか担うことのできなかった機能を，お金で買うことができるようになったのである。

その結果，私たちは，家族に対して，精神的なよりどころや愛情，安らぎなどを期待するようになり，家族における情緒性の価値を相対的に高めている。家族や家庭に期待する役割についての意識調査でも，精神的・情緒的機能をあげる人が最も多く，その割合も高まる傾向にある。

このような情緒性を重視する傾向は，皮肉にも欧米諸国での高い離婚率や非婚カップル増加の一因になっている。愛情あってこそ結婚が成り立つとの意識が強い欧米人は，「愛情や精神的絆を失った夫婦がいっしょに暮らすのは不自然だ」という感覚から，より愛情を抱くことのできる相手を求めて離婚や再婚を繰り返したり，カップルを永続的に固定する結婚制度そのものを否定しているのだという。

女性の就業機会が拡大し，男女が結婚に依存しなくても生活基盤の確保が可能になった今日，夫婦が生活のためにいやおうなく結びつく必要は減り，夫婦や家族を結ぶ絆は「愛」や「情緒」という不確かで移ろいやすいものに変わった。いまや家族の情緒的結びつきを強めるための努力を惜しむ者は，家族という関係を維持することすら難しくなったといえる。

これまでのように「家族であること」にあぐらをかかず，「家族であり続ける」ために，メンバー相互が意識的・戦略的に関係を深め合う努力が必要となるだろう。

（4）家族の個人化

未婚化の進行や離婚の増加傾向は，私たちが，家族によって自分の生き方を妨げられたり犠牲にされることを避け，自分の必要に応じて家族を選択したり解体したりするようになった結果でもある。

これまでの家族では，家族を維持するために，家族の中の個人の生き方が制限されたり，犠牲にされたりする面を抱えていたことを否定できない。就業を望む女性には家庭役割が足かせになり，男性は妻子を養う重荷を担わされて，時には本当にしたいことをあきらめねばならなかった。

このように，家族が個人のあり方を規定し拘束する「家族のために個人がある」状態から，個人が自分のニーズに合わせて家族を選択する「個人のために家族がある」方向へと変わりつつある現在の家族の変容を，「家族の個人化」（目黒，1987）ととらえることができよう。それは，個人の生き方を支援し，自己実現を可能にする新たなシステムとしての家族に変化する過程でもある。

家族の個人化は，個人の生き方の自由度を高め，人生の可能性を拡げるものといえるが，一方では，どのように生きるのかという生き方のビジョンが問われ，選択の自由があるかわりに，その責任やリスクを個人が引き受けねばならないという点で，私たちにこれまで以上に自立と自覚を迫るものともいえる。

人生の長期化が万全の選択を難しくさせている今日，選択の誤りに気づいた時に軌道修正でき，生き方を選び直すことのできる条件が整ってきた

ことが，家族の個人化を可能にさせた。選択できるものになったからこそ，私たちは改めて結婚や家族に何を求めるのか，それは必要なものなのか，どのような関係を築き役割を担うのか，そのあり方を自分の中で真摯に考えていかなければならないだろう。

(5) 家族をめぐる法制度の変化

　家族の多様化・個人化は，法制度にも変化を促しており，これまでに夫婦別姓の容認，婚外子差別の撤廃，形骸化した結婚を解消しやすくする方向などが，民法改正の動きの中で明らかにされた。これらの改正が私たちの家族形成にもたらす影響について，離婚規定の変化を例に考えてみよう。

　現在の民法では，結婚の成立にも解消にも男女双方の合意が必要だ。したがって，合意さえあれば理由を問われることなく離婚することができるが，合意のない離婚は原則として認められない。ただし，相手の側に，法定離婚請求原因に該当するような「落ち度」があれば，離婚裁判に訴えて離婚を勝ち取ることが可能であるが，夫婦関係破綻の原因をつくった配偶者からの離婚請求はまず認められない。

　ところが，離婚規定が改正されると，何の落ち度もない配偶者に対しても，5年以上別居しているという「実績」があれば，離婚請求の裁判を起こすことが可能になる。勝手に愛人をつくって家出した夫でも，落ち度のない妻に離婚を求める裁判ができるというわけである。もちろん別居の事実だけで，即座に離婚を認める判決が下されるわけではないが，審理の結果，夫婦関係が修復不能で，離婚しても妻の生活にさほどダメージを与えないと判断されれば，妻が望まなくとも離婚が成立してしまうことはありうる。これまで法律で手厚く保護されていた「妻の座」は，いまや大きくゆらいでおり，経済的に夫に依存している妻にとっては，この改正の不利益は大きい。

　しかし，破綻した夫婦の離婚を認めず，実体のない結婚を継続させることが，夫婦にとって幸福なのだろうか。一方の経済的利益は守られるとしても，2人とも不幸であり，双方の個人としての生き方を尊重するものとはいいがたい。離婚規定の変更は，結婚が個人どうしの契約である以上，その成立にも解消にも，個人の自由な意志を尊重しようとの個人主義理念に基づき，個人の生き方を選択する自由を保障しようという社会の流れを反映しているのである。

　社会の変化は，夫婦といえども自立した個人として生きることを私たちに求めており，これからの結婚においては，夫婦が「一心同体」ではなく「異心異体」であることを前提に，お互いの関係を結び合わねばならなくなった。

　結婚への甘い夢は吹き飛ばされるかもしれないが，ともに歩むことができなくなれば解消される関係なのだという緊張感のもとに，2人が互いに尊重し合い，関係を深める努力を重ねることこそが，夫婦の豊かなパートナーシップを築き，強い結びつきをもたらすにちがいない。

2．ゆれる男女役割と家族

(1) 性別役割分業のゆらぎ

「男は仕事，女は家庭」という性別役割分業のパターンは，近代社会における男女の理想の分業形として多くの人に支持され，この分業を前提として，経済・社会システムが整えられてきた。

しかし，女性の就労の拡大にともない，現実の労働分担が従来の分業パターンに一致しなくなるにつれて，性別役割分業が男女の役割を固定化し，生き方や選択の自由をせばめているという問題点が指摘されるようになってきた。

夫と妻の役割分業についての意識をみると，「夫は外で働き，妻は家庭を守るべき」とする分業への支持は，女性ではかなり後退している（図1－7）。しかし，国際的にみると日本の役割分業への支持率はかなり高く（図1－8），性別役割分業規範の根強い社会であることがうかがわれる。

(2) 夫妻の役割分担における不平等

では，家庭内の夫と妻の役割はどのように分担されているのだろうか。既婚女性の就労拡大により，「夫は仕事，妻は家事（育児・介護も含む）」というかつての役割分業パターンは変化しているが，夫の家事分野への進出は遅れており，「夫は仕事，妻は家事と仕事」という新たな役割分業が

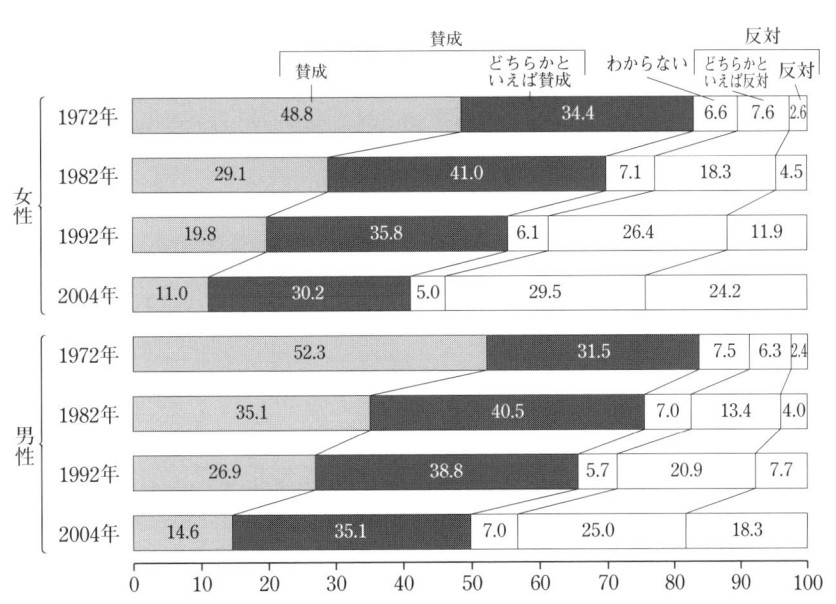

	賛成	どちらかといえば賛成	わからない	どちらかといえば反対	反対
女性 1972年	48.8	34.4	6.6	7.6	2.6
女性 1982年	29.1	41.0	7.1	18.3	4.5
女性 1992年	19.8	35.8	6.1	26.4	11.9
女性 2004年	11.0	30.2	5.0	29.5	24.2
男性 1972年	52.3	31.5	7.5	6.3	2.4
男性 1982年	35.1	40.5	7.0	13.4	4.0
男性 1992年	26.9	38.8	5.7	20.9	7.7
男性 2004年	14.6	35.1	7.0	25.0	18.3

資料）総理府広報室「男女共同参画社会に関する世論調査」1997，「婦人に関する意識調査」1972，内閣府「男女共同参画社会に関する世論調査」2004

図1－7　「夫は外で働き，妻は家庭を守るべきである」という考え方について（％）

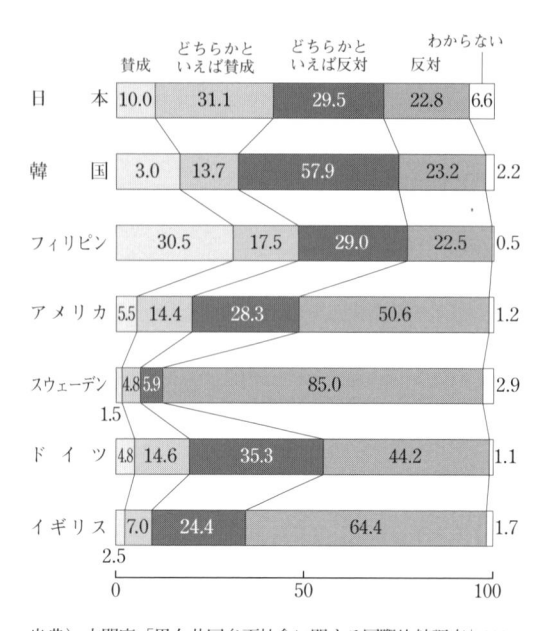

第1章　家族を考える

出典）内閣府「男女共同参画社会に関する国際比較調査」2002

図1−8　「夫は外で働き，妻は家庭を守るべきである」という考え方について（％，国際比較男女，2002）

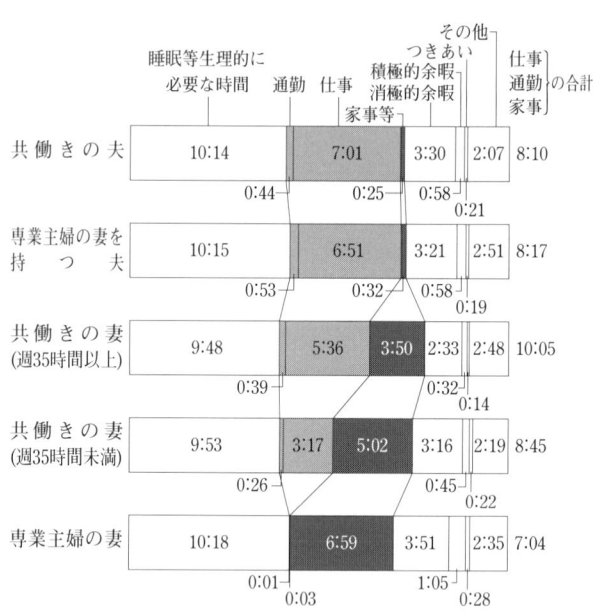

資料）総務庁統計局「社会生活基本調査」2001

図1−9　夫と妻の生活時間（時間：分，週全体）

展開されている。夫妻の労働分担を，時間の面からみると，共働きの場合でも夫の分担はほぼ仕事のみにとどまり，家事にかかわる時間は専業主婦の夫と変わらない。フルタイム就労の妻は家事や育児をほとんど1人で担うため，総労働時間は夫より長くなり，時間を比較する限りフルタイム就労の共働きでは，夫妻の分担に明らかな不平等が生じている（図1−9）。

　このような不平等の実態を見聞する若い女性たちが，結婚という選択をためらうのも無理はない。最近の未婚化，晩婚化，出生率低下は，女性の結婚回避による面が大きいのである。そんな彼女たちの中には，「妻が就労する必要のない十分な収入を持つ家事に協力的な男性と結婚し，自分は家事・育児をしながら趣味や趣味的仕事を楽しみたい」という新・専業主婦志向も現れ，「夫は仕事と家庭，妻は家庭と趣味」という第3の性別役割分業（新・新性別役割分業）への志向が生まれている（『厚生白書　平成10年版』p.33参照）。

　新・専業主婦志向を，若い女性たちの単なるわがままとして受け取るならば，ことの本質を見落とすことになる。女性が仕事の世界で自己実現を図ろうにも，社会に根強く残る女性差別に妨害されて，男性と同等の処遇や評価を得ることはいまも難しい。そこで，仕事に生きがいをみつけることを断念して経済力は夫に頼り，家事や子育ても楽しみつつ趣味の世界で自己実現を図ることにすれば，家事と仕事の二重負担や仕事上の差別に不平等感をつのらせることもなく，妻に家庭責任を期待する男性のニーズとも合致する。

　個人としての生きがいある人生を，女性が置かれている立場から考えた場合，新・専業主婦志向は現状での精一杯の自己実現要求であり，決して

2．ゆれる男女役割と家族

わがままと断じることはできないのではないだろうか。

(3) 平等な関係を築くために

　結婚によって始まる男女の協力関係を，どのような形で築き合うかは，2人の意思と責任で決定すべき問題である。片働きであろうが共働きであろうが，それが対等な役割分担であるという合意があるならば，2人の判断に第三者が口をはさむべきものでもない。

　しかし，新・新性別役割分業志向の登場にみるように，女性の側には，就労によって生じる男女の役割分担の不平等が強く実感されており，夫妻の対等な役割分担のあり方が模索されていることは明らかである。

　では，男性の家事や子育てへの参加を実現し，夫妻間の不平等を改善するためには，どのような手立てが必要になるのだろうか。

　「男女の役割分担についての社会通念，慣習，しきたりを改めること」，「夫婦の間で，家事などの分担をするように，十分に話し合うこと」，「労働時間短縮や休暇制度を普及させること」などの必要性が指摘されているように（図1－10），個人や家族レベルの努力のみならず，社会システムの変革をともなわないことには，問題解決への道は開かれない。

　とくに，現在の労働のあり方や企業中心の社会システムは，仕事に追われて家庭を顧みる余裕のない父親や，過度の家庭責任にあえぐ母親を生み出し，父子関係の希薄化・母親の育児不安，密室育児での虐待など，親子関係のゆがみや家族関係に生ずる深刻な問題の背景要因ともなっている。

　夫妻の役割関係を平等なものにしてゆくには，何よりもまず，男性の働き方を変え，男女ともに家事や育児にかかわるゆとりをもてるように，企業の長時間労働を短縮する方向に進めなくてはならないだろう。男性に負わされた生計担当者としての過大な責任を見直し，女性も生計負担にたえられるよう，男女の同等な待遇が法律や制度によって保障されることも必要である。また，男女の家事能力を差別なく同等に育成する教育プログラムを整えることも大切だ。

項目	女性	男性
夫婦の間で家事などの分担をするように十分に話し合うこと	45.2	36.6
男女の役割分担についての社会通念，慣習，しきたりを改めること	36.1	33.5
労働時間を短縮したり，休暇制度を普及させること	33.3	33.9
企業中心という社会全体の仕組みを改めること	28.7	32.9
家事などを男女で分担するようなしつけや育て方をすること	30.5	21.6
男性が，家事などに参画することによるライフスタイルの変化に対する抵抗感をなくすこと	30.7	20.7
男性の男女共同参画に対する関心を高めること	25.8	24.2
男性の企業中心の生き方，考え方を改めること	24.7	24.9
仕事と家庭の両立などの問題について相談できる窓口を設けること	20.5	16.8
自宅でも仕事ができるように在宅勤務などを普及させること	18.8	16.5
妻が，夫に経済力や出世を求めないこと	13.1	15.3
その他	0.4	1.2
わからない	5.6	5.5

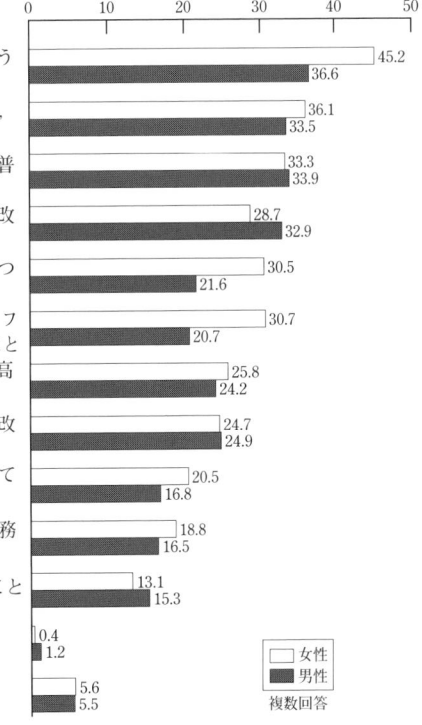

資料）内閣府「男女共同参画社会に関する世論調査」2000

複数回答

図1－10　男性が家事，育児，介護，地域活動へ参加するために必要なこと（％, 2000）

第1章　家族を考える

男女役割の相互乗り入れを推進する法律や制度が整えられ，現実にも乗り入れが進行すれば，意識や規範も変わらざるをえない。そして，夫婦自らも，互いに平等な関係を築くために自らの意識や行動を点検し，どのような役割関係が2人にとって望ましいのかを，役割規範にとらわれることなく相互に確認し合い，行動につなげていく努力が必要なのはいうまでもない。

（4）男女の自立に向けて
――性別役割分業を再生産しないために――

学校教育では高校家庭科が男女必修となったが，家庭でのしつけや教育態度が性別役割分業の再生産につながっていることは見逃せない。子どもたちの家事参加の実態をみると，参加率は明らかに女の子にかたよっており，年齢が上がるにつれて男の子が家事から撤退していく様子がうかがわれる（図1－11，12）。

子どもの家事参加の実態は，親の性別役割分業観を反映している。女の子に対しては両親の8割以上が「料理が得意になってほしい」と望むのに対して，男の子には2～3割の親が期待するにすぎない（中野区「小・中学生の生活と意識に関する調査報告書」1993）。親の期待に素直な子どもほど，性別役割分業を学び取っていくのである。

家庭でのしつけや教育態度が，子どもたちの自立を妨げていることになぜ親は気づかないのだろうか。未婚化・晩婚化の進むこれからの社会では，最低限の家事能力を持たない男性は，快適なひとり暮らしもできなければ，働く女性との結婚も難しい。専業主婦志向の女性でさえ9割近くが夫に家事や育児への協力を望んでおり，家事能力を磨いておかなければ，人生の選択肢をせばめてしまうかもしれない。

最近は，女の子に対しても勉強を優先させる親が増え，女の子の家事離れが進んでいるといわれるが，それでは男女とも自立への道は遠ざかる一方である。男女にかかわらず家事参加を通して家庭責任を担う自覚と基礎能力を育て，生活自立への土台をつくってやることこそ，現代の親のつとめともいえる。もちろん将来といわず，親が病気になった時や，家

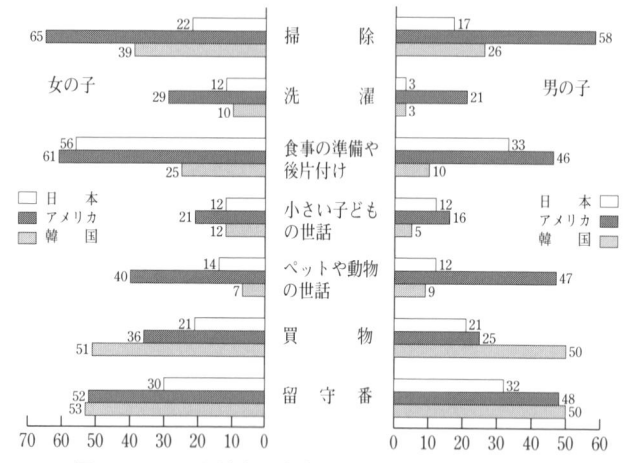

図1－11　子どもの家事手伝い（国際比較％，1994）

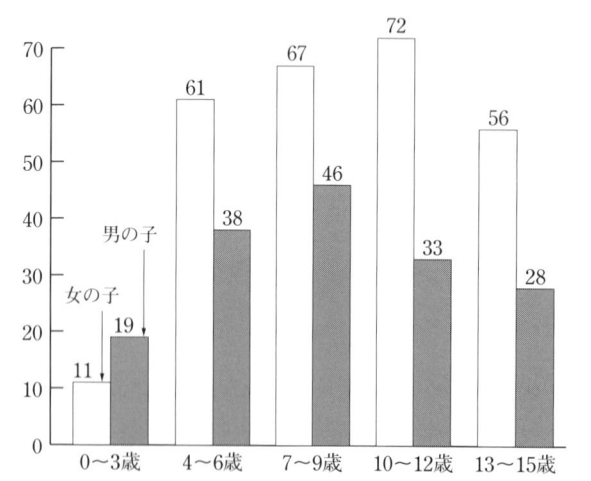

掃除　女の子：日本65，アメリカ22，韓国39／男の子：日本17，アメリカ58，韓国26
洗濯　女の子：日本12，アメリカ29，韓国10／男の子：日本3，アメリカ21，韓国3
食事の準備や後片付け　女の子：日本56，アメリカ61，韓国25／男の子：日本33，アメリカ46，韓国10
小さい子どもの世話　女の子：日本12，アメリカ21，韓国12／男の子：日本12，アメリカ16，韓国5
ペットや動物の世話　女の子：日本14，アメリカ40，韓国7／男の子：日本12，アメリカ47，韓国9
買物　女の子：日本21，アメリカ36，韓国51／男の子：日本21，アメリカ25，韓国50
留守番　女の子：日本30，アメリカ52，韓国53／男の子：日本32，アメリカ48，韓国50

図1－12　子どもの家事手伝い（食事の準備や後片付け）（％，性・年齢層別，1994）

0～3歳：女の子11，男の子19
4～6歳：女の子61，男の子38
7～9歳：女の子67，男の子46
10～12歳：女の子72，男の子33
13～15歳：女の子56，男の子28

資料）総務庁「子どもと家族に関する国際比較調査」1994，1995
出典）井上輝子他編『女性のデータブック 第3版』有斐閣，p.47，1999

> **資料1-2　子どもを成長させる家事参加**
> **―子どもがきびきび炊事―**　　　　　　　　　　　　（朝日新聞「ひととき」1995.8.16）
>
> 　「ご飯まだ？」「え，またコレなの？」。夏休みの悩みは三度の食事。私のアイディアも涸れてくる。そこで子どもにお食事当番をしてもらうようになって，今年で3年目。子供も張り切るし私もラクになる。ただし，お手伝いではなく全部まかせてしまうので，たまに変な夕食もある。
> 　初めの年は小学6年の息子が1週間，小学3年の娘が5日間請け負った。朝昼晩の材料費を担当日数分まとめて与える。買い物，調理，後かたづけまで子供が主人公。とはいえ，私は頼まれればお手伝いをする。遠くのスーパーへ，と言われたら車でお連れする。店内では後について歩く。「ねえあれ買ってぇ」と私がねだると，「だめだめ，高いでしょ」と立場は逆転。
> 　「5年生になったら，食事は自分でつくるのよ」と普段から言ってはいるが，なかなか実現しない。仕事を持っていると，帰宅後に教える時間も惜しい。だが夏休みは子供も母も，ゆったりした気分でつき合える。
> 　兄は堅実型。家にあるそうめんを毎日昼に出し，予算が残ったというので，何とすし屋に連れて行ってくれた。妹はウナギだステーキだと豪勢に始まり，最後は質素になった。
> 　何よりの変化は，普段のお手伝いが上手になったこと。言われたことだけをやる態度から，自分で考えてキビキビ働くようになった。今年は娘が2週間やりたいというので，さっそくまかせた。張り切っているのは，予算が残ったら半分あげるというせいもあるかな。さて帳じりはいかに。
>
> 　　　　　　　　　　　　　　　　　　　　　　　（東京都世田谷区，短大非常勤講師・43歳）

を空ける時のためにも，家事はできるほうがいいにきまっている。子どもたちが将来，生活の上で基本的な自立ができるように，性役割にとらわれずに人生の選択ができるよう，親として教育に配慮することも必要だろう。

3．これからの家族を考える

（1）個人の自立をどう確保するか

　家族の個人化，家族の関係性の変容は，私たちに，自分にとっての家族とは何か，自分は家族を必要とするのか，という家族の意味の問い直しを迫る。とくに，結婚のゆらぎは，これまで夫婦という形で依存し合ってきた男女の役割関係のありようを改めて問うものでもある。

　家庭生活にどれだけ貢献しても金銭的な報酬を生み出さない家事労働を担当する者は，経済的に配偶者に依存することで生活基盤を得るしかない。そのため夫妻の分業において経済的に夫に依存している妻は，これまでも離婚や死別によって生活基盤を失うリスクを負っていた。今後，結婚の永続性が弱まることによって，そのリスクは高まっていかざるをえない。

　これからの結婚生活においては，結婚解消の可能性も見据えて，どのように経済基盤を確保するかということについての自分なりの戦略が必要になるのではないだろうか。

　夫妻がそれぞれ経済的に自立しながら役割を分け合う「協業」の形式を選択することは，ひとつの理想形であるが，すべてのカップルにそれを期待するのは現実的ではない。職業を持たない家事担当者であっても，万一の際の経済基盤を確保するための別の方法を考えなくてはならないだろう。

　一例として，結婚する前に，配偶者になる人と財産契約を結ぶ方法はど

うだろうか。結婚後の収入すべてを共有にする，離婚の際には経済的自立を可能にする援助をする，など，2人の間で具体的に取り決めて契約書面にしておくのである。日本では，財産契約を結ぶ夫婦はごく少ないが，欧米ではそれほど珍しいことではない。契約内容は原則的に結婚する2人の自由だが，法律上有効な契約にするためには，弁護士などの専門家にアドバイスを仰ぎ，登記をしておく必要がある。

イスラム社会では，結婚時に男性から女性に贈られる金品が，万一の離婚時の生活保障になるため，男女の結婚に先立ち，双方の親族は金額交渉にエネルギーを費やすという。もちろん花嫁側はなるべく金額をつりあげようとし，花婿側はできるかぎり値切るのである。夢も希望もないようだが，人間の気持ちが決して不変ではないことを冷静に見つめた合理的なシステムでもあり，私たちにも学ぶべきところがある。

こんなシステムが日本で制度化されることはまず期待できないので，財産契約の交渉は自ら行うしかない。それができなければ，経済的自立を可能にする準備を怠らないこと，配偶者にとって魅力ある人間であり続けること，再婚市場で買い手が殺到する魅力を身につけることなども，万全とはいいがたいが，リスク回避の手立てといえる。他にどんな方法が可能なのか，自分の人生をよりよく，柔軟に，賢く生きるために，自ら知恵を絞らなければならない。

とはいえ，私たちの個人的な努力や準備だけで，家族の変容によって生じるリスクに立ち向かうには限界がある。個人の生き方が多様化するこれからの社会では，シングルライフもあれば，婚姻や血縁に基づかない生活共同体などを含め，多様なライフスタイルが出現しうる。結婚・離婚・シングルといった選択にかかわらず，個人単位の経済的・社会的自立を保障する社会的支援のシステムを早急に構築する必要があるだろう。

（2）個人が尊重される，安らぎのある家族をめざして

これまでみてきたように，現在家族に生じている変化の中に，個人が家族に愛情や安らぎを強く求める「情緒的期待の強まり」とともに，「個人の尊重」という傾向をみることができる。

生き方が多様化してシングルや離婚という選択が増えるとしても，私たちが家族に精神的な安らぎを求める気持ちは強く，たとえ経済的・社会的に男女が自立し，生活の必要がなくなったとしても，愛情や安らぎを求めて家庭を営む男女は，これからも必ず存在するだろう。

しかし現在の家族や家庭は，そのメンバーすべてにとって安らぎの場になっているだろうか。これまでの家庭における役割分業の下では，妻・母が家事や育児を一手に引き受けることで，夫や子どもにとっての安らぎの場がもたらされていたが，家事の負担と責任をひとりで担う妻にとって，家庭が常に安らぎの場所であったとは限らない。さらに家庭責任が軽減されないまま既婚女性の社会進出が進んだことで，女性の負担感は増しており，ますます家庭に安らぎを感じられない状況を生み出している。

夫や父についても，仕事を理由に家庭を顧みない生活を重ねるうちに，家族の一員としての存在感が希薄になり，家族の中の居場所を失ってしま

うなど，行きすぎた役割分業によって家庭の安らぎを妨げられていることが少なくない。家族が等しく安らぎを得るためには，何よりもまず，特定のメンバーに過剰な期待や責任を集中させる役割分業のあり方を見直すことが必要なのではないだろうか。

一方，家族の中において個人を尊重するということは，個人どうしの権利や欲求のぶつかり合いを調整し，家族全員の納得を導くという煩わしい作業をともなう。強いものに有利な決定がされたり，女性・子ども・高齢者など，弱い立場のものを犠牲にすることなく，バランスのとれた個人尊重のあり方を，それぞれの家族が手探りで見いだしていかなければならない。

家族全員の個が尊重され，安らぐことのできる家族，それは，家族が多様化する中にあっても，共通して志向されてきた理想の家族像ともいえる。しかし，これまでの家族のあり方には，その実現を阻むものが潜んでいた。

お互いに過剰な期待や責任を負わせることなく，メンバーの誰もが安らぎを得られるような家族のあり方，家族の誰もが生かされる家族のあり方を，21世紀の家族においてどのように実現していくことができるだろうか，既成のあり方に縛られることなく，私たち一人ひとりの問題として，改めて「家族」を考えたい。

＜参考文献＞
　目黒依子『個人化する家族』勁草書房，1987
　吉武輝子編『日本の家族を考える』ミネルヴァ書房，1994
　井上輝子・江原由美子編『女性のデータブック　第3版』有斐閣，1999
　井上輝子・江原由美子編『女性のデータブック　第4版』有斐閣，2005
　湯沢雍彦『図説　家族問題の現在』日本放送出版協会，1995
　落合恵美子『21世紀家族へ　第3版』有斐閣，2004
　厚生省『厚生白書　平成10年版』ぎょうせい，1998
　朝日新聞社会部編『どうするあなたなら　家族』朝日新聞社，1999
　朝日新聞社会部編『どうするあなたなら　世間』朝日新聞社，1999
　湯沢雍彦『データで読む家族問題』日本放送出版協会，2003

第2章

女性が働く
――アンペイド・ワークとペイド・ワーク――

「労働」とは，自らの生存を維持し，豊かさを得るために，意識的に人やものに働きかけて何らかの価値を生み出す活動である。また人は労働によって，肉体的・精神的発達を促し，生きることの喜びを感じてきたが，一方では，自然を破壊したり，人間性を損なってきたという点も否めない。

この章では生活経営の上で，深くかかわってくる労働を，とりわけ女性がペイド・ワークに参加すること，男性がアンペイド・ワークに参加することについて考えてみる。一体，人間らしい「働き方」とはどういうものなのであろうか。

1. アンペイド・ワーク

> **第4回世界女性会議の行動綱領におけるアンペイド・ワークの領域**
>
> 「女性は，一方で，有償労働ばかりでなく農業，食糧生産又は家族経営の企業における市場向け及び自家消費用の物資及びサービスの生産に参加する。国連が各国に採用を勧告した国民経済計算体系（SNA）及びその結果，労働統計の国際基準に含まれてはいるものの，この無償労働―特に農業に関連する―はしばしば過小評価され，不十分な記録しかなされていない。女性は他方で，相変わらず，子どもや高齢者の世話，家族の食事の準備，環境の保護，並びに弱い立場や障害を持つ個人及びグループを支援するボランティア活動のような家庭内及び地域社会の無償労働の大部分を担っている」（総理府仮訳「北京宣言及び行動綱領」156項より抜粋）

私たちの生活に深くかかわる労働のひとつである，アンペイド・ワークという語が日本で注目され始めたのは，1995年北京で開催された第4回世界女性会議（以下，「北京女性会議」と記す）以降である。労働一般の定義はすでに述べたが，その中でのアンペイド・ワークの位置づけを考えてみよう。

(1) アンペイド・ワークとペイド・ワークの定義

アンペイド・ワーク（unpaid work）とは，ペイメントされない労働，すなわちお金が支払われない労働を意味しており，家事，育児，介護，ボランティア活動などが含まれる。一方，ペイド・ワーク（paid work）とはペイメントされる労働，つまり会社で働き給料をもらう労働などである。

北京女性会議の行動綱領において，アンペイド・ワークは，2つの領域があるとされている。ひとつは，労働統計などに含まれる経済活動とみなされながら過小評価されている労働もしくは把握されていない労働，つまり自家消費用の食料生産や自営業内での家族従業者による労働などである。もうひとつは家庭内や地域で行う，子どもや高齢者のケア，家族の食事の準備，ボランティア活動などの無償労働である。

(2) シャドウ・ワーク・家事労働・市場労働

ペイド・ワーク，アンペイド・ワークを考えることは，生活の営みを，対価としての貨幣に置き換えることを前提としている。貨幣との交換価値を前提とすれば，ペイド・ワークはアンペイド・ワークより優位であると

される。とりわけ19世紀から加速された資本主義の進行は，貨幣による換算を優先させ，人，モノ，労働を商品化していった。

ところで，アンペイド・ワークにはシャドウ・ワーク（shadow work）という類義語があるが，それらの違いは何であろうか。イヴァン・イリイチは後者を，産業社会の発展につれて，市場経済を経由しないで存在する概念であるとしており，「産業社会が財とサービスの生産を必然的に補足するものとして要求する労働」つまり「賃労働を補完する労働」であると定義している。ただし，この「補完」という意味のとり方によって，この語は限りなく前者と等しくなる。しかし問題は有償，無償の境界線であるペイメント自体にある。

ともかく市場労働とは，財（モノ）を生産したり，サービスを提供したりした代償として，賃金というかたちで代価を受け取る労働を意味している。これに対してシャドウ・ワークの代表である家事労働は，賃金取得者にとって欠かすことができないものであり，その労働を補完するものでありながら，それが家庭内で行われるため代価を期待できないという特徴を持っている。

人々の価値観を変化させた市場化は，家庭内においても経済的分断を行った。それまで対等であった男性の労働と女性の労働は，貨幣化の原理の確立によって，賃金を受け取る者と受け取らない者の区別を生み，一般的に男性の労働を優位としたのである。

（3）家事労働の誕生と特性

主婦が家で行う洗濯は家事労働といわれるが，それを洗濯屋が洗うと市場労働になる。家事労働と市場労働のいずれにしても，その仕事の内容はほとんど変わらない。それでは，家事労働とは何であろう。市場の概念を援用すれば，商品やサービスを売り買いする市場化が進む中で，いわば「売れる仕事」と「売れない仕事」が明確に区別できるようになった。家事労働が「市場化されない労働」を意味するならば，家庭の中や家族の間で行われる，さまざまな活動の中から，食事づくり，洗濯，掃除などの家事労働は，徐々に分割して意識されるようになり，それを行うのが主婦の役割と認識されるようになったのである。このような市場化や家事労働の誕生もある時代の一時期に急激に起こったのではない。

このようにして誕生した家事労働は，当然ながらその価値の低下をともなうといえる。労働の市場商品性は，時間ぎめによる労働者の労働の売買によっている。ただし家事労働は，産業活動の特徴である標準化，合理化，効率化にはなじまない。家事労働は，効率や能率にもとづいて多くの利益をあげる市場の論理の対極にある，いわば「生命の論理」によってなされるのである。家族の生命の維持や労働力の再生産，家族員の人間としての成長や発達をその目的としている家事労働は，本来，時間ぎめでいくらといった報酬計算でははかりえない性質のものなのである。

近年では，家事労働を評価し，その金銭的な数値化を行おうと，さまざまな試みがなされている。技術的・理論的にも，測定や評価に課題が多いのは，先に述べた理由が大いに関係していると思われる（資料2－1）。

> **シャドウ・ワーク**
> イリイチによって造られたシャドウ・ワークという概念は，具体例として，家事，試験勉強，通勤，押しつけられた消費のストレス，医者への従属などがあげられる。

> **イヴァン・イリイチ**
> ウィーン生まれの自然科学・歴史・哲学などの思想家。現代産業文明への鋭い指摘が多い。

> **資料 2 − 1　家事の値段はいくらか**
>
> 　北京女性会議の行動綱領をうけて，無償労働を計測し，経済統計や政策に反映させようとする試みがなされている。経済企画庁は，1996年の社会生活基本調査をもとに，家事，育児，介護，買い物，社会的活動などの無償労働の試算を行った。それによると有職既婚女性の平均額は，年間約177万円，専業主婦は276万円と評価され，働く女性は平均賃金235万円との合算により，計412万円と試算された。試算に際し，経済企画庁は機会費用（失った賃金）と代替費用（類似の市場サービス賃金）とを使用しているが，参照する市場賃金としては，前者は平均賃金を使用しており，適用を全労働者の賃金かサービス職の女性雇用者の賃金にするかで異なる。その一方で，後者は税金・社会保障分担金を除く賃金でみるか，含んだ総賃金でみるかで，異なってくる。
> 　このようにアンペイド・ワークの貨幣評価は，無償であるために見えない活動を見えるようにし，「社会のコスト」として意識させることが目的だといわれている。
> 　ドイツの社会学者マリア・ミースは，アンペイド・ワーク問題を，「家事への支払いとかアンペイド・ワークを市場化して支払われる問題」にするということではないと述べ，「地球規模で，男性も女性も労働や生活を分かちあい生存し続ける社会を構築するために，政策を打ち出すこと」を問題視している。

（4）家事時間と性別役割分業

　すでに述べたように，家事が既婚女性の役割として確立したのは，そんなに古いことではない。日本の場合には，専業主婦誕生は，第1次世界大戦後，産業化が進む中で「新中間層」と呼ばれる「都市俸給者」が出現した頃で，たかだか90年にも満たない。

　生活の様相が大きく変化をとげたのは1960年の所得倍増計画以降である。家庭には家庭電化製品が入ってきたし，耐久消費財が普及，家庭用品や食品の商品化，調理食品，既製服などが利用され，家事の外部化がなされていった。このような家事の機械化，外部化などは，「家事は既婚女性の仕事」という状況に変化をもたらしたのであろうか。

　「社会生活基本調査」から無償労働（家事，介護・看護，育児，買い物，社会的活動など）に費やされる時間を検討してみよう。女性では1986年の4時間2分から2001年の3時間40分へと22分の減少である。一方男性では1986年の18分から2001年の31分へと13分の増加になっている。費やされる時間の性差は縮まっているとはいえ，男性の再生産労働参加は31分という短さである。また家事の省力化が進んだ割には，家事時間の減少は少ないという感は免れない。

　それでは子どもによる家事参加はどうであろうか。上述の調査から家事にかかわる時間が，10～14歳でわずか21分であり，子どもは家の手伝いをしなくなっている。このように男性や子どもによる家事参加は進まない中で，既婚女性は，主たる家事遂行の担い手として生活している。女性はそのことをどのように感じているのだろうか。

　以前は，「家事は主婦の仕事で，一生懸命やるべきで，やりがいのある仕事」と当然視していたが，1980年後半以降，「家事はだれが担うのか，家事は一生懸命やるべきことか，家事はやりがいのある仕事か」などと問われるようになり，家事に対する主婦の意識は多様化してきていることがうかがえる。

　ここでは家族の家事時間と主婦の意識について検討した。生活時間にあ

> **資料2-2　主婦の苦労,歩数計に**　　　　　　　　　　　　（朝日新聞「ひととき」1995.8.19）
>
> 　「家庭の主婦は体を動かしても,楽なものだ」。主人の言葉に私は,主婦業をばかにされた思いになりました。遊んでいるのと違い体も頭も使い,ばかにしたものではない。実証しなくてはと思い,まず体の大変さを思い知らせようと考えました。
> 　歩数計を身につけて,10日間毎日記録する事にしました。朝起きてすぐに歩数計をつけ,夜床につく時にはずす生活を続けました。主人在宅の日は歩数計の数字が約2800歩に達し,最高を記録しました。夜になるとぐったり疲れが出るので,なるほどと思いました。主人不在で雨ならば仕事も少なく,少しは楽ができるので,歩数計は最低で半分以下です。
> 　この10日間の表を主人に見せると,自分のためにいかに体を動かしているかが実証され,改めて私に感謝の気持ちが示されました。私も自分の主張が理解され満足感を味わうことができました。次はいかに頭を使うかを実証しなければなりませんが,歩数計の実験は主婦の仕事の大変さを証明してくれました。もう主婦の仕事をばかにすることもないでしょう。
> 　夫婦は理解しあって二人一体となり何事も成しとげることによって,幸せな家庭が成立するものだとつくづく感じました。
>
> 　　　　　　　　　　　　　　　　　　　　　　　　　　　　　　　　　　　　　　（茨城県・主婦58歳）

られる男女の差は,夫は仕事,妻は家事・育児中心とする分業構造にみられる。基本的に役割分業の変化がみえてこないのは,経済だけで生きる男性の働き方や,ジェンダー役割についての社会規範や個人の意識が変化をしていないことによる。

　もっとも,女性が家事労働を担当することに問題があるというのではない。家事労働,市場労働を担う場合,男女が,自由な選択のもとに自由な意思で働き続けるのであれば分業も問題視されない。しかし実際には,さまざまな障壁により自由な選択が阻まれたり,従来の分業とは異なる働き方が,女性に負担を強いるのである。家事労働を女性の役割とする固定的な性別分業観は,既婚女性の就業が過半数を超えた現在,根本的な見直しが必要である。

> **ジェンダー（gender）**
> 　男らしさ,女らしさなどの社会的・文化的につくられた性別をいう。生物学的な男女の性別であるsexとは区別している。

(5) これからの家事労働

　今後も家事労働は「既婚女性」が担っていくのだろうか。とりわけ増加しつつある有職の既婚女性は,さらに家事の量を軽減しようと試みるであろう。家事を減らそうとする方策として,家事の機械化,外部化,家事分担などがあげられる。前にも触れたが,とりわけ70年代以降家事労働は技術革新により電子化への過程をたどっている。ICが組み込まれるようになった家庭電化製品は,急速な家事の軽減に貢献してきている。また既製服,調理品など家事サービス商品を安く購入することができ,家事は簡便化,省力化されてきた。

　最も進んでいないのは,家事分担という点である。子どもや夫による極めて少ない家事時間は,機械化や外部化が強化されても,単に市場が家事をターゲットとして時間の短縮や軽減を図ったにすぎないことを示している。その結果,家事はますます既婚女性ひとりに集中するわけである。

　男性の家事参加は,男性が自分の生活自立のために必要だということである。たとえば単身赴任の男性も,身の回りの家事などの生活技術を身につけるならば,慣れない土地での生活も健康にすごすことが可能になる。

資料2－3　異なった社会・文化の家族と労働観

　イスラーム世界の家族とその労働観を紹介してみよう。家族における労働の問題について，イスラームは明確な対処法を示している。家庭において，給与所得のための労働だけを意味ある労働とはしない。家庭の内部における労働もまた，家族を一単位とする労働の一部として評価される。たとえば夫の給与所得は，彼だけのものとみなされず，家族全体のものである。これは交換経済の原理で外部から支払われるが，一方，妻の家事労働は贈与の原理に基づいて評価される。

　家庭内においては交換経済の原理が，かならずしも優位ではない。つまり交換経済システムにおいては，計測不可能とされる労働，たとえば生活費獲得のために外で働く夫に対するいたわり，愛情などが，イスラーム世界においては，積極的に評価される。ここでは，良き妻，良き母であることが推奨されるが，このような家族の人間関係は単純な交換価値に転換されるものではない。このように異なった社会を知ることは，私たちの社会を相対化できるという点で重要である。

単に女性が忙しいから，男性が家事を手伝うべきというのではない。

　ところで労働とは，自然や人に働きかけて，価値を生む活動であるという前提に立てば，労働は個人の調和のとれた心身の発達を促し，労働の達成感を享受できるということである。また他者との協力による労働は，価値や喜びをよりいっそう強いものにする。分業化した雇用労働とは異なり，自分でものをつくり，創造する活動である家事労働は，その結果を自分で確かめることができ，自然や他の人との相互作用に気づくことによって，労働を喜びの源と認識することができる。そして喜びや楽しみは，本来仕事の営みの一部でもある。

　また自分に適した衣食住生活を選択して行うことは，自分流ライフスタイルを構築することでもある。たとえば食の問題にしても，食品添加物の人体への影響，合成洗剤の毒性，ダイオキシンなどの化学物質によって引き起こされるエコロジー問題を認識し，自己抑制した生活をするならば，それは環境にやさしい生活を営む力となる。ともすれば商品を買うことに向けられた欲求を充足させるのではなく，今や，生命の維持や生存のための活動に目を向ける時期にさしかかっているといわねばならない。

　このように家事労働を，男性や子どもが家庭において行うことは，失いかけた生活自立能力を再生するきっかけとなるであろう。

2．ペイド・ワーク

　人はなぜ職業労働に就くのか。第一に，生活の基盤を整えるためである。私たちは，生活の糧を得るため，収入を得ることは必要なことである。第二に，社会の一員であるという認識のもとに社会的貢献をするためである。第三に，自己実現のためである。

　確かに働くかどうかは個人の自由に委ねられてはいるものの，多くの男性には職業労働に就くか否かの選択の自由は少ない。女性にだけその自由が認められている現状では，雇用面における男女共同参画は実現していないとみなされる。個人としての生活の自立とともに，経済的自立は欠かせないといえるだろう。仕事は一生続けるものと考えてみよう。

(1) 戦後の女性の働き方と産業構造の変化

まず女性の働き方がどのように変わってきたかを検討してみよう。第2次世界大戦直後は，日本経済が壊滅状態にあった。その5年後の1950年，女性労働者は1,390万人に増加しているが，産業別従事者の割合は第1回国勢調査が行われた1920年とほぼ同じである（表2−1）。

1960年代以降，産業構造の変化，つまり農業から製造業へという産業政策がとられたため第1次産業従事者が激減し，雇用労働者の割合が半数を超えていった。このような就業構造の変化をもたらした，政策のシフトは，職住分離の一般化をもたらし，都市化，雇用労働者化，サービス経済化を促進した。とりわけサービス経済化は女性就労を拡大していったのである。

就業者に占める女性比率を時系列でみると，第1回国勢調査から，常に4割弱である。その内訳において，1950年代まで6割いた農業従事者は減少し，それにかわって60年代から雇用労働者が増大していったのである。つまり女性の働き方が，自営型から雇用者型へと変化していったという結果になる。そして第3次産業の発展は，女性の労働，特に主婦のパート労働に支えられていたといえる。

就業率はかわらないものの，明らかに就業する女性の数は増加していることにも注意を払う必要があるだろう。「今も昔も日本の女性は働いていた」という表現は間違っていないものの，戦後，女性労働者数が約1.9倍と大幅に増加したという点は確認されるべきである。

(2) 女性の就業状況

2005年の女性雇用者2,229万人は男性のそれの7割に相当する。雇用労働者化した女性の働き方は，どのようになっているのかをみよう（図2−1）。

1960年以降，高度経済成長による企業側の要請により，大量の労働力が必要とされ，女性の雇用労働化が進んだ点はすでに述べた。生産の機械化，オートメーション化などにより，非熟練労働市場が拡大し，主婦の職場進出がなされたのである。それでは，主婦が就労した理由は何であろう。ライフスタイルの変化にともなって，育児期間の短縮化，耐久消費財の購入により家事の省力化がなされ，家事・育児から解放される時間の余裕が生じたこと，子どもの教育費・住宅ローンなど家計費が必要になったことが，主婦の就労意欲を高めたことも確かである。

オイルショック以降，現在にいたるまで，家計を補うための女性雇用者も

表2−1 女性産業別就業者割合

	計 (100万人)	1次 (%)	2次 (%)	3次 (%)
1920	10.3 [37.7]	62.4	16.3	21.3
1950	13.9 [39.0]	61.2	13.2	25.6
1980	21.1 [37.9]	13.6	25.9	53.0
2005	26.3 [41.4]	4.5	17.1	77.3

(注) [ ] 内は女性比率
出典) 総務庁「国勢調査」，ただし2005年は総務庁統計局「労働力調査」

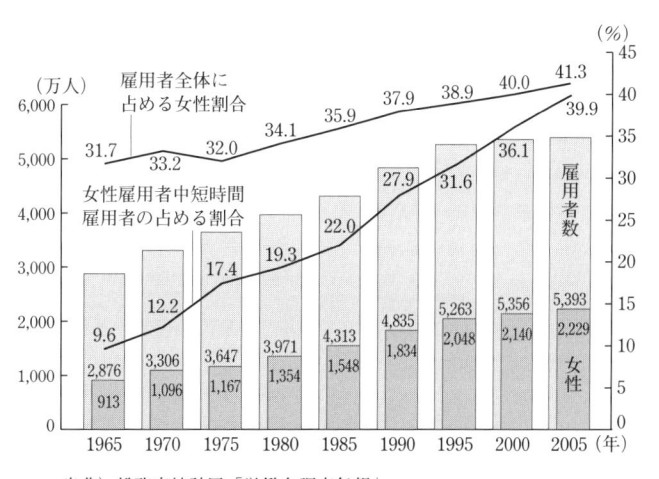

図2−1 女性雇用者数の増大
出典) 総務庁統計局「労働力調査年報」

> **資料2－4　フルタイムで働くFさん（33歳）**
>
> 　保育園の保母です。一生働ける仕事と思って保母になりました。子どもは2人いるけど，2人とも生まれた時に1年育児休業しました。今は，地元の保育園に預けているの。夫は会社員，とても忙しいから，家事育児は私の方がほとんどやるようです。でも，子どもが病気なんかで私がどうしても休めないときは，彼が休んでみてくれます。2人ともだめな時は，おばあちゃんに来てもらったり。あんまり辛いとやめたくなることもあります。もう少し，彼の仕事が楽になると，私も気分的に楽につとめられるんだけど。でも好きな仕事だから頑張るの，何てったって，今やめちゃあ，年金や社会保険でずっと不利だものね。
>
> （労働大学『女性としごと』No.31，1999）

新規女性学卒者の初任給
高校卒女性　　　　149,400円
高専・短大卒女性　166,800円
大卒事務系女性　　189,000円
大卒技術系女性　　196,100円
（男性を100とする時の割合，
高卒94.8，短大卒97.4，大卒
事務系94.6，大卒技術系98.1）
（厚生労働省「賃金構造基本統
計調査」2006）

依然として存在している。経済成長の低速化にともない雇用調整されたり，賃金上昇率が減少した夫を援助するために，男性の補助的労働を担っていた女性の積極的な労働参加がある。そして，職場進出や社会参加を図って自立や自己実現をめざす女性が顕著になった。こうして共働き女性の比率が，80年代後半には専業主婦の割合を上回り，現在にいたっている。

　女性の就業分野についてみると，就業構造の変化にともなう第3次産業のウェイトが4分の3を超えている。サービス，卸売，小売，飲食店，金融，保険業などに従事する割合が高く，製造業の割合が低下している。これらの職域拡大は，前に触れた女性の労働供給とマッチしていたことは事実である。

　しかし，賃金，昇級，昇格にあらわれる男女の格差は大きく，女性の平均賃金は男性のそれの6割にとどまっている。年齢別にみると20歳前半では女性の賃金は男性の9割に相当するが，格差が大きくなるのは30歳以上であることは確かめられている。

　賃金の相違が出てくる理由は何であろう。男性は基幹労働者として就業を中断することなく働き続ける。他方女性は出産・育児により退職し，子育て後に再就職する。職業を中断しない年功型の男性の賃金とは異なり，女性も30歳までは年功型のカーブを描くが，それ以降，勤続年数が高まっても上昇カーブはみられない。男性はたとえ転職しても以前のキャリアが評価されることが多いが，出産・育児による労働市場からの中途退出は，再就職時にはキャリアとして評価されないのが一般的である。このような正規雇用者の賃金格差に加えて，後で述べるパートタイム労働に女性就労者が多いなど，雇用形態における男女間の違いが考えられる。

（3）多様な働き方

1）M字型労働力率の変化

　15歳以上人口に占める労働力人口の割合を示す女性の労働力率は男性と異なる。それは，結婚や出産，育児を機会に仕事をやめ，育児を終えてから再就職するという女性固有のライフスタイル観によるという点である。女性労働力率を年齢階層別にみると，アルファベットのMを描くのが特徴である。

　時系列でみると，このM字型の谷底は，上方にシフトし，かつその底が20歳代後半から30歳代前半に移動した点を除けば，型そのものに大き

な変化はない。このカーブは中高年齢層にあたるM字の右肩でも上昇している。変化している点を配偶関係別データでみると，30歳代で未婚者の労働力率が上昇している点が確認される。このようなシフトの変化は，女性の晩婚化によると考えられ，育児期後の中高年女性の職場復帰も増加している点が確かめられる。しかし，性別役割分業パターンの基本的変化は，まったく確認されない。

M字型は先進国共通の

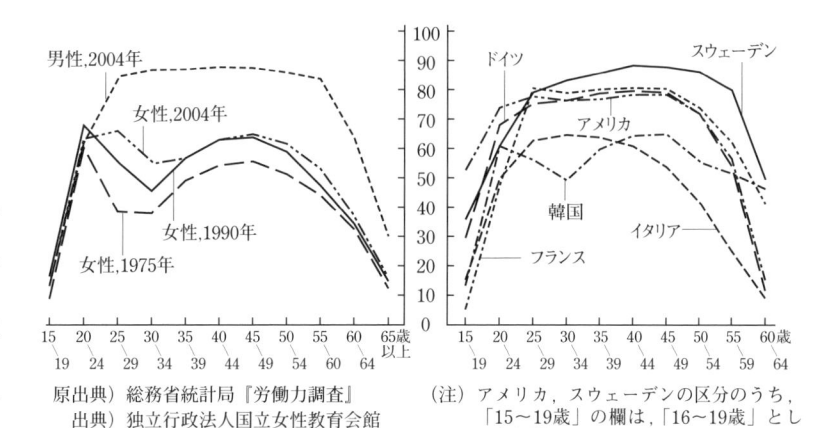

図2－2　日本の年齢階級別労働力率（％）

原出典）総務省統計局『労働力調査』
出典）独立行政法人国立女性教育会館「男女共同参画統計データブック－日本の女性と男性－2006」

図2－3　各国年齢階級別女性労働力率（％）

（注）アメリカ，スウェーデンの区分のうち，「15～19歳」の欄は，「16～19歳」として取り扱っている。

原出典）ILO,Year Book of Labour Statistics 2001
出典）井上輝子他編「女性のデータブック第4版」

ものではない。たとえばアメリカやスウェーデンのカーブは，男性とほぼ同じ台形を描いている。これらの国はすっかりM字型から離脱しており，出産・育児による労働市場からの退出は既になくなっている。すなわちM字型は先進国共通のものではなく，日本や韓国で依然としてM字型を保っているのである。このような動向は日本の女性が，家族役割を女性が担うジェンダー役割と位置づけており，その役割を超えた経済的自立をめざすものではないことがうかがえる（図2－2・2－3）。

2）パート労働と雇用の多様化

非正規労働者の増加を総務省「労働力調査」からみれば，2005年では，男女合計の週35時間未満の短時間雇用者（パート労働，アルバイト，嘱託など）は1,276万人であり，雇用者に占める割合は23.7％である。その中で女性短時間雇用者は889万人にのぼり，男女全体の69.7％に相当する。女性雇用者に占める短時間雇用者の割合は，1970年の12.2％から上昇し，2005年は39.9％に達した。また雇用形態別にみると，正規労働者の割合は男女ともに減少し，非正規労働者の割合が増加している。パート労働，アルバイトや派遣労働では，7～8割が女性である（総務省「就業構造基本調査」2002）。非正規労働の中で最も多い就業形態のパートタイム労働者について述べてみよう。

年齢階級別，雇用形態別雇用者の割合によれば，30歳代後半から50歳代にかけて多くなっている女性パートタイム労働者が，35時間未満しか働かない理由について「自分または家族の都合」をあげている（厚生労働省「パートタイム労働者総合実態調査」2001）。やむをえず，パート労働を選択した女性はどの年齢階層においても半数以上に及び，正規雇用を希望する者は少なくない。

さらにパート労働選択の理由には，税制や社会保険制度の影響も少なく

ない。所得税の非課税限度額を超えそうな場合には，それを超えないように働く時間を調整している。また，配偶者控除，配偶者手当などの理由でも労働時間をコントロールしている（厚生労働省「パートタイム労働者総合実態調査」2001）。

女性パートタイム労働者の問題点は賃金が安いことである。2005年の調査では，1時間当たり平均942円であり，フルタイム女性雇用者の3分の2の賃金に相当する。企業は，人件費の節約になるパート労働を周辺労働力と位置づけている。

育児期後の女性の再就職はパート労働かアルバイト，派遣労働を選択する場合が多い。このようなことの背景としてジェンダー役割観や，企業社会のしくみがあることは否めない。バブル経済崩壊以降，企業はパート労働・アルバイト・派遣労働などの非正規雇用を増加させ，スリム化を志向しているのである。

（4）職業と家庭の二重負担

かつて未婚者が大半であった女性雇用者は，2005年にはその全体の56.8％が有配偶で，共働き女性が専業主婦を上回っている。それでは共働き女性は職業労働と家事労働をどのように担っているのであろうか。

2001年の内閣府国民生活局「国民生活選好度調査」は，働く既婚女性に，「就労が及ぼす家庭生活への影響」を聞いている。「家計にゆとりができる」，「妻が自立でき社会とのつながりや夫婦が生きがいをもてる」などを長所と答えている。一方短所としては「妻に時間的余裕がない」，「仕事と家事の妻への過重負担」「子どもに目がゆき届かない」をあげている。この調査からも共働きの妻は，仕事と家事に追われ，生活のゆとりが感じられないことがうかがえる。

以下に家事と労働時間の割り振り状況を，国際比較で検討してみよう。有職男女の生活時間を5ヵ国で比較してみると，日本の男性の労働時間はきわだって長いため，それ以外のことに費やす時間が短くなる傾向があり，自由時間はもとより家事時間が最も短いことが確認されており，他国と比較した場合，時間配分の均衡の悪さがきわだっている。

一方女性に関しては，男性ほど差があるわけではないが，労働時間が長い日本では，自由時間が短い。他国でも女性は家事を多く担っているが，とりわけ日本の女性有職者のそれは男性の4倍の時間である。生活時間をみる限り，男女の時間構造は均衡がとれていない（表2−2）。

家事分担の内容をみると，夫の分担は補助的な家事にとどまっており，妻が衣食住を中心とした主な家事を一手に引き受けている。このような状況に対して，妻の41.2％は夫の家事分担を期待しているが，その期待度の高さは，妻の年齢と反比例の関係にある。また共働き（常勤）の妻の50.1％は夫にその分担を積極的に期待している（国立社会保障・人口問題研究所「第3回全国家庭動向調査結果の概要」2003）。

家事をすることに積極的でない男性が多数いる背景には，男性個人の意識の問題に加えて，その背景に効率や能率を重視する企業社会の論理がうかがえる。長時間労働で疲れて帰宅した夫には，家事をする時間も気力も

生まれないであろう。仕事と家事をともに担うためには，まず社会の意識の座標軸を徐々に変えることが重要になってくる。

表2－2　生活時間配分の国際比較（総平均時間，週全体）

		日本	ドイツ	フランス	スウェーデン	イギリス
女性有職者	自由時間	3.28	4.49	3.08	4.27	4.21
	食事,身の回りの用事	3.02	2.31	2.57	2.23	2.07
	睡眠	7.33	8.11	8.38	8.05	8.25
	移動	1.11	1.27	1.05	1.28	1.33
	家事	3.38	3.11	3.40	3.32	3.28
	仕事,勉強	5.09	3.52	4.32	4.05	4.06
男性有職者	自由時間	3.50	5.11	3.51	4.51	4.41
	食事,身の回りの用事	2.49	2.21	2.58	2.05	1.55
	睡眠	7.52	8.00	8.24	7.52	8.11
	移動	1.25	1.31	1.10	1.32	1.36
	家事	0.52	1.52	1.53	2.23	1.54
	仕事,勉強	7.11	5.05	5.44	5.17	5.42

出典）総務省統計局「平成13年社会生活基本調査」の特別集計結果
資料）Eurostat "How Europeans spend their time : Everyday life of women and men 1998-2002" 2004

3．これからの働き方

（1）働き続けることへの支援

女性の就業についての意識の推移をみると，「子どもができてもずっと職業を続ける（継続就業型）」の割合が増加する。「子どもができたら職業をやめ，大きくなったら再び職業を持つほうがよい（再就職型）」のそれを上回っている。また「職業を持たないほうがよい」「結婚を契機として家庭に入るほうがよい」という考え方は後退している（図2－4）。

このように意識の面では望ましい就業のあり方として就業継続型の増加が著しいが，すでに検討したようにM字型労働力率は基本的に変化をしていない。就業継続を希望するにもかかわらず，女性は現実の家事・育児の負担を担うことになり，継続の実現を不可能にしているということであろう。

今後も就業継続型の増加が予測されるが，それを実現させるためにはどのような支援が必要となるだろうか。社会の支援を中心に検討してみよう。

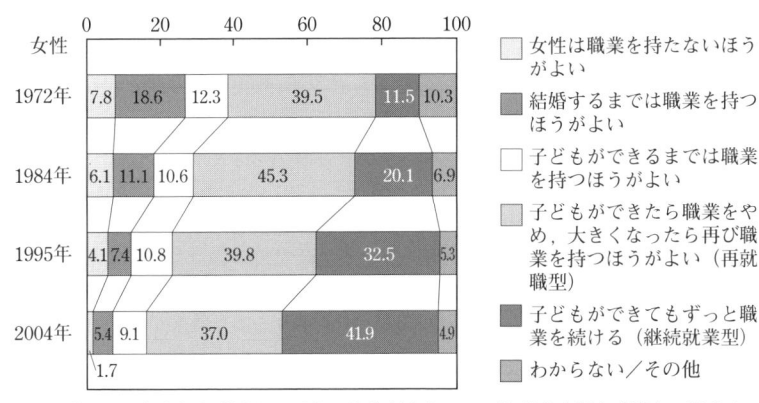

資料）総理府広報室「婦人に関する世論調査」1972，総理府広報室「婦人に関する世論調査」1984，内閣府「男女共同参画に関する世論調査」2004

図2－4　女性と就業についての考え方（％）

1）社会の支援

① 男女雇用機会均等法の改正（1986年4月に施行された男女雇用機会均等法を1999年4月改正施行，2007年4月再改正施行予定）

雇用分野における男女の均等な機会・待遇の確保と，女性労働者の就業に関して，妊娠中や出産後の健康の確保を図ることを目的とした，1999年の主な改正点は以下のようになっている。

(1)募集・採用，配置・昇進について，男女の均等な取扱いを努力規定としていたが，男女の差別を禁止規定とし，従来認められていた「女性のみ」の取扱いは原則として均等法違反となり，(2)調停申請は一方の当事者の申請によって開始され，(3)厚生労働大臣に企業名公表の権限が与えられ，(4)セクシュアル・ハラスメント防止の配慮義務が使用者に課せられ，(5)国は均等確保のために事業主の講ずる措置を援助できる，とした。

差別の複雑化に伴い，以下の部分が2007年4月に改正施行される。(1)男女両性への性差別を禁止し，(2)妊娠・出産・産前産後休業の取得を理由とした解雇その他不利益な取扱いを禁止し，(3)間接差別を禁止し，(4)国はポジティブ・アクション（男女間の格差解消のための積極的取り組み）を講ずる事業主を援助し，(5)セクシュアル・ハラスメント対策の対象を男性にも拡大し，事業主には具体的な措置を講ずることを義務とする条項等を含む。

また1999年の男女雇用機会均等法の改正と同時に労働基準法の女性保護規定（時間外・休日・深夜労働の禁止）が廃止されたが，男性なみに無制限になることが心配される。一応時間外労働は，目安として年間360時間以内とされているが，男女がともに家庭の責任を持って働けるように，男女共通の時間外労働規制を設けることが望まれる。

以上のように均等法の強化と労働基準法の改正は，あらたな問題をもたらそうとしている。女性の就業はすべての分野で開かれている。しかしそのことは女性にとって，必ずしも働きやすい環境を提供しているとはいえない。むしろ人が就労を望まない仕事であっても，女性であるからといって保護されることはない。家庭の主婦に家事・育児・介護を担わせ，一方では深夜労働を含む，低賃金の主婦労働力を動員するフロー型の雇用政策を進めることにもなっている。

問題の解決には男女の役割分業パターンを転換し，男女を問わぬ労働条件の改善，とくに男女の賃金の平等は，企業社会からの自立の第一歩となるであろう。

② 育児休業法（1991年成立，1992年4月施行）

1歳未満の子どもを持つ男女の労働者に，子どもが満1歳に達するまで，育児のために休業できる権利を保障した法律である。3年の猶予期間を経て，1995年4月以降は全事業所に適用されている。また同年，育児休業法の一部を改正し，育児・介護休業法となった。1995年4月から雇用保険法が改正され，休業前賃金の25％に相当する育児休業給付金の支給が実現したのである。さらに社会保険の本人負担分の支払いを免除されるなど，休業にともなう経済的損失は少し緩和されたのも事実であるが，やはり収入は減少するので，休業をとっていない者も少なからずいる。なお，2001年1月1日以降，休業前賃金の40％支給に至っている（休業中30％およ

育児休業制度の利用状況
育児休業制度のある企業で1年間に出産した女性のうち休業取得者は72.3％であり，配偶者出産で休業取得した男性は0.50％となっている（厚生労働省「女性雇用管理基本調査」2005）。

び，復帰後6ヵ月を経た後に10％を支給される）。2007年現在，50％給付に向けての改正の動きがある。

ところで2005年の時点で制度があるのは，30人以上の事業所の86.1％であるが，違反した企業への罰則が規定されていないことは，規制の弱さを示している。そのうえ，給付金が少ないなど，課題が残されている。

日本で育児休業をとった男性は希少なので，電機メーカーのエンジニアであるY氏とその妻の手記を紹介しよう（資料2－5）。

③　保育施設

育児期の就業継続を可能にするためには，公的保育の充実が欠かせない。全国には約2万3,000ヵ所の保育所があるが，少子化傾向の中で，保育所の定員に空きがある一方で，入所できない待機児の数が2005年4月で2万3,000人にのぼっている。

待機児が生ずるのは，なぜであろう。共働き世帯の地域的な偏りがあること，0歳児保育が少ないこと，育児休業あけの働く母親に対応する保育施設が不足していること，延長保育のサービスがないことが原因とされている。これでは母親は，民間の保育サービスに頼らざるをえないので，高額なコストがかかることが予想される。その上，自治体の財政難による保育園の民営化の実施は，子どもの保育環境の劣化が懸念されるのである。乳幼児を抱えた家族をサポートする質の高いシステムの拡充が求められる。

2）その他の支援

就業する女性にとって，自分以外に家事・育児労働の担い手や，援助があるかないかは，就業継続ができるか否かの決定要因となる。夫や子どもが，家族の生活を支えるための労働を担うことは必要不可欠であるが，それ以外に親族からの支援や，コミュニティーによる支援が考えられる。とかく就業する女性は，コミュニティーとの関係が希薄になりがちであるが，地域社会の人々とのネットワーキングは，就業継続への強い支援システムのひとつとして期待したい。

（2）自分の働き方を考える

1）労働の変質

2006年の厚生労働省「労働経済白書」は若者のフリーター志向や転職についての報告をしている。定職に就かずアルバイトで暮らすフリーターが，2005年時点で女性112万人，男性89万人，総数で201万人となっている。学歴別では中学・高校卒業で男女ともに最も多い。また通学，就業，求職活動もしない無業者（ニート）は64万人存在する。大学卒業者の女性17.4％，男性18.0％は，卒業後の進路の内訳で，進学者・就職者のカテゴリーに属さないので，その予備軍と位置づけられている。新規採用者の中で1年以内に離職し，別の職場を求めている者は大卒15.1％，高卒24.9％と顕在化している。「長時間労働で休みもとれない」や「自分のやりたいことと違う」などを理由に，極めて定着率が悪い。それでは，現代の労働とは何であろう。

現代社会の労働が，「他人からの承認を得るためだけの労働に変質して

第2章 女性が働く

> **資料2−5　家事・育児は誰がすべきか**
>
> **―妻の一言―**　　　　　　　　　　　　　　　　　　　　　　　（朝日新聞「育休父さん成長日誌」1997.11.20）
>
> 　第1子のとき妻が育休をとることにしたのは，子育てのために会社を休むなら自分の方だとなんとなく思い込んでいたようです。生まれてからも夫は残業してくるし，自主的に家事はしなかったようです。以下は「妻の一言」です。
> 　「それなのになぜか私は，夫に『早く帰って』とか『家事をして』とはっきり言えなかったのです。夫は『家でのんびりしていたはずの妻』が何でイライラしているのかわからない様子でした。私たちは同級生として出会って以来，いつも2人で同じ立場，同じ視点からものごとを楽しんでいました。だから，お互いの気持ちが違う方向を向いているのが私にはとても苦痛でした。一方，夫は育休中でも私と違って，家事を山積みにしたまま子どもと遊んでいたり，会社から帰った私にあっけらかんと『ごはん作って』と頼んできたりすることがありました。ずいぶんずぼらな主夫もいたものですが，おかげで家に帰るとイライラしていない夫に会えたし，子どももカリカリしていない親と過ごせました。家事が残っていても，2人でやれば苦にならないし，早く片付いて夫婦の時間もゆっくり取れます」
>
> **―主夫の気持ち―**　　　　　　　　　　　　　　　　　　　　　（朝日新聞「育休父さん成長日誌」1997.11.13）
>
> 　2番目の子どもの育休はY氏。妻は彼のことを「主フ」向きだと評価する。育児ノイローゼにもならなかったようだ。それでは「主夫の気持ち」を紹介しよう。
> 　「まず，僕の専業主夫業が期限付きだという点がある。妻が育休の経験者というのも大きい。僕の気持ちを分かってくれるし，帰宅後は当然のように隣で皿を洗ってくれる。尚紀は4ヵ月から保育園に預けているので，世に言う『公園デビュー』にも悩まされずにすんだ。近所に同性の育児仲間がなく，互いの家に上がり込んでだべるという息抜きはできなかったが，インターネットがある程度代わりになった。電子メールで職場の現状が伝わるので，取り残された感じを味わわずにすんだ。情報や意見を交換する場も活用した。そこに書いた記事が縁で，『男も女も育児時間を！連絡会』という集まりから声をかけてもらい，似たような立場を経験した人たちと電子メールで話もできた。ちょっと手の空いた15分で外の世界と交流できるのは，閉じこもりがちな育児中の身にはとてもありがたい。それでも生活が単調だったせいか，最近『あ，どうも抑うつ気味かな？』と感じたことがあった。手は動かしているのに，日々がひとごとのようにベルトコンベヤーの上を流れていくような気分になったのだ。妻に相談したら，さっそく次の土曜日を『主夫の休日』にしてくれた。買い物に出て1日街をぶらぶらしたら一発で元気になった。やはり妻は僕の大きな支えだ。今日は1日，とりとめないことを考えて過ごしてしまった。もう上の広基を迎えに行く時間だ。尚紀を抱えて保育園まで4分。帰りは，あちこちにつっかえる広基に付き合って20分。こうして子どもとゆったり向き合えるのは妻が毎日6時にきちんと帰ってくるおかげだ。実はこれが一番の精神安定剤かもしれない」

いる」（朝日新聞2000.7.11，桜井哲夫）と指摘されている。確かに以前から承認欲望はあるが，その強度は今とは比べものにならない。20〜30代では自分のこなす労働の結果を，上司や同僚から評価されず，地位や賃金の上昇が認められない場合には，さっさと職場を放棄し，他の職場を探し求める傾向にある。市場において，商品は商品そのもののもっている素材性とは別に，社会的評価つまり，先に述べた交換価値が大きな影響力を持つことになる（「1.アンペイド・ワーク」参照）。つまりこのような現象は，労働が消費財的になったことの反映であろう。今や少数になってしまった自立的・自律的な労働とは何かを，再び考える必要がある。

　自分はどのような「働き方」をしたいのか。個人や家族はどのような努力を求められるのか，社会に対してはどのように働きかけていくべきなのか。そのような働き方を貫くために，どのようなサポートが必要なのかを，社会全体の問題として，次に考えてみよう。

2）男女共同参画社会をめざして

1999年6月に公布・施行された「男女共同参画社会基本法」は男女共同参画を推進する社会システムの構築が重要目標であると提示しており，その中で男女がともにペイド・ワークやアンペイド・ワークへの参画を分かち合うことが課題とされている。この法律に先行する1996年策定の「男女共同参画2000年プラン」は，男性に家庭生活への参画を打ち出している。その背景として，少子化対策と将来の労働力不足に対する女性の労働力化という意図があるとはいえ，役割分業パターンの変革が政策の目標として位置づけられている点は注目に値する。もちろん働くときの性差別は禁止されているものの，女性の身体的要件を無視して，平等の原則を盾に女性も男性と同じ形で働くということが平等概念ではないといわねばならない。生存のための最低限の条件として，男女が健康に働くための権利が追求されねばならない。このようなことに留意して，いかにすれば男女が共同参画することができるかを，以下の2つについて考えてみよう。

① 世帯単位から個人単位への制度の転換

夫のみが働く世帯を基本とした税制上の配偶者控除や第3号被保険者の年金問題は，共働き世帯が過半数を超えた現在，矛盾があらわれてきた。つまり男性稼ぎ手が家族を扶養するという考え方は，女性が積極的に就業することを妨げてきたといえる。サラリーマンの被扶養者である妻は，税制や年金制度にうける恩恵が大きいために，就労をする場合でも，配偶者控除を適用される年収103万円以内で働く時間を調整したり，健康保険の被扶養者認定基準である年収130万円以内で働いている場合が多い。現行制度は，女性に130万円以下のパート労働を，政策として奨励しているに等しいといわれている。女性が夫に扶養される世帯単位賃金から，個人単位の賃金取得へ発想を転換することが必要である。

② 経済中心の考え方から，生活中心の考え方へのパラダイム・シフト

高度経済成長期以降，男性は非人間的な会社本位の長時間労働に従事してきた。しかし男性の多くは，出社拒否症，帰宅拒否症などに象徴される，さまざまなストレスや疲労に，業務上の加重負担が加わることなどによって，過労死の不安を抱いている。

このような状況の中から，男女共同参画を実現するには，男性個人の意識の問題を超えた，社会的な合意が不可欠である。つまり男性に家事・育児の参加を促し，さらには男女が家庭，職場，地域社会などで，バランスのとれた生活時間のもとでの生活をおくるためには，企業での労働時間の短縮が先決であるといえる。たとえば，父親の育児参加を促進する要因は，時間的余裕であることが調査からも結論づけられている。確かに労働時間の経緯変化をみると，減少してきてはいるものの，総実労働時間は，2005年で1,829時間となっており，これはパートタイム労働者など非正規労働者の増加が反映されたもので，一般労働者の労働時間は依然として長い傾向にある。

現在，年功制・終身雇用制が崩れ，能力給の導入への移行が進んでいる。しかし，「長時間職場にいる社員は勤勉」との考え方が残ったままでの移行であれば，サービス残業が増加することが心配される。男性を中心にし

第3号被保険者
国民年金に加入すべき者（20～60歳）のうち「第2号被保険者」に扶養されている配偶者のことで，この保険料は厚生年金の会計から出されている。また，第2号被保険者とは，厚生年金または共済年金の加入者のことである。

た企業や，それを経済システムの軸とする社会のしくみが柔軟なものに変わらないかぎり，根本的な解決は実現しにくいといえる。

　男女がペイド・ワークとアンペイド・ワークに主体的に参画し，自律的な労働を行うことは，豊かに生きるために必要である。つまり男女が家庭や雇用の場において共同参画することが，主流であるような社会の構築が望まれるのである。

＜参考文献＞

井上輝子，江原由美子編『女性のデータブック　第4版』有斐閣，2005

イヴァン・イリイチ，玉野井芳郎，栗原彬訳『シャドウ・ワーク——生活のあり方を問う』岩波書店，1990

今村仁司『近代の労働観』岩波書店，1998

久場嬉子，竹信三恵子『＜家事の値段＞とは何か——アンペイドワークを測る』岩波書店，1999

牧野カツコ「家庭生活への男女共同参画」『家族研究』Vol.3，兵庫県家庭問題研究所

国立女性教育会館・伊藤陽一編『男女共同参画データブック——日本の女性と男性——2006』，2006

第3章

経済を整える
―ライフステージと家庭経済―

1. 国民経済の循環の中で

（1）国民経済の循環

　私たちは，高度に発達した社会制度の枠組みの中で経済社会とかかわりながら生活をしている。ある時は労働者として，またある時は消費者として，さらに市民（Citizen）としての顔を持つ生活者である。

　図3－1は国民経済の循環を示している。現代社会では自給自足の生活は不可能で，家庭経済は，企業が生産する財（モノ）や用役（サービス）を購入することで日々の生活を営んでいる。その購入に必要な貨幣を獲得するために労働力を提供し，社会資本の形成と社会制度の運営のために税金・社会保険料を負担し，公共サービスや社会保障給付を受けている。

　また，家庭経済は所得を消費と貯蓄に配分することによって，生涯の生活の安定をめざしているが，その貯蓄が投資として企業や政府の活動を支えている。

（2）家庭経済の特質

　経済活動の基本は"最小の手段で最大の効果をあげること"であるが，その目標は経済主体によって異なる。企業の目標は"最小の費用で最大の利益をあげ，継続的に成長発展すること"であるが，家庭経済の目標は，"家族の欲求満足の極大"と"長期にわたる家庭生活の安定"である。日々の生活費を最小に切り詰めて貯蓄に励むのではなく，それぞれの価値観に基づいたライフスタイ

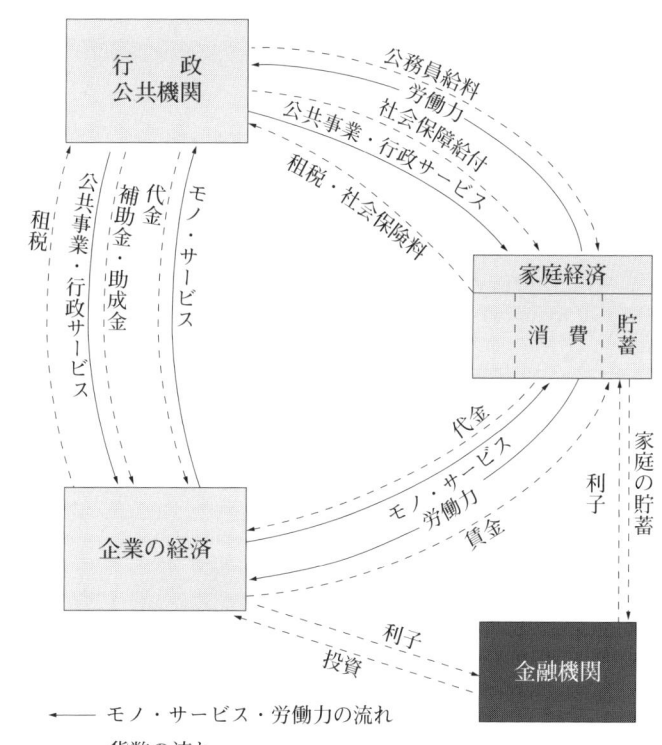

出典）伊藤秋子編『家庭経済学概説』光生館, p.30, 1991
　　　御船美智子『家庭生活の経済』放送大学教育振興会, p.18, 1996

図3－1　国民経済の循環

第3章 経済を整える

ルを，限られた条件の中で実現していくことである。どうやって収入を得るか，生活費の配分をどうするか，どんなモノやサービスをどれだけ購入するか，消費と貯蓄の配分をどうするかを選択し，モノとお金の側面から家庭生活を合理的に運営していくことである。

2．ライフステージの各段階での家庭経済

　家庭経済は，ライフステージによって，収入も支出も大きく変化する。ここでは，1999年の「全国消費実態調査報告」（1999年10月と11月の平均1ヵ月の収支）をもとに，ライフステージの各段階の家計収支をみてみよう。

　モデルとして，Ⅰ．30歳未満の単身世帯（男女），Ⅱ．世帯主年齢30歳未満の夫婦世帯，Ⅲ．夫婦と子ども2人（長子が未就学），Ⅳ．夫婦と子ども2人（長子が大学生），Ⅴ．世帯主年齢60歳以上の夫婦世帯，Ⅵ．60歳以上の単身無職世帯（男女）の6ステージの家計収支を比較しながら，各段階の家庭経済を考えていく。

（1）ステージⅠ…ひとり暮らしの経済

1）30歳未満の単身世帯の家計収支（図3-2）

　現在ひとり暮らしをしている人も，将来ひとり暮らしをしたいと考えている人もいるだろう。実際，ひとり暮らしの生活の平均像はどのようなものだろうか。

　男女別に生活費の内訳をみると，外食費と住居費，被服費と交通・通信費（特に自動車関係費）に違いが大きく出ている。男性は外食が多く，車にお金をかけており，女性は住むところとファッションにお金を使っている。

　小規模の家計で贅沢をする余裕はないかもしれないが，社会人としての自覚と責任に基づく生活をスタートさせる意義は大きい。

2）親からの自立

　読売新聞家庭とくらし欄の「人生案内」は，長い歴史があり，さまざまな家庭の悩みが社会の変化を映し出している。相談例を次のページにひとつ紹介しよう。

　親と同居する独身女性の自立できない悩みである。

　欧米では，高校卒業後，親とは離れて生活をするのが一般的である。しかし日本では，就職後も親元で同居する成人の割合は約7割と高い。近年，晩婚化や少

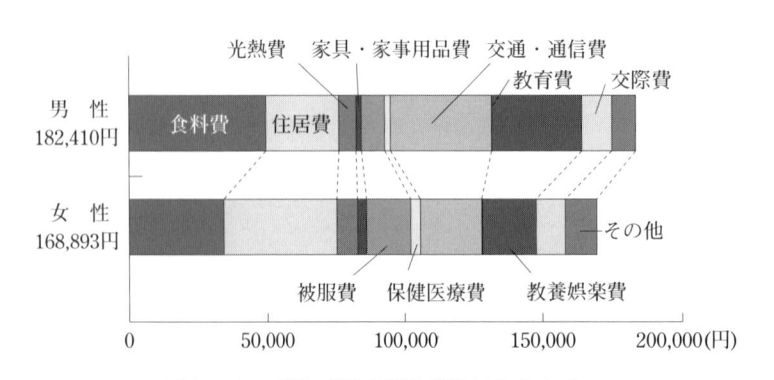

図3-2　若年勤労者単身世帯の消費支出

2．ライフステージの各段階での家庭経済

> 見合いしたが結婚は望まない……親と一緒の生活が楽しい30歳女性
> （読売新聞「人生案内」2000.6.13）
>
> 　30歳になったばかりの女性です。両親に何度も結婚するように諭され，先日お見合いをしました。その後，相手が交際を申し込んでくれたのですが，気乗りせず悩んでいます。まだ1回しか会っていないので，相手の欠点もわかりませんし，それ以前に自分に全く結婚願望がないのです。両親と一緒の楽しい生活に別れを告げ，知り合って間もない男性と，これからの人生を共にするのかと思うと，何とも言えない恐怖感や寂しさがわいてきます。そうかと言って，両親や周囲の「結婚しておかないと老後が寂しい。親がいつまでも一緒に生きていけるわけではない」という声も無視できません。
> 　今の私にとって，結婚とは安らぎでも幸せでもなく，気重でつらいこととしか思えないのです。私はどうすべきでしょうか。ご助言をお願いします。
> （千葉・A子）

資料3－1　独身貴族の実態は

　"独身貴族"という言葉を耳にしたことがあるだろうか。親と同居する独身社会人は，経済的にも時間的にも自由度が高く，ゆとりある生活をしているとして，羨望のまなざしとともにこう呼ばれている。しかし，その実態はなかなか明らかにされていない。その中で，家計経済研究所が，1994年から実施している「消費生活に関するパネル調査」に独身女性の消費と貯蓄について分析した貴重な調査結果がある。

　図3－3はパネル調査の対象者のうち，親と同居している独身女性（25～28歳168名）と「全国消費実態調査」の単身女性（30歳未満）の生活費を比較したものである。年齢区分が若干ずれているので，直接比較するのは乱暴ではあるが，大ざっぱにみて，親と同居の独身女性の生活費は単身で生活している女性の約半分程度である。特に生活の基礎的部分である食料費と住居費・光熱費の差が著しい。また，自分の生活費として親にお金を渡しているかどうかをみると，収入のない人を含め，約半数がまったくお金を渡していない。生活費を渡している場合も約8割が収入の30％以下という結果である。しかし，親の年収分布からは，親の経済的ゆとりが子の依存を助長している傾向がうかがえる。

　また，生活時間の結果をみると，親と同居していれば，家事時間も少なく，趣味などの時間が多くなっており，経済的にも時間的にも恵まれた"独身貴族"像が浮かび上がる。

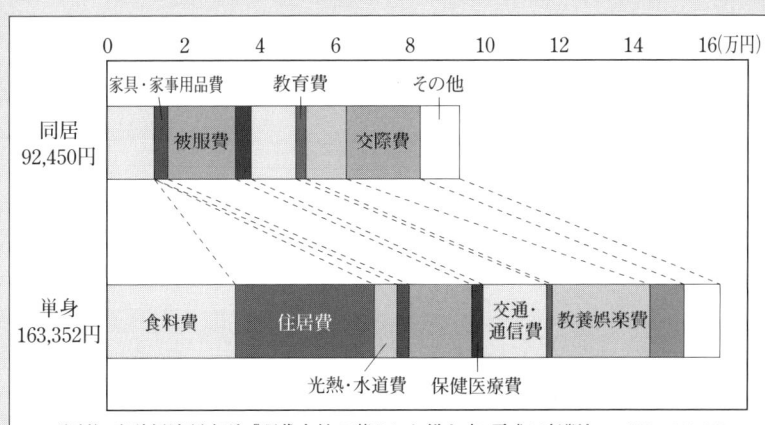

資料）家計経済研究所『現代女性の暮らしと働き方　平成11年版』pp.157, 161-168
　　　総務庁統計局『全国消費実態調査報告　平成6年版（全世帯）家計収支編』pp.732-741

図3－3　親同居独身女性と単身女性の生活費

子化の一因として、この"パラサイト・シングル"に関心が高まっている。親離れ・子離れが進まない背景にはどのような要因があるのだろうか。"パラサイト（寄生）"という言葉からは、一方的に子が親に依存しているような印象を感じさせるが、必ずしも子の甘えだけが原因ではない。「子どものためなら何を犠牲にしても」という子育て観の延長線上に、成人した子への過保護・過干渉がある。子どもが巣立った後の母親の役割喪失感やうつ状態を総称して"空の巣症候群（Empty Nest Syndrome）"というが、パラサイト・シングルを抱えることはこの予防に効果的である。しかし、平均寿命の伸長から親子関係が長期化していく中で、親が子を保護・扶養する関係から、お互いに自立した関係へ、さらに子が親を介護・援助する関係へと、親子関係も変化していかなければならない。

20年後30年後、パラサイト・シングルが高齢の親を支えきれるのか、さらにその先のパラサイト・シングルは……。

> **パラサイト・シングル**
> 社会学者の山田昌弘は、親に生活の基礎的部分を依存しながら自分の経済力以上の生活を楽しむ独身者を「パラサイト・シングル」と名付けている。自立意識の減退と依存主義が、若者の変革のエネルギーを喪失させ、社会全体の停滞感をもたらしている、と指摘している。（『パラサイト・シングルの時代』筑摩書房）

（2）ステージⅡ…ふたりで暮らす

1）結婚にかかる費用は

ふたりの新しい家庭経済のスタートとして、"結婚"は人生の大きな節目である。結婚にかかる費用はバブルの時期に著しい高騰をみたが、最近では入籍だけのジミ婚もあり、結婚費用は少なくなってきている。

表3-1はリクルート結婚情報誌『ゼクシィ』による調査結果である。新婚旅行と新生活準備の費用が減って、総支出額は3年間で約50万円減少している。

2）夫婦ふたりの家計収支（表3-2, 図3-4）

結婚後、出産までの夫婦ふたりの生活は、約半数が共働きで経済的にゆとりがある。消費支出の特徴は、共働きが多いので外食費の支出が多く、持家率の低さを反映して住居費の割合が高い。貯蓄率が高いのは、出産後の収入減少に備えていると考えられる。育児休業制度の整備などにより、出産後も女性が働き続ける環境は整いつつあるが、休業中の所得保障は十分ではなく、子育ての費用も必要となるため、この時期は生活水準を上げすぎずに貯蓄を重視することが大切である。

3）子どもを産まない選択

結婚しても、仕事を優先し子どもを産まない選択をする夫婦をDouble Income No Kidsの頭文字からDINKSカップルと

表3-1 結婚費用の実態
（万円）

	1998年	2001年
支出内訳		
婚約関係	151.2	152.0
挙式・披露宴関係	320.1	287.0
新婚旅行	78.8	69.3
新生活の準備	247.3	241.6
合　計	797.4	749.9
受け取った結納金	▲87.8	▲88.8
実際の支出額	709.6	661.1
収入内訳		
本人負担	389.0	342.1
親からの援助	279.0	227.0
お祝い金	231.4	207.2
合　計	899.4	776.3

注）1．2001年の調査対象　2000年4月～2001年3月に結婚した400組（首都圏）
　　2．調査期間　2001年4月21日～6月5日
　　3．「結納金」は結婚費用として使われるため控除した。
資料）リクルート結婚情報誌『ゼクシィ』
出典）金融広報中央委員会『暮らしと金融何でもデータ　平成14年版』pp.43-44, 2002

呼び社会現象になっている。単身世帯の男女の収入を合算したものをDINKSカップルの収入と仮定すれば，夫婦ふたりの生活費は可処分所得の約6割程度となり，その経済的余裕は大きい。高い生活水準で日々の生活をエンジョイすることを，人生の目標とするならば，子どもを産む選択は出てこない。

「男女雇用機会均等法」制定以降，社会での女性の活躍のチャンスが広がり，一方で子育ての大変さや費用の膨大さが強調されて，子どもを産むことを躊躇する夫婦が増加している。

女性が一生に産む平均子ども数を示す合計特殊出生率は，年々低下し，2005年には1.26人にまで減少した。「男性は外で仕事，女性は家で家事・育児」という性別役割分業観から，「男女共生」の考え方に大きく変化してきているが，実際は女性に多くの負担がかかっており，結婚しない女性の増加と出生率の低下をもたらしている。

子を産むか産まないかの選択は個人の自由ではあるが，少なくとも産みたいのに産めない環境だけは改善の必要があるだろう。

可処分所得
実収入から税金や社会保険料などの非消費支出を差し引いた手取り収入。

表3-2　ライフステージ別家計収支

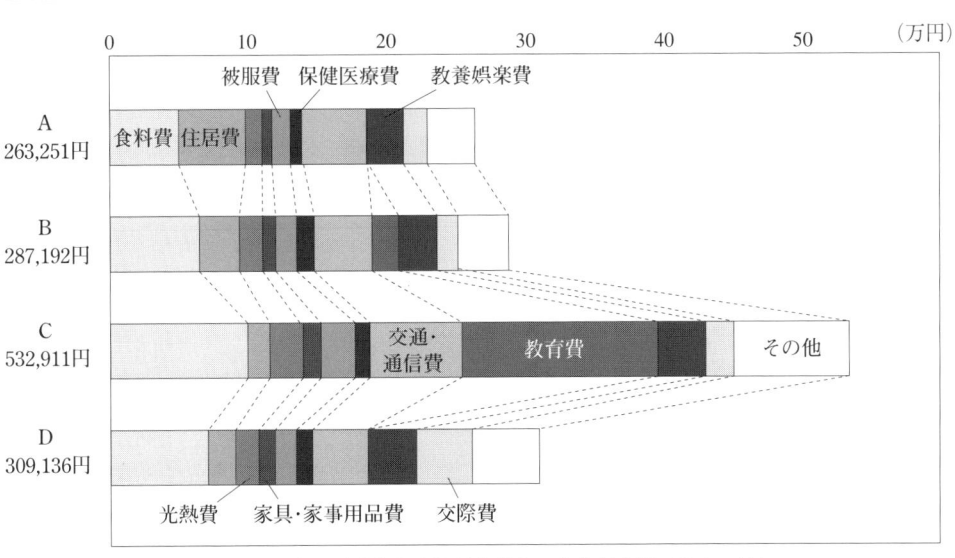

	A.夫婦のみ 夫30歳未満	夫婦＋子供2人		D.夫婦のみ 夫60歳以上
		B.長子未就学	C.長子大学生	
世帯主年齢（歳）	26.7	33.7	50	64.6
有業人員（人）	1.58	1.21	1.59	1.28
持家率（%）	14.2	43.8	83.4	83.6
実収入（円）	410,883	421,732	659,237	419,249
世帯主勤労収入	299,014	376,218	553,603	251,684
配偶者勤労収入	96,681	27,803	73,870	29,266
他の経常収入	4,455	6,068	5,234	112,503
可処分所得（円）	347,039	356,483	536,155	366,418
消費支出（円）	263,251	287,192	532,911	309,136

資料）総理府統計局「全国消費者実態調査報告　家計収支編　平成11年」p.56

図3-4　ライフステージ別消費支出

（3）ステージⅢ…子どもを育てる

1）夫婦と子ども2人，子育て期の家計収支（表3－2，図3－4）

　この時期の家計収入の特徴は，世帯主の勤め先収入は増加するが，配偶者の勤め先収入が大きく減少するので，夫婦のみの世帯に比べた収入の増加はわずかである。出産・育児のために妻が退職している世帯が多い。消費支出では，食料費と保健医療費の割合が，他のライフステージより大きい。持家率もまだ低いので住居費も多く，教育費も発生してくるので，経済的ゆとりは小さい。

　出産・育児にどれほどの費用がかかるのか，平均的な数字をみてみよう。三和銀行（現三菱東京UFJ銀行）の調査によれば，第1子の出産にかかった費用は，検診・分娩費用が45.4万円，新生児用品やマタニティ用品を含む総費用が，61.7万円となっている（表3－3）。

2）子どもを預けて働く

　子どもの出産を機に退職する女性は多いが，子どもを保育所に預けながら仕事を続けるワーキングマザーも増えてきている。保育所は全国で約22,700ヵ所，そのうち公立のものが約12,000ヵ所設置されている（2006年4月，無認可保育所は含まない）が，延長保育や夜間保育，病児保育をする保育所はまだまだ少ない。子どもの数は減少しているが，利用者に都合のよい施設に必ず入れる状況ではなく，2人の子どもを別々の保育所に預けざるをえないケースもある。

　保育料は父母の収入を合算して負担額が決められている。3歳児未満は0円から約60,000円，3歳児以上が0円から約25,000円で，自治体によって異なっている。民間の認可保育所は助成金を受けているので費用は公立と同程度のところが多いが，無認可の場合は保育料は高い。

　3歳児未満の保育料が高いこと，保育時間がフルタイムの仕事＋通勤時間をカバーしないこと，病児を預かる保育所がきわめて少ないことが，働く母親を悩ませている。

3）住まいをどうするか

　家庭経済における最も大きな選択のひとつに，「住まいをどうするか」がある。政府の持家政策は，住宅金融公庫の融資制度や財産形成貯蓄制度のほかに，住宅取得に関わる税額控除など，住宅の購入の促進をめざしている。民間の金融機関でも住宅取得のための融資が，比較的容易に受けられるようになり，長期のローンを組んで住宅を購入する家庭は少なくない。2003年の総務庁「住宅・土地統計調査」によれば，全国平均持家率は約60％である。住宅は生活の場であり，購入しなければ家賃を払って借りなければならない。良質な家族向け賃貸住宅の供給が少ないわが国では，多くの家庭が長期のローン負担と引き替えに住宅を購入している。

表3－3　出産費用
（万円）

	第1子	第2子
出産総費用	61.7	49.9
検査・分娩費	45.4	45.2
胎教にかかった費用	0.2	0.0
妊娠期間中の運動費用	0.4	0.1
妊娠用衣料費	5.8	1.9
ベビー用品代	9.9	2.7
お祝い返し費用	11.6	8.0
出産祝い	▲28.0	▲20.4
合計	45.3	37.5

（注）1．調査対象　小学校入学前の第1子を持つ母親
　　　2．ここで使用している数字は0を含めた全体の平均額
資料）三和銀行「出産及び幼児教育に関する調査」（1997年9月）
出典）貯蓄広報中央委員会『暮らしと金融なんでもデータ　平成12年度版』

表3-4は住宅金融公庫融資の利用者のデータである。30歳代後半に3,500万前後の予算で、自己資金は2～3割、年間返済額は年収の約2割というのが平均像である。長期にわたるローンの負担は大きく、特に「土地神話」が崩壊した今、必ずしも持家を選択することが有利とはいえない時代になっている。

(4) ステージⅣ…子どもの高等教育
1) 収入も多く支出も多い家計収支
（表3-2、図3-4）

長子が大学生のライフステージの家計収支の特徴は、最も収入が多く支出も多いということである。子育てを終えた妻の再就職が多いが、パートタイム労働が多いので収入が低く抑えられている。教育費の負担は著しく高く、その他の消費支出の仕送り金も多い。子どもの高等教育の費用は前もって貯蓄により準備する必要がある。交通・通信費が多いのは、子どもの行動範囲が広がったこと、インターネットや携帯電話の普及によるものと推測される。

表3-4 住宅金融公庫融資利用者の住宅購入資金調達内訳（2003年度）　　　　　　（万円、％）

	建売住宅購入		マンション購入	
		構成比		構成比
購入費	3,562.3	100.0	3,216.3	100.0
手持金	963.3	27.0	749.0	23.3
公庫借入金	1,457.6	40.9	1,746.1	54.3
公庫財形借入金	126.5	3.6	44.0	1.4
公庫以外借入金	1,014.9	28.5	677.3	21.1
月収	53.0		52.1	
1ヵ月の予定返済額	10.3		9.5	
住宅面積（m²）	111.5		74.9	
敷地面積（m²）	165.6		(バルコニー除く)	
年齢（歳）	36.5		37.0	
家族数（人）	3.3		2.5	

（注）公庫借入金には特別加算金を含む。
資料）住宅金融公庫「公庫融資利用者調査報告」
出典）金融広報中央委員会『暮らしと金融何でもデータ 平成18年版』p.65、2006

2) 大きい教育費の負担

子どもを一人前の社会人として送り出すまでにかかる費用は膨大である。大学・短大への進学率は40％を超え、浪人を含むと約半数が高校卒業後も教育を受けている。大学院への進学率も上昇しており、幼稚園から始まって、16年から20年余りの期間、教育費の負担は大きい。

表3-5は幼稚園から高校まで保護者が支出した教育費である。幼稚園と高等学校は公立の数が少ないので、私立へ通う子どもの割合が高い。授業料の負担は大きいが、保護者の所得に応じて授業料の補助が受けられる。

長期にわたる不況の中で、塾などの補助教育費が減少しているが、偏差値重視の傾向を見直し、家庭での教育の意味を考えるよい機会でもある。情操を育むために、家族での余暇活動を通じてコミュニケーションをとることは、広い意味での教育として重要である。

表3-6は大学生の生活費である。遠隔地の大学へ進学した場合、直接の教育費よりも、生活費の負担が大きい。しかし、仕送りを受けながらのひとり暮らしであっても、生活全般を運営していく経験は、社会人として自立していく上で大きな意義があり、家族関係を見直す親離れ子離れの機会と考えれば、お金には代えられない効果もある。

第3章 経済を整える

表3-5 保護者が支出した教育費（2004年度）
(円)

	幼稚園 公立	幼稚園 私立	小学校 公立	中学校 公立	中学校 私立	高等学校（全日制）公立	高等学校（全日制）私立
学校教育費（A）	128,667	341,273	54,515	132,603	956,233	342,152	769,458
（A/D）％	54.0	67.0	17.4	28.3	75.0	66.3	74.4
授業料	75,916	233,700	—	—	417,161	110,289	321,612
学校給食費（B）	16,630	26,177	40,798	36,701	3,100	—	—
（B/D）％	7.0	5.1	13.0	7.8	0.2	—	—
学校外活動費（C）	92,881	141,969	218,848	299,469	315,435	174,179	265,231
（C/D）％	39.0	27.9	69.7	63.9	24.7	33.7	25.6
補助学習費	32,826	43,904	96,621	234,658	202,616	129,309	202,003
その他の学校活動費	60,055	98,065	122,227	64,811	112,819	44,870	63,228
合計（D）＝（A+B+C）	238,178	509,419	314,161	468,773	1,274,768	516,331	1,034,689

資料）文部科学省「子どもの学習費調査」2004年度　（注）子ども1人当り年間支出額
出典）金融広報中央委員会『暮らしと金融何でもデータ　平成18年版』pp.54〜55, 2006

表3-6 大学生の生活費（2004年度）
(千円)

		自宅 国立	自宅 私立	下宿等 国立	下宿等 私立
収入	家庭からの給付	707.3	1,225.5	1,409.9	1,976.3
	奨学金	171.6	272.6	280.4	374.0
	アルバイト	332.6	396.2	287.8	313.5
	定職その他	42.3	102.9	67.1	108.1
	計	1,253.8	1,997.2	2,045.2	2,771.9
支出 学費	授業料	485.3	887.4	500.2	923.0
	その他の学校納付金	4.6	218.3	4.1	257.4
	修学費	49.7	52.8	51.3	50.2
	課外活動費	41.8	44.6	51.3	48.9
	通学費	102.8	117.5	17.5	32.1
	小計	684.2	1,320.6	624.4	1,311.6
生活費	食費	101.5	108.5	310.7	290.4
	住居・光熱費	—	—	548.0	536.5
	保健衛生費	33.2	40.9	37.7	40.7
	娯楽嗜好費	109.7	132.1	151.3	156.1
	その他の日常費	119.5	139.7	143.2	157.5
	小計	363.9	421.2	1,191.1	1,181.2
	計	1,048.1	1,741.8	1,815.5	2,492.8

（注）1．調査対象　全国の大学，短大，大学院生51,205人（回収率61.1%）．
2．調査時期　2004年11月．
3．数値は，大学・昼間部学生の年間生活費など．
4．「修学費」は教科書，参考書，実習材料費など．

資料）文部科学省「学生生活費調査」2004年度
出典）金融広報中央委員会『暮らしと金融何でもデータ　平成18年版』p.61, 2006

（5）ステージV…再び夫婦ふたり

1）子どもの巣立ち

子どもが卒業し就職の段階になると，いよいよ巣立ちの時期である。"結婚"が最も一般的な巣立ちの方法であるが，平均初婚年齢は年々高くなり，晩婚化が進んでいる。結婚費用の準備は親からの援助が最も多く（表3-1），子育ての締めくくりとして子どもの結婚費用の負担を予定に入れている家庭が多い。

2）老後ふたりの家計収支（表3-2，図3-4）

夫60歳以上の夫婦世帯の家計収支の特徴は，勤め先収入が減少し，他の経常収入である年金が増加していることである。若年夫婦の家計と比較すると，持家率が高いので住居費は少ないが，交際費と保健医療費は多い。教養娯楽費は夫婦世帯の方が子ども2人の世帯に比べて相対的に多く，趣味的な活動や旅行などに使われていると考えられる。

（6）ステージVI…高齢のひとり暮らし
（図3-5）

無職の高齢単身世帯の家計収支をみると，社会保障給付の年金だけでは十分でなく，そ

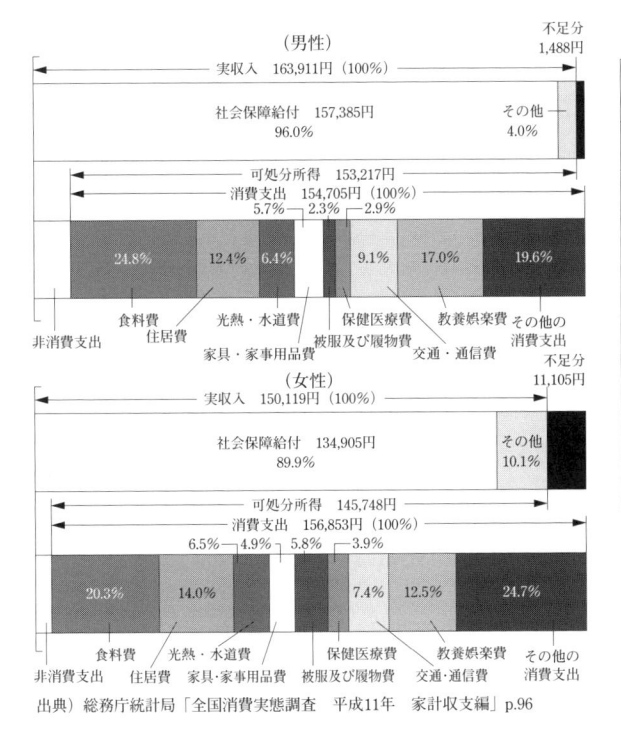

表3－7　老後の家計収入源（世帯割合%）

	1996年	2001年	2005年
就業による収入	52.1	45.3	41.7
公的年金	72.4	75.3	67.7
企業年金, 個人年金, 保険金	16.7	20.7	19.8
貯蓄の取崩し	14.6	22.5	24.8
利子・配当所得	6.1	2.4	1.9
不動産収入	7.7	8.6	8.7
子どもなどからの援助	9.0	8.0	6.1
公的援助	1.2	0.6	1.1

(注) 世帯主が60歳以上の世帯を対象, 3項目以内での複数回答.
資料) 金融広報中央委員会「家計の金融資産に関する世論調査」
出典) 金融広報中央委員会『暮らしと金融何でもデータ 平成14年版』p.108, 2002, 『同 平成18年版』p.90, 2006

図3－5　高齢無職単身世帯の1ヵ月平均家計収支の内訳

の他の収入を加えてもなお，赤字家計である．経常的な貯蓄の取崩しが示されている．表3－7の家計収入源でも，低金利の影響で利子・配当所得が減少し，貯蓄の取崩しが増加しており，多くの人にとって，年金を補う老後の生活費の準備が不可欠となっている．

公的年金が主な収入源でその割合は年々増大しているが，就業収入も多い．働き続けることが経済的なゆとりをもたらしており，また社会での"居場所"が生きがいにつながる面もある．高齢者の体力に合わせて経験を活かせるような働き方ができるように，社会全体でシステムをつくっていくことが望まれる．

3．現在と将来の生活のバランス

(1) "今"の充実

1) 消費のバランスを考える

生活のための財（モノ）やサービスの購入に支払われる支出を消費支出という．いわゆる生活費である．実際の家庭経済では，所得（実収入）から税金や社会保険料などの非消費支出を差し引いた可処分所得を，消費と貯蓄に配分する．

可処分所得のうち，消費にまわされる割合を消費性向，貯蓄にまわされる割合を貯蓄性向という．一般に所得が増加するほど消費性向は低下し，また共働き世帯の方が片働き世帯よりも消費性向は小さい．

① 基礎的消費

消費支出は，所得の大小とは無関係に支出される部分（a）と，所得の変動（b）に連動して増減する部分とに分けられる。

所得をY，消費支出をCで示すと，

$$C = a + bY$$

と表される（図3-6）。

すなわち，所得がゼロになっても生活を維持するためのaは必要なのである。このaを基礎的消費という。

② 選択的消費

表3-8は所得階層別の消費支出を示している。食料費，住居費，光熱・水道費，保健医療費は所得の大小による格差が小さく，被服費，交通・通信費，教育費，教養娯楽費，その他の消費支出などは，所得による格差が大きくあらわれている。後者が，所得の変動の影響を大きく受ける費目で，選択的支出あるいは誘発的支出と呼ばれる。この部分の増大が，それぞれの家庭の様相を変化させ，個性豊かな生活を実現させるカギとなる。

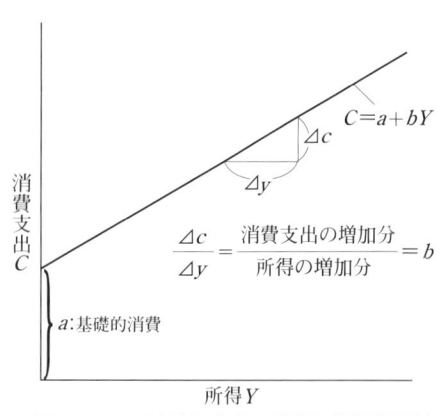

図3-6 所得と支出の関係（消費関数）

$$\frac{\Delta c}{\Delta y} = \frac{消費支出の増加分}{所得の増加分} = b$$

表3-8 勤労者世帯の年間収入段階別収支（2005年度）

（円，％）

	Ⅰ	Ⅱ	Ⅲ	Ⅳ	Ⅴ	所得格差 Ⅴ/Ⅰ（倍）
実収入	286,262	391,769	482,812	601,112	851,189	2.97
非消費支出	33,638	53,499	71,592	99,135	156,923	4.67
可処分所得　（A）	252,624	338,271	411,220	501,977	694,266	2.75
消費支出　（B）	218,414	270,341	312,423	377,968	464,098	2.12
食　料　（C）	53,074	62,730	69,749	78,415	90,852	1.71
住　居	24,063	22,439	21,825	20,327	21,163	0.88
光熱・水道	18,063	19,134	20,897	22,904	25,085	1.39
家具・家事用品	6,548	8,625	9,740	11,935	14,305	2.18
被服・履物	8,311	11,283	13,669	17,555	24,174	2.91
保健医療	8,931	9,707	12,831	13,226	15,535	1.74
交通・通信	31,390	41,168	43,866	55,414	63,061	2.01
教　育	7,537	12,114	17,784	22,734	31,911	4.23
教養娯楽	18,693	26,182	32,200	39,006	49,028	2.62
その他の消費支出	41,803	59,958	69,863	96,451	128,986	3.09
黒字額　（D=A-B）	34,210	67,930	98,797	124,009	230,168	
消費性向　（B/A）	86.5	79.9	76.0	75.3	66.8	
エンゲル係数　（C/B）	24.3	23.2	22.3	20.7	19.6	

（注）1．月平均
2．「年間収入段階別」とは，集計世帯を年収の低いものから高いものへ並べて5等分したもの。
　　年間収入段階境界値　ⅠとⅡ　ⅡとⅢ　ⅢとⅣ　ⅣとⅤ
　　　　　　　　　　　442万円　582万円　730万円　944万円

資料）総務庁「家計調査」2005年度
出典）金融広報中央委員会『暮らしと金融何でもデータ　平成18年版』p.16，2006

2）クレジットによる消費促進

クレジットカードのシステムが本格的に普及し始めたのは，1960年代後半からである。2005年には発行枚数約27,000万枚，利用額は36兆円に上っており，1人平均約2枚のカードを持っている計算になる。多くの人が，高額商品の購入にクレジットカードを利用している。先にほしい商品を手に入れて，後から支払いをする先行消費によって，その商品による便益を先取りしている。生活水準の上昇を自身の経済力を超えて可能にし，多くの人々の中流意識を支えているのがクレジットのシステムなのである。

しかし，分割払いやリボルビング払い（表3-9）など，支払いを容易にするシステムにより，時として，分不相応な消費や過剰な浪費を生む危険性も高くなっている。悪徳商法の大部分がクレジット契約とセットになっており，支払いが容易になるというメリットが，かえって被害を増加させている。

クレジットの支払いは，いいかえれば過去の消費であり，消費性向を低下させる。家庭経済は現在の所得を，過去と現在と将来の消費に分配する視点も必要であり，長期的な家計管理が不可欠である。

（2）"将来"の安心

1）貯蓄の意義と目的

家庭経済における貯蓄の意義は2つある。1つは，将来予想される大きな出費に対する準備（その時点での収支では費用をまかなえない事項に対する準備，たとえば住宅の購入や子どもの高等教育費などの準備）である。

いまひとつは，所得は変動が大きく，生活にかかる消費支出は生涯を通じて必要であり，そのために将来の財産所得の源泉となる資産を形成することにある。すなわち生涯所得を生涯支出に再配分する手段として私たちは貯蓄をするのである。予測できない病気やケガで働けなくなったり，また多くの人が高齢になって収入が減少することは避けられない。高齢社会に向かい，子どもが独立してからの生活が長くなっている。地縁血縁の相互扶助の関係は弱まっており，一方で社会保障の制度は十分とはいえない。

図3-7に示されるように，貯蓄の目的は，多くの人が「病気災害への備え」をあげている。次いで「子どもの教育資金」「老後の生活資金」の2項目が大きいが，平成になってから「子ども」から「老後」へ重点が移っている。また，貯蓄の目的はライフステージによって変化しており，前半期は「子ども」後半期は「老後」と40歳から50歳の時点で変換している。貯蓄の選択基準には「安全性」「流動性」「収益性」があげられるが，バブル経済崩壊以降「安全性」を重視する傾向が強く出ている。

少子化が進む中で減少する若年世代に，高齢世代に対する扶養負担が重くのしかかってくる。若年世代の負担を緩和するため，公的年金の水準が下がる可能性も大きく，家庭経済は高齢期の自立に向けて，自らの老後生活準備が重要になっている。

表3-9 リボルビング方式 手数料計算の例

毎月1万円返済のコース
　手数料年利13.2％
　締切日10日，支払日5日

5/1　80,000円のものを購入
6/5　10,000円の支払い
　（元金10,000円，手数料0円）
7/5　10,000円の支払い
　（元金9,122円，手数料878円）
　5/11～6/5分
　　80,000×0.132×26÷365＝752
　6/6～6/10分
　　70,000×0.132×5÷365＝126
8/5　10,000円の支払い
　（元金9,232円，手数料768円）
　6/11～7/5分
　　70,000×0.132×25÷365＝658
　7/6～7/10分
　　60,878×0.132×5÷365＝110
9/5　10,000円の支払い
　（元金9,335円，手数料665円）
　7/11～8/5分
　　60,878×0.132×26÷365＝572
　8/6～8/10分
　　51,646×0.132×5÷365＝93

4回支払い後残高は42,311円

資料3-2　消費に影響をおよぼす要因

A　所　得

　消費に最も大きく影響するのが，所得の大きさである。しかし，その所得が以前より増加したのか，減少したのかによっても消費は影響を受ける。一般に所得が減少しても，急に消費を切りつめるのは心理的苦痛をともない困難であるが，これを「消費の下方硬直性」という。また，臨時所得のある世帯も多いが，基礎的消費は経常所得に規定される。長期の家計収支を考えるうえでは，生涯所得が消費を規定する。

B　資　産

　所得が同じであれば，流動資産の大小が消費に影響をおよぼす（トービンの流動資産仮説）。高齢になって所得が減少すると，それまでに蓄積された貯蓄を取り崩して消費にまわすが，その準備のために現役時代には一定の流動資産の蓄積のために消費が抑制される。

C　価　格

　一般に，財やサービスの価格が上昇すると消費量を減少させ，低下すると消費量を増加させる。ただし，必需的な支出に関しては，消費量の変動は小さい。選択的な支出項目の価格が上昇した場合は，より安い他の財やサービスに変更して全体の消費額を抑える傾向がみられるが，これを代替効果という。

D　家族形態・家族周期段階

　核家族なのか直系2世帯家族なのか，あるいは単身生活なのか（単身赴任や進学のための別居家族も増えている）により消費は影響される。また，家族周期の段階により，消費の内容が大きく変化する。

E　地域・慣習

　交通・通信の発達や，情報量の増加により，地域による生活様式の違いは縮小してきているが，それぞれの自然環境や社会環境，経済環境は異なっている。地域の慣習，伝統には根強いものがあり，特に冠婚葬祭や年齢の行事（七五三や成人式，還暦の祝いなど）はしきたりを重んじる傾向が強い。

F　季　節

　消費は季節によって変動があり，一定のリズムがある。気候などの自然環境により光熱費は変化し，年末や年度末にはさまざまな特別支出が発生する。中元，歳暮などの社会慣習による贈答のほか，年中行事や「〜の日」にまつわる消費もある。

G　社会の風潮

　高度経済成長の時代には，「消費は美徳」の風潮に，大量のモノの消費が促され，その結果多くの人々の中流意識が形成された。低成長の時代になってからは，女性の社会進出や高齢化の影響でサービスの消費が増加し，また「遊ぶこと」が市民権を得てからは，趣味やレジャー，娯楽に関する消費が増加した。最近では「環境」に関する意識が高まり，ゴミ問題や資源問題を考慮した商品やサービスに関心が持たれている。

H　消費者心理

　私たちは自分自身の心の動きや，周りの人々の消費に影響される。「人と違っていたい（差異化願望）」「人と同じでいたい（同一化願望）」という気持ちは，誰もが持っており，これがさまざまな流行現象を生み出している。

　「みんなが持っているからほしい」という影響をバンドワゴン効果という。反対に「みんなが持っていないものがほしい，みんなが持っているからほしくない」という影響をスノッブ効果という。また周囲の人々の行動から，自身の欲求が誘発される効果をデモンストレーション効果といい，高価であるから，希少価値があるからという理由で消費が促されるのがヴェブレン効果である。

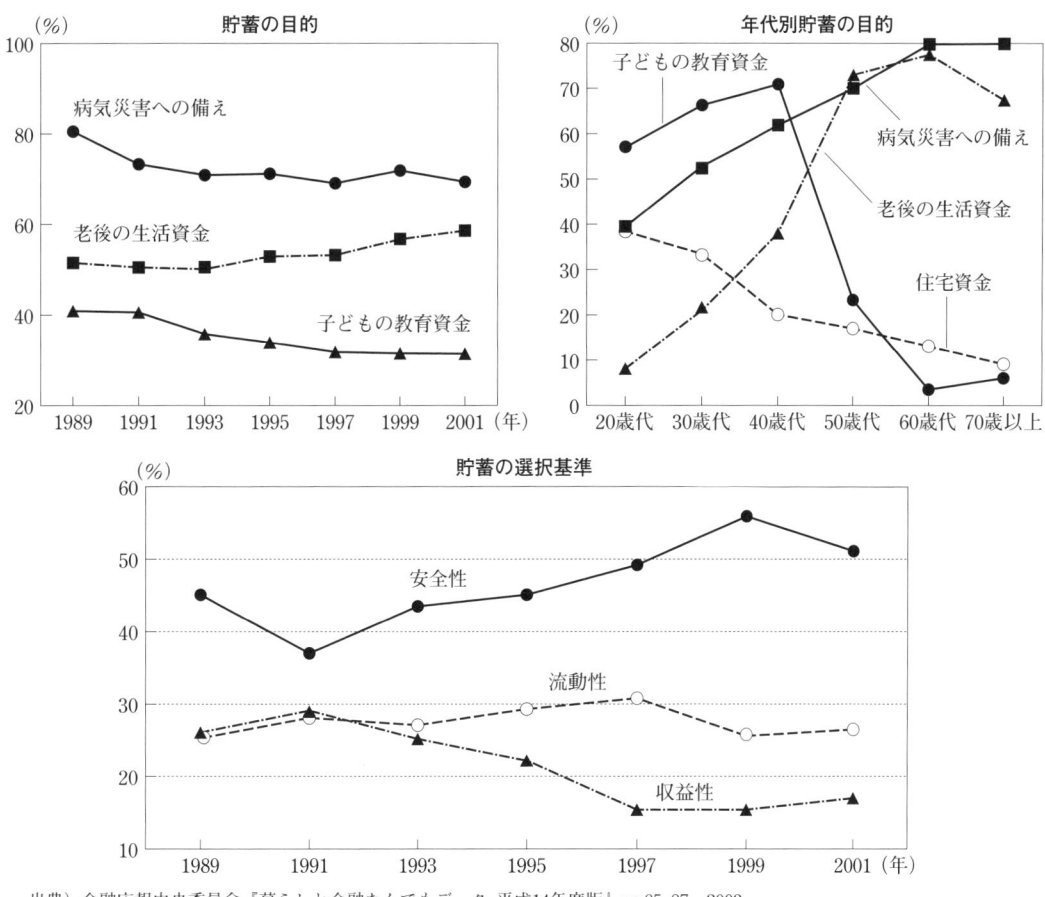

図3-7　貯蓄に関する意識（2001年）

出典）金融広報中央委員会『暮らしと金融なんでもデータ　平成14年度版』pp.85, 87，2002

2）貯蓄を補完する私的保険

　将来の生活保障の手段として，郵便局の簡易保険や，民間保険会社が扱う生命保険や損害保険がある。基本的には予測できる事項（住宅や教育，家族の行事など）の準備は「貯蓄」でまかない，予測できない事故（病気や災害，予想外の長寿による生活費の不足など）に対しては「保険」を活用する。少なくとも社会保障の枠の中で最低限の保障は得られるが，それを補完するために，多くの家庭では個別に保険に加入している。これらの保険商品にはさまざまなものがあるが，「保険」の原則は掛け捨てである。一定の保険期間の"安心"に対するコストという考え方が，特に低金利時代には重要である。

4．社会の変化と家庭経済の変容

（1）キャッシュレス化

　キャッシュレス（Cashless）とは，「現金の受け渡しのない」取引を意

第3章　経済を整える

デビット・カード
デビットとは「即時決済」を意味する会計用語。代金の支払いを銀行や郵便局のキャッシュカードを使って，電子的に処理し決済するしくみをいう。販売店のレジに備えた端末にカードを差し込み，利用者本人が暗証番号を入力することで，預金口座の残高の範囲内であれば，利用者の口座から販売店の口座へ代金が即時に振り替えられる（Jデビット）。

電子マネー
①ICカード型電子マネー
ICを組み込んだキャッシュカードに電話回線などにより，自分の預金口座からお金をカードにデータとして移し，代金支払いの際には販売店の端末にカードを入れて決済する。カードの残高がなくなれば，繰り返し口座からお金を移すことができ，取引状況はカードに記録される。
②ネットワーク型電子マネー
インターネット上の商取引の決済に利用されるデジタルキャッシュ。ネット上で自分の口座から引き出したデジタルキャッシュによってオンラインで支払いをする。

味している。日本では，欧米と異なり，個人用小切手を利用する習慣がなく，一部のご用ききによるツケ払い以外は，その場での現金取引を中心に生活を営んできた。しかし現在では，大部分の家庭で収入を銀行振込で受け取り，生活費の多くを占める契約的・継続的支出のほとんどを口座引き落としで支払っている。またクレジットカードの利用も多く，デビットカードによる決済も始まった。電子マネー実用化も始まり，現金に触れずに生活をする時代が目前にきている。

このようなキャッシュレスの時代をむかえ，家計管理の方法を変えていく必要に迫られており，現金の財布だけではなく銀行や郵便局の口座全体の把握が重要となってくる。家計管理をシンプルにするには，口座数を最小限にすることが有効である。しかし，キャッシュレスの特質として，収支の匿名性が失われること，すなわち生活をあらわす個人情報がお金の出入りからむき出しになってしまう危険性を考慮すると，収入用の口座，支払用の口座，貯蓄用の口座というように分けて管理する方が，個人情報の自己防衛には効果的である。またクレジットカードによる購入と決済にはタイムラグがあるので，記録管理が不可欠で，毎月の支払金額と支払期日の預貯金口座残高の確認が必要である。わずかな残高不足であっても口座引き落とし不能が重なると，信用を喪失し，ブラックリストに載せられることもあり，住宅ローンなどの大きなローン契約ができなくなることもある。複数のカードを利用する場合は，これらの管理が煩雑になるので，自分の生活内容に見合ったカードを厳選して利用することが望ましい。

（2）家計から個計へ

従来の家庭経済では，複数の収入があっても，いったんは共通の財布に入れてから全体の生活費に配分し，個別の支出も家計のバランスの中でまかなわれていた。しかし近年，共働きの増加や，高齢者に対する年金制度の整備により，複数の収入源を持つ家庭が増加し，生活行動や生活時間，生活空間の個別化が，個別支出の割合を増大させている。親と同居している高校生や大学生も，アルバイトによる収入を自由に支出する人は多い。夫婦がともにフルタイムで働く世帯では，個々の収入から共通の生活費を分担して出し合い，残りを自由に支出するケースも増えており，貯蓄や保険なども個別に管理する人もいる。

家族員が個々の財布を持つことにより，消費者として個別にターゲットにされる機会が増えており，特に若者や高齢者の消費者被害増加の一因にもなっている。家計の個別化に対応し，早い段階からの消費者教育や経済教育の必要性が高まっている。

（3）世代間の経済関係──世代継承型から一世代完結型へ──

家庭経済の周期は，1組の男女の結婚からスタートして，子どもを産み育て，次世代の社会人として巣立たせた後の長い老後生活を含めた，約50年から60年の期間にわたる。子どもを産まない，結婚をしないという選択をする場合でも，親から独立して50年余りの経済設計は一人ひとりの責任においてなされなければならない。

親世代から子世代への資産移転は，これまで生前の教育費や住宅取得・開業・開店の資金援助，死後の相続によるものがあり，子世代から親世代への資産移転は高齢の親に対する扶養・介護の形をとるものが一般的であった。しかし，平均寿命が伸び，老後の生活期間が長くなった親世代は，その生活資金の確保を優先させるようになってきている。また，雇用の流動化，年功賃金制の崩壊のため，親世代自身の生活不安も広がっている。そのため，子世代に教育費や独立資金などの援助をする余裕を失ってきているのが現状である。一方，子世代も高等教育の費用を奨学金でまかなったり，住宅取得の際も住宅金融公庫などの融資制度を利用している。また，社会保障制度の整備が進む中で，社会保険料の負担は大きくなっており，老後の親に対して経済的に援助することは難しく，介護も家庭の中だけでは限界がある。社会制度による世代間扶養のシステムが，家族内部の経済関係を切り離し，家庭経済の世代分離を進行させている。地域や職業によっては，世代間の経済関係が密着し，互いの共存関係を強く残している例も少なくないが，雇用者の割合が8割を超え，日本経済を支えてきた中小・零細企業の継承も，産業構造の変化や，技術革新，国際化の進展により，非常に困難になってきている。生業の継承と生活の共同を軸とした世代間の共存が，相互の世代の自立を前提とした共存に変化しようとしている。世代間の経済のつながりを超えた家族の絆をどう築き上げるかが，新しく始まった21世紀の家庭経済の課題といえよう。

＜参考文献＞

　伊藤秋子編『家庭経済学概説』光生館，1991
　御船美智子『家庭生活の経済』放送大学教育振興会，1996
　御船美智子『生活経済・経営の知識』日本商工出版，1994
　及川昭伍・森島昭夫監修 国民生活センター編『消費社会の暮らしとルール』中央法規出版，2000
　金融広報中央委員会『暮らしと金融なんでもデータ　平成12年度版』2000
　金融広報中央委員会『暮らしと金融なんでもデータ　平成14年度版』2002
　金融広報中央委員会『暮らしと金融なんでもデータ　平成18年度版』2006
　家計経済研究所編『現代女性の暮らしと働き方　平成11年版』大蔵省印刷局，1999
　総務省統計局『全国消費実態調査報告 家計収支編　平成11年』2001
　山田昌弘『パラサイト・シングルの時代』筑摩書房，1999

第4章

消費社会を生きる
——コンシューマリズムの確立——

1. 消費者問題の現在

（1）消費者意識の高まり

　2000年6月，業界トップといわれた乳業会社の製品で食中毒が発生したと，マスコミ各社がいっせいに報じた。これに対する会社側の説明と対応は，被害者や消費者にとって決して満足できるものではなかった。原因の追求，説明，対策などが二転三転し，その様子が映像により消費者に届けられ，不信感を呼ぶこととなった。そして製造過程の管理不備による黄色ブドウ球菌の繁殖が原因とされ，工場のいっせい点検後，安全宣言が出されたが，その後，産地の脱脂粉乳製造工場の停電による黄色ブドウ球菌の発生，その原料を使用した全製品に及ぶ汚染という根本的原因が判明し，消費者の不信感はさらに強まったのである。この一連の事実経過は，消費者の加工食品に対する厳しい目とメーカーに対する不信感に発展，食品への虫類，容器片などの異物混入，異臭，腐敗などの苦情および製品回収の報道が，1ヵ月に100件を超えるまでとなった。

　これら食品衛生上の問題は，食品衛生法の規定にかかわる，以前からある問題ではあるが，一般消費者の声の高まりはかつてないほどであった。この経過は消費者問題の現実を鮮やかに描き出し，企業にとってもまた消費者にとっても教訓となる事件であった。

（2）経済社会の変化と消費者問題

　自給自足の時代には，生産者と消費者は一致しており，消費者問題は存在しなかった。しかし経済の発達とともに，生産活動と消費活動の分離が進み，生産活動を行う生産者と，市場で消費の役割を担う消費者があらわれる。そして「高度大衆消費社会」といわれる，大衆の消費が基礎的な衣食住の段階を超え，耐久消費財やサービスにまで及ぶ時代に達すると，経済社会はいっそう複雑となり，多様化する。消費社会の到来である。そのなかにあって消費者は，多くの製品やサービスを購入する立場にありながら，それについての情報が乏しく，正確な判断も困難となり，弱い立場に置かれるようになった。また大量生産，大量販売，大量消費システムの確立によって，構造上のひずみも発生し，消費者に与える影響も広がり，被害の発生を拡大させるようになる。消費者問題は，このような背景のもとに生まれてきた。消費者問題とは，「消費生活を営むために購入した商

1．消費者問題の現在

品・サービスとその取引をめぐって発生する，生命・身体・健康に関わる被害，あるいは不利益に関する問題」である。

たとえば，牛乳の例をとりあげてみよう。牛乳は生産地の酪農家が原乳をしぼり，生産工場に集配されて一定の規格のもとに製品化され，流通ルートを経て，消費地のスーパーマーケットなどで販売される。生産者から流通業者の手を経て消費地へ運ばれ，消費者の食卓に上るのである。これらのどこかの段階で衛生上の問題が発生し，消費者の身体・生命・健康，あるいは財産を損なうようなことが起これば，これがまさに消費者問題である。

消費者問題が，日本において社会的な問題としてとらえられるようになったのは，1950年代後半（昭和30年代）になってからのことである。わが国は1945年の第2次世界大戦終結後，食料をはじめとする極端な窮乏生活を経て経済復興を果たし，1960年代からの高度成長期に入ると，電化製品の普及，加工食品の増加がみられ，生活水準も上ってきた。この頃の消費者問題の焦点は年表（表4－1）にみるように主として食品の安全性に関する問題だった。そして生活の必要が満たされ，精神的な豊かさも求められるようになった1970年代から80年代になると，消費者問題の焦点は契約をめぐる問題に移り，クレジット契

表4－1　消費者問題の推移

年	事項	内容・問題点・対策など
1948(昭和23)年	不良マッチ退治主婦大会	配給制度でのマッチが不良品であるとして追放運動，この年主婦連合会結成
1953(昭和28)年	熊本県で水俣病発生	窒素工場の廃液に含まれていた有機水銀が魚類に蓄積，摂取した住民に神経疾患
1955(昭和30)年	ヒ素ミルク事件	人工栄養児に奇病，ドライミルクにヒ素が含まれていたことが判明，乳児130名死亡
1960(昭和35)年	ニセ牛缶事件	牛が表示されていた缶づめの中身がクジラ肉であったことから，不当表示防止規制へ
1962(昭和37)年	サリドマイド事件	催眠剤を服用した妊婦から奇形児が生まれ，催奇形性が問題となった，被害者は1,000人
1967(昭和42)年	合成レモン不当表示	合成レモンなのに天然レモンの表示，不当表示への批判高まる
1968(昭和43)年	米ぬか油PCB混入中毒事件	食用油にPCBが混入し，食べた人の皮膚や内蔵に障害，のちのPCB追放運動に影響
1970(昭和45)年	カラーテレビ二重価格問題	輸出価格が，国内価格に比べ安すぎる実態が判明，価格を下げるまで不買運動
1973(昭和48)年	トイレットペーパーなどモノ不足騒ぎ深刻化	第1次石油危機の報道を背景に，各地で洗剤，トイレットペーパーなどの日用品不足騒ぎ
1975(昭和50)年	灯油訴訟	物価高騰の一因となった石油業界に対し高い灯油を買わされたと消費者団体が集団訴訟
1982(昭和57)年	「金の現物」まがい商法	金の現物を売ると見せかけ，預かり証のみを渡す商法，高齢者に被害，預託法で規制へ
1983(昭和58)年	サラ金被害続出	高利貸，過剰融資，強制取り立てなどで，自殺，家出など多発，貸金業規制法，出資規制法制定へ
1987(昭和62)年	横行する問題商法	訪問販売法の規制をくぐる，アポイントメントセールスなどで被害多発，訪問販売法改正へ
1989(平成元)年	塩素系漂白剤と酸素系洗剤の混合による塩素発生問題	家庭用洗剤の使用により，死亡事故。「まぜるな危険」の表示へ
1989(平成元)年	消費税導入	初めての大型間接税導入，取引の各段階で価格に上乗せされ，消費者は価格の3％負担
1992(平成4)年	マルチ・マルチまがい商法トラブル多発	マルチ商法の規制をかいくぐるまがい商法が横行，若者の被害が多発，のち訪問販売法改正へ
1993(平成5)年	製造物責任法制定を求める運動	製品により身体・生命・財産に被害を受けた際の製造業者への賠償請求，製造物責任法制定
1995(平成7)年	電話勧誘による資格商法激化	法規制のなかった電話勧誘で，強迫的な資格講座の勧誘，のち電話勧誘にも規制
1997(平成9)年	遺伝子組換え食品に対する表示の要求	遺伝子組換え食品が使用されている食品につき，表示で区別できるよう，消費者から要求
1998(平成10)年	消費者被害救済のための消費者契約法を求める運動，金融商品トラブル多発	消費者契約に関する，消費者保護のルールを定める。消費者契約法，金融商品販売法制定へ
2000(平成12)年	乳製品による食中毒事故発生	製造業者の原因隠蔽などにより消費者に不信感
2001(平成13)年	国内で初めてBSE感染牛を確認	全食用牛の牛海綿脳症検査実施へ
2002(平成14)年	食品表示偽装事件の多発	食品安全基本法，食品安全関連5法成立へ
2004(平成16)年	消費者基本法成立，公布	消費者基本計画策定へ
2005(平成17)年	FF式石油温風機によるCO中毒事故判明	事故情報通報制度の強化へ
2006(平成18)年	グレーゾーン金利否定の最高裁判決	グレーゾーン金利，金利規制見直しの動き

資料）国民生活センター編『戦後消費者運動史』大蔵省印刷局，1997
　　　『戦後消費者運動史資料編』大蔵省印刷局，1999
　　内閣府国民生活局『ハンドブック消費者2005』国立印刷局，2005年

約など消費者信用，訪問販売などの特殊販売，利殖商法など資産形成の過程で発生する問題へと変化した。

バブル経済がはじけた1990年代以降は，規制緩和による価格破壊という，消費者にとってプラスとなる一面もあったが，人口の高齢化，経済のサービス化，インターネット利用の普及など情報化の進展に加え，海外から多様な商品やサービスが提供されるという経済の国際化により，消費者問題の新しい傾向がみられるようになっている（表4－1）。

（3）安全性をめぐる消費者問題

商品やサービスの安全性をめぐる問題は，私たちにとって最大の関心事であり，また古くて新しい問題でもある。安全性をめぐる問題で消費者は，食品や薬品，化粧品，合成洗剤，さらには電気製品などをとりあげて，安全な製品を提供するよう声をあげてきた。その結果，商品の欠陥による事故を救済するための，消費生活用製品安全法が1974年に制定され，また食品衛生法，電気製品取締法など，従来の法律が改正されてきた。

しかし，最も画期的で基本的な法律は，1994年に制定された「製造物責任法（PL法，Product Liability Law）」である。この法律は必要が叫ばれてから20年余りも経過してようやく成立することとなった。

1）製造物責任法

私たちは毎日いろいろな製品を使用している。製品を使用している時に，ケガややけどなどをしたことはないだろうか。

製造物責任法とは，製品により被害を受けた被害者への保護を目的とした法律である。製品の欠陥によって私たちの生命，身体，財産に被害を受けた時，その製品の製造者などに対して損害賠償を求めることができる。この法律によって，これまでにくらべ損害賠償を求める時の被害者の立証負担が軽くなった。これまで損害賠償を請求するには，製造者などの過失（設計，製造などの際の不注意）が原因で事故が起きたことを証明しなければならなかったが，この法では，製品の欠陥（通常持つべき安全性を欠いていること）が原因で事故が起きたことだけを証明すればよくなった。製品自体の欠陥をもとに製造者に対して損害賠償の請求ができるようになったのである。この法律の制定によって製造者は，これまで以上に安全性を考えた製品を製造し，わかりやすい警告表示や取扱説明書を付けるなど，消費者の視点に立った製品づくりを心がけるようになっている。

それでは私たちは，安全性についてどのような点に注意すればよいのか。いかに安全性の高い製品であっても，使い方により思わぬ事故を引き起こすことがある。製品自体に記載された警告表示や取扱説明書をよく読んで正しい使い方をすることが必要である。また事故が起きた場合には，写真を撮っておき，現品を保存するなど，現場や被害の状況を記録するよう努め，事故の原因や責任について，製造者などと話し合う姿勢が重要である。

2）食品の安全性

食品の安全性は，私たち消費者にとって最も関心のある，消費者問題と

1. 消費者問題の現在

マーク名とマーク	法律名	対象
PSCマーク (PSC)	消費生活用製品安全法	（自己確認の義務） 特別特定製品以外の特定製品 ●家庭用の圧力なべ及び圧力がま ●乗車用ヘルメット ●登山用ロープ
PSCマーク (◇PSC)		（自己確認及び第三者の検査の義務） 特別特定製品 ●乳幼児用ベッド ●携帯用レーザー応用装置 ●浴槽用温水循環器
PSEマーク (PSE)	電気用品安全法	（自己確認の義務） 特定電気用品以外の電気用品 ●電気冷蔵庫・電気洗濯機・テレビジョン受信機・電子レンジなど338品目
PSEマーク (◇PSE)		（自己確認及び第三者の検査の義務） 特定電気用品 ●コード・コンセント・直流電源装置・電動式おもちゃなど112品目

出典）国民生活センター『くらしの豆知識07』国民生活センター，p.245，2006

図4-1　義務マークの例

しても最も基本的な問題である。先にあげた乳製品をめぐる史上最大の1万4千人以上といわれる被害者を出した食中毒事件はいうまでもないが，歴史的にもヒ素ミルク事件，カネミ油症事件といった多くの犠牲者を出した悲惨な事件があった。また食品の安全性を求めてチクロ，PCB，AF2の追放運動も行われてきた。そして最近関心を持たれている食品にかかわる安全性の話題には，遺伝子組換え食品やポストハーベスト農薬の問題，牛海綿状脳症（BSE）問題などもある。

3）家庭用品・電気製品の安全性

家庭用品，電気製品などには，それぞれ製品の安全基準を定めた法律，消費生活用製品安全法，電気用品安全法（旧電気用品取締法），ガス事業法などがあり，多くの場合，安全規格に合格していることは，マークで確かめることができる。マークには，そのマークがないと販売できない義務マークと一定の基準に適合していることを示し，マークをつけるかどうかは事業者の任意によるものとがある。また，その商品により被害を受けた時，損害賠償を支払うことを約束したマークもある。それぞれ商品で確認し，図表によりマークの根拠を確かめ，安全な商品選択に活かしたい（図4-1，4-2）。

近来，食品におけるずさんな衛生管理など，企業の不祥事多発に関連し，消費者の安全よりも企業の利益を優先してきた企業姿勢が厳しく問われるようになった。求められているのは，コンプライアンス（compliance，法令等順守）経営と，企業の社会的責任（CSR）である。

（4）消費者取引をめぐる消費者問題

消費者取引とは，消費者が販売店などとの間にかわす契約のことをいう。わが国では，1973年に原油価格の高騰をきっかけとして，第1次石油危機（オイルショック）が起こり，石油関連製品のみならず生活用品の価格も上昇，2ケタ台の消費者物価上昇となった。この頃，私たちの生活は物質的にすでに満たされてはいたが，低成長時代にふさわしい資源の限界を見据えた生活を志向せざるを得なくなった。

遺伝子組換え食品

1998年，輸入された遺伝子組換え大豆を使用した食用油，大豆加工品などが，製造，販売されるようになった。バイオテクノロジーの進歩により，作物の性質を変化させるなどの技術が発明されたことによる。安全性の問題については論が分かれるが，まずは消費者が選択できるようにと，表示について検討がなされている。この技術の先進国であるアメリカやカナダでは，既存の食品と比較し著しい成分変化がなければ，表示の義務はないとしているが，日本では，可能な限り明確に表示すべきであるという意向が強い。

ポストハーベスト農薬

ポストハーベスト農薬とは，収穫後の農産物に，貯蔵や輸送の段階で発生する害虫やカビを防止する目的で使用される農薬。輸入柑橘類のカビ防止剤は，食品添加物と指定され，また収穫前か後かは問わず，野菜や果物などにどのような農薬がどのくらい残っているかという，残留農薬基準として設定されている。

SGマーク Safety Goods	STマーク Safety Toy
(SG)	(ST)
㈶製品安全協会 ☎(03)5255-3631	㈳日本玩具協会 ☎(03)3829-2513
消費生活用製品安全法に基づいて制定された製品安全性認定基準合格商品に付けられる。	㈳日本玩具協会の安全基準に合格したおもちゃに付けられる。
乳幼児用製品，家具・家庭厨房用品，スポーツ・レジャー用品，高齢者用製品等131品目	市販のおもちゃの90％以上がマーク付き

出典）国民生活センター『くらしの豆知識'04』国民生活センター　p.246, 247, 2003

図4-2　損害賠償制度のある商品マーク

この頃から消費者問題も変化をみせ始めた。高度経済成長時代に増して売り込みをかける経営方針を背景に，無店舗販売あるいは特殊販売といわれる訪問販売・通信販売・マルチ商法（連鎖販売取引）による被害が多発し，また既成の法律の網をくぐるような悪徳商法が次々とあらわれて，消費生活センターなどへの相談も増加，消費者取引をめぐる問題はこれ以降つねに目立った件数を示すようになった。

1）訪問販売・通信販売・マルチ商法

　訪問販売，通信販売，マルチ商法（連鎖販売取引）などは，「特定商取引に関する法律」（「訪問販売等に関する法律」の法律名を改正し，2001年制定，以下「特定商取引法」）で規制されている，特殊販売あるいは無店舗販売といわれる販売方法である。店舗販売の方法と異なって，直接消費者宅を訪問したり，郵便，電話，インターネットを通じて商品やサービスを販売したり，ねずみ算的な特殊な組織を通じて人を集め，もうけにつながる話をもちかけるなど，消費者にとって不意打ち的な方法により，十分に商品を比較，検討して購入することができない状況で販売をする。このような特殊性から，契約書の提示を義務付けるとともに，一定期間であれば消費者の側から一方的に契約を解約できる，クーリング・オフ制度のような消費者保護の制度を設けている。この特定商取引法における訪問販売取引は，対象が指定商品，指定役務，指定権利というように限定されているため，次々とこの網をくぐるようなかたちで脱法的な商法が登場，その対象やクーリング・オフ期間を拡大するため，何回もの改正が行われた。このような過程で取り入れられてきたのが，業者側から電話をかけてきて契約させる電話勧誘，そして英会話教室，エステティックサロンなど店舗内で契約したものも含む特定継続的役務提供，内職商法ともいわれる業務提供誘引取引などである。

　これらのうちで，特に成人になったばかりの若者をねらう悪質商法といわれるのは，キャッチセールス，アポイントメントセールス，恋人（デート）商法，マルチ商法などである（表4－2，資料4－2，4－3）。

2）契約をめぐる問題

　このように若者をターゲットとする例をみても，巧みなセールス活動が

資料4－1　未成年者の契約

　契約をするかどうかは当事者の自由だが，契約した以上は，その契約に責任を持たなければならない。しかし満20歳未満の未成年者の場合，民法では，社会的に未成熟で判断力がないものとして，保護規定を設けている。未成年者と契約をする相手方は，未成年者の法定代理人（通常は両親）の同意を必要とし，同意を得ないでかわした契約は，本人または法定代理人が取り消すことができる。そして取り消されれば，契約は初めからなかったことになり，購入した商品をそのまま返すことができる。ただ，小遣いとして使用を許されている範囲では同意を必要としない。また婚姻している場合は成人とみなされ，未成年者が成人と偽った場合も取り消しは認められない。

　このような規定から，満20歳を超えるとセールスマンの勧誘が激しくなる傾向がある。契約に責任が持てると認められるためであり，いっそうの自覚が必要である。

行われているが，契約に対する専門的知識を持つ売り手に対し，消費者には，一般に契約についての基礎的知識が乏しく，このことが被害を拡大させる原因ともなっている。このようなことから，消費者の立場を保護し，対等な位置に立てるよう，特定商取引法などに，クーリング・オフ制度が定められている。

クーリング・オフ制度とは，それまでの民法のきまりであった，契約に際して相方が平等であった原則を変更し，一定の条件のもとに，解約金を支払うことなく，消費者の側から一方的に契約をやめられるという制度である。

たとえば消費者が訪問販売など店舗以外の場所で契約する場合，セールスマンの勧誘によって，購入の意思がはっきりしないまま契約の申し込みをしてしまうことが多い。

表4－2　若者をねらう問題商法

問題商法	商品・サービスの例	勧誘方法と問題点
マルチ商法	健康食品・化粧品・浄水器	必ずもうかると組織に誘い，友人・知人を加入させ商品を買わせて利益につなげる。商品を大量に抱え借金が残る。マルチまがい商法は規制が及ばない類似した商法
アポイントメントセールス	会員権・教養娯楽教材・絵画・宝石	「景品が当たった」「旅行に安くいける」などと販売目的を隠して呼び出し，営業所や喫茶店で契約をさせる
キャッチセールス	化粧品・エステティックサービス・絵画	駅前や路上で呼び止め，店まで誘い込んで契約をするまで強引に迫る
アンケート商法	化粧品・絵画・エステティックサービス	「アンケートに答えて」などと呼び止め，不安を持たせるような話をして，購入するよう説得する
就職商法	タレント養成講座・婦人下着・和服	有利な就職であるかのように広告し，応募者に「仕事に必要である」などとして高額な出費をさせる

資料4－2　マルチ商法の例

　知り合いから月40万円もの収入になる良い話があると聞かされ，ビジネスの勉強会に出席し入会した。自分でできる範囲でやればよいということだったのに，その月末に上位の会員に呼ばれ，ビジネスをやるためには商品を買わなければならないと，なべや浄水器など約40万円のクレジットを組むよう説得された。この支払いをすると利益はわずかだった。1ヵ月後，また上位の会員に呼ばれ，扱い商品一式を買えと威圧的に勧められ，女性用化粧品約80万円の商品をサラ金から50万円借りて買わされた。それからは活動にも参加せず商品も買わなかったが，半年後在庫品を引き取るとの話があり，使用していないなべを返そうとしたが，箱を開けたとかセットでないとかいって応じない。
（月刊『国民生活』第28巻第5号　国民生活センター，1998，苦情相談事例より抜粋）

資料4－3　恋人商法の例

　雑誌のアンケートに答えてほしいと男性から電話があり，会う約束をした。会ってみたら予想以上にすてきな人だった。男性は，幸せな家庭をつくりたいので恋人を探していること，宝石のデザイナーであることを話した。そして「真珠は冠婚葬祭に必ずつけるもの，恋人になる人には良い物を持ってもらいたい」と話し，展示会に案内した。会場で「会うときは必ずつけてきてほしい」と真珠のネックレスを勧めたが，総額200万円と分かり断ったところ，「信じてもらえず悲しい」と泣き出した。自分もこれを買えば，彼に会える，彼女になれるかもしれないと思い契約した。その後毎日のように電話があり，やがてある県で展示会があり自分のデザインした宝石が表彰されるので来てほしいといわれ出かけた。そこで，自分がデザインしたというダイヤのネックレスを見せ「会うときは絶対このダイヤをつけてきて」というので，高額の借金になるとは思ったが，買うことに決めた。契約総額は約315万円に達していた。その後彼からは電話がこなくなり，電話をしても「忙しい」とか「会議中」などといって会えなくなったばかりか，連絡も取れなくなった。ショックで不眠，発熱など体調を崩し，休職せざるを得なくなった。
（月刊『国民生活』第29巻第8号　国民生活センター，1999，苦情相談事例より抜粋）

第4章 消費社会を生きる

表4-3 特定商取引法のクーリング・オフ制度

取引の種類	クーリング・オフ期間	対象
訪問販売	クーリング・オフを告げる書面（申込書控）を受け取った日から8日間	店舗外での指定商品・役務・権利の取引。3,000円未満の現金取引を除く
電話勧誘販売	クーリング・オフを告げる書面（申込書控）を受け取った日から8日間	業者からの電話による指定商品・役務・権利の取引
業務提供誘引販売取引	クーリング・オフ制度を知らせた日から20日間	内職商法による取引。店舗契約を含む。指定商品制なし
連鎖販売取引	クーリング・オフを告げる書面（申込書控）を受け取った日から20日間	マルチ商法による取引。店舗契約を含む。指定商品制なし
特定継続的役務提供	クーリング・オフを告げる書面（申込書控）を受け取った日から8日間	エステティックサービス・語学教室・学習塾・家庭教師・パソコン教室・結婚相手紹介サービス。店舗契約を含む

そこで消費者保護の立場から，冷静に考える期間を権利として認めたのである。法律によって，指定商品，期間など条件が異なるが，いずれの場合もクーリング・オフ期間内に書面により申し込みの撤回や解約の意思を通知する必要がある。形式は特にきまりはないので，例示の書面を参考に契約の内容と解約の意思をはっきり伝えることである（表4-3，図4-3）。

では，契約とはどのようなことをいうのだろうか。次に基本的な契約の知識を簡単に述べておこう。私たちは，毎日いろいろな商品やサービスを購入している。この時私たちは，商品やサービスを提供する相手の販売店などと「契約」を結んでいるのである。たとえば私たちがCDを受け取って，お金を払う，販売店はCDを渡してお金を受け取る約束などをする。この約束を法律では「契約」という。契約を結ぶかどうか，つまりそのCDを買うかどうかは当事者の自由だが，契約の申し込みと承諾の内容が一致して合意されれば，契約は成立する。そして契約書や捺印がないからといって，契約が成立していないということではない。これは，毎日の買い物でいつも契約書を交わしているわけではないことからも理解できる

```
通
知
書

一　私は貴社と締結した左の契約を解除します。
　　　契約年月日　平成○年○月○日
一　商品名
　　　○○○○
一　私が支払った代金
　　　○○円を至急返金してください。
一　私が受け取った商品を貴社の費用でお引き取りください。

　　　　　　平成○年○月○日

　　　　　東京都
　　　　　○○区××町○丁目○番○号
　　　　　　　　　　　　（氏名）○○○○

東京都
○○区××町○丁目○番○号
株式会社○○○○
代表取締役　○○○○様
```

出典）国民生活センター『くらしの豆知識2000』国民生活センター，p.61，1999

図4-3 クーリング・オフの通知例

だろう。またいったん契約が成立すると簡単にやめることはできない。だから契約書にサインをする際は，十分に納得し内容を理解した上でのみ，サインをするようにしたいものである。

さらに契約書については，契約の成立を証明して内容を明確にし，署名，捺印も契約の成立を証明してトラブルを防ぐためのものである。消費者保護を目的とする法律では，業者に契約書を渡すことを義務付けており，大切な契約は必ず契約書を残すことが必要である。

3）消費者契約法

これまで消費者保護の法律は，特定商取引法にしろ，クレジット関連の割賦販売法にしろ，その適用される対象は，指定商品，指定役務（サービス），指定権利と呼ばれ，多くの場合問題を起こしやすいとみられる商

品・サービス・権利のみが指定されてきた。しかし，その法の網の目をくぐるように新たな商法があらわれて消費者被害が多発し，消費者と事業者との間にある，情報量と交渉力のアンバランスが問題となってきた。このような被害を元からなくし，消費者の不利益を防ぐために生まれたのが，「消費者契約法」である。

　消費者契約法は，2000年4月28日に成立し，2001年4月から施行されている。この法律には，主に次のようなルールが定められている。消費者契約の一般的なルールをとりあげているのが特徴である。

① 消費者にとって重要な事項を事業者が説明しなかったり，虚偽のことを告げたりした時，消費者に契約の取り消し権を与える
② 消費者をおどし，困らせるような方法で契約がなされた時，消費者に契約の取り消し権を与える
③ 消費者にとって不当に不利な内容の契約項目は，その効力を無効とする

　この法律は，規制が緩和されていく今後の情勢の中で，自立した消費者にとって，契約に関する一般的原則として，よりどころになっていくものである。

2．コンシューマリズムの確立と消費者の権利

(1) コンシューマリズムの確立

　これまで消費者問題やその背景をみてきた。では，コンシューマリズムはどのようにして起こり，消費者行政はどのように確立してきたのか。その動きをたどってみよう。

　コンシューマリズム (Consumerism) とは，直接には消費者主義，消費者優先主義と訳され，消費者の利益を優先し，その権利の保護や向上を考える立場をいう。この運動は，消費者の自由な選択が市場における生産のしくみを決定するという「消費者主権」の理想が，現実には制限されている状況から生まれてきた。1960年代，アメリカの大統領ケネディ（J. F. Kennedy）は消費者の4つの権利を掲げた「消費者の利益保護に関する特別白書」を連邦議会に送り，若き弁護士ラルフ・ネーダー（R. Nader）は自動車の安全性を問題とし，消費者運動が盛んになった。その結果，コンシューマリズム，消費者優先主義が根づき，消費者保護関連の法が生まれ，その流れはヨーロッパや日本にも及んで，消費者の立場で経済的な面のみならず，社会的・政治的環境の改善を求める方向に発展していく。コンシューマリズムは消費生活の保障にとどまらず「人間が人間らしく生きるために生活の価値を守り生活の質を高めていく思想」へと発展させる方向にある。

(2) 消費者の権利

　消費者の権利が初めて示されたのは，1962年，先にあげたケネディ大統領の「消費者の利益保護に関する特別白書」である。のちに大きな影響力を与えた消費者の4つの権利は次のようなものである。

①安全を求める権利（the right to safety）
②知らされる権利（the right to be informed）
③選ぶ権利（the right to choose）
④意見を聞いてもらう権利（the right to be heard）
1975年，アメリカのフォード大統領がさらに次の権利を加えた。
⑤消費者教育を受ける権利（the right to education）

日本では，1975年に東京都の消費生活条例に初めて4つの消費者の権利が掲げられたが，追加されて現在は6つの権利が明記されている。
①消費生活に必要な物資等によって，生命及び健康を侵されない権利
②消費生活に必要な物資等について，適正な表示を行わせる権利
③消費生活に必要な物資等について，不当に取引条件を強制されない権利
④消費生活を営むに際し不当に受けた被害から，公正かつ速やかに救済される権利
⑤消費生活を営むうえで必要とする情報を速やかに提供される権利
⑥消費生活において，必要な知識及び判断力を習得し，主体的に行動するため，消費者教育を受ける権利

さらに1982年には，消費者団体の国際的組織である国際消費者機構（IOCU：International Organization of Consumer Unions，現在はCI：Consumers International）が，消費者の権利を広げ，「消費者の8つの権利」を提唱し，のちに「消費者の5つの責任」も強調した。とくに，責任の自覚が必要とされる内容として貧困の根絶，社会正義と人権の尊重，公正で効果的な市場経済，環境保護，正当な支配（good governance）など5つの内容をあげている（資料4－4）。

資料4－4 消費者の権利と責任

消費者の権利
①生活の基本的なニーズが保障される権利
　（the right to satisfaction basic needs）
②安全である権利
　（the right to safety）
③知らされる権利
　（the right to be informed）
④選ぶ権利
　（the right to choose）
⑤意見を反映させる権利
　（the right to be heard）
⑥補償を受ける権利
　（the right to redress）
⑦消費者教育を受ける権利
　（the right to consumer education）
⑧健全な環境の中で働き，生活する権利
　（the right to a healthy environment）

消費者の責任
①批判的意識（critical awareness）
　商品やサービスの用途，価格，質に対し，敏感で問題意識を持つ消費者になるという責任
②自己主張と行動（action and involvement）
　自己主張し，公正な取引を得られるように行動する責任
③社会的関心（social responsibility）
　自らの消費行動が，他者に与える影響，とりわけ弱者に及ぼす影響を自覚する責任
④環境への自覚（ecological responsibility）
　自らの消費行動が，環境に及ぼす影響を理解する責任
⑤連帯（solidarity）
　消費者の利益を擁護し，促進するため消費者として団結し連帯する責任

（3）消費者のための法制度
1）消費者行政

　日本において，消費者保護を目的とする法制度は，1960年代に始まっている。深刻な消費者問題の多発に対応し，1961年東京都に消費経済課，1965年には兵庫県に神戸生活科学センターが設置され，他の都道府県にもこのような消費者行政の担当部門がおかれるようになった。国においては，1968年5月30日，消費者保護基本法が制定された。

　消費者保護基本法は，消費者行政の方向を明らかにし，体系的に進めるよう制定されたもので，消費者保護のために国，地方公共団体，事業者の果たすべき責務や消費者の役割，またその内容が示され，その施策が示された。

　消費者保護基本法の制定を機会に，これまであった法律の改定が行われ，新しく消費者のための法律ができるなど消費者保護のための施策が進んだ。1970年には，消費生活センターの中核として消費者の苦情相談の受付・処理，商品テスト，普及開発，調査研究などを行うために「国民生活センター」が設立され，全国から集計した情報を評価し，消費者情報として発信している。また1973年までに全都道府県に消費生活センターが設置され，政令指定都市，市区町村にもそのネットワークが広がっている。

　2004年には，この消費者保護基本法が改正され，法律名が変わり，「消費者基本法（2004年6月公布，施行）」となった。この消費者基本法は，「21世紀型の消費者政策の在り方について」という国民生活審議会消費者政策部会の報告書をもとに，それまでの消費者政策を転換するもので，その基本は①消費者の位置づけの転換—保護から自立へ，②市場メカニズムの活用—事前規制から事後チェックへの重点シフト，③情報公開と事業者のコンプライアンス経営とされた。主な改正事項は①消費者の権利の明示，消費者の自立支援など基本理念の新設，②事業者の責務などの拡充，③消費者契約の適正化，消費者教育の充実，④消費者基本計画の策定，消費者政策会議など推進体制の強化などである。

　このうち基本理念の中で述べられる消費者の権利については，消費生活における基本的需要が満たされ，健全な環境の中で消費生活を営むことができる中で，①安全の確保，②選択の機会の確保，③必要な情報の提供，④教育の機会の確保，⑤意見の反映，⑥被害の救済が重要であるとして，消費者の権利と位置づけた。また，その消費者基本法に示された，消費者政策推進体制は次に示す図のとおりである（図4-4）。

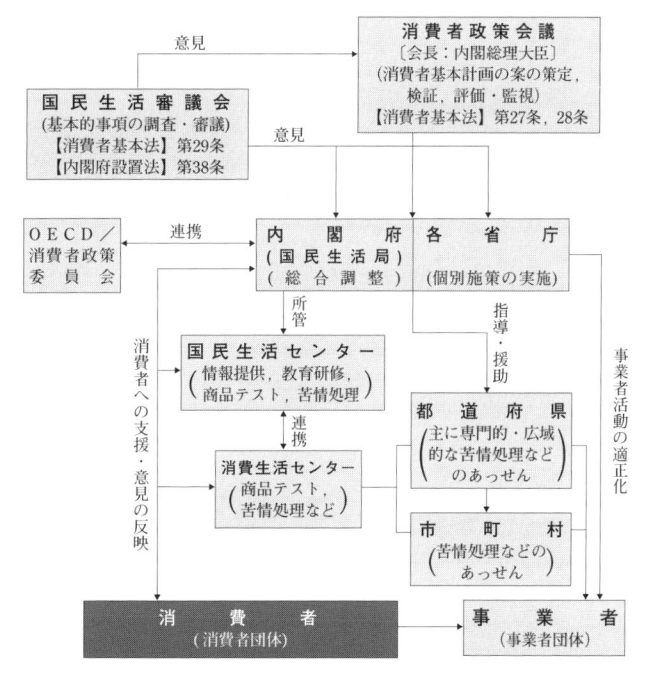

出典）内閣府国民生活局編『ハンドブック消費者　2005』
国立印刷局，p.12, 2005

図4-4　消費者政策の推進体制

> **資料4－5　消費者問題専門スタッフ**
>
> **・ヒーブ（HEIB：Home Economists In Business）**
> 　アメリカでは，企業や団体が家政学（Home Economics）の修得者に専門職として高い地位を与え，苦情処理などの単なる消費者対策だけでなく，消費者の声を積極的に企業活動に反映させる任務にあたらせている。すでに60年の歴史を持ち，その多くは女性である。
> 　わが国でも企業と消費者のパイプ役として1970年代から同様の職制（ヒーブは資格ではない）を設ける企業があらわれ，その職にある人々を指してヒーブと呼んでいる。
>
> **・消費生活アドバイザー**
> 　経済産業大臣が認定する法人（財団法人日本産業協会）が，消費者相談業務に関する知識および技能についての試験を実施し，その合格者に対し原則として実務研修終了後，認定・登録する公的資格である。
> 　主として企業内において消費者からの苦情相談など各種の相談に応ずるとともに，消費者ニーズを把握して，企業内における商品サービスの改善に反映させることなどを任務としている。
> 　1980年度が第1期。調査やコンサルタント業で実績をあげている人もいる。受験資格は年齢・性別・学歴を問わない。ヒーブで資格取得している人も多い。
>
> **・消費生活専門相談員**
> 　国民生活センターが認定・登録する消費問題専門スタッフの資格である。全国の消費生活センターには数多くの複雑な相談が持ち込まれているが，相談の対象となる消費者問題の高度化，複雑化から相談員の専門的能力を高める必要があるとして，国民生活センターの実施する試験による消費生活専門相談員資格認定制度が，1992年に設けられた。

2）企業の消費者対応

CSR
Corporate Social Responsibility。企業の社会的責任。企業には，不祥事の発生を防ぎ，社会に貢献する義務と責任があり，消費者，従業員，取引先，株主，地域社会などに対し，法的，経済的，倫理的，社会貢献の責任があるとする。その行動基準や評価基準が考えられている。

ACAP
(社)消費者関連専門家会議（ACAP：Association of Consumer Affairs Professionals）。企業などで消費者問題に携わっている人を中心に1980年発足。企業や業界の枠を越えた横断的組織として，消費者問題への対応，調査研究，情報提供を行っている。

　一方，生産者，販売業者など事業者にあっても，1970年代，事業者の責務として消費者問題への対応を迫られ，消費者相談室や窓口を設けて自社製品の苦情処理に努めるほか，ヒーブ（HEIB），消費生活アドバイザーなどの消費者問題専門スタッフによる商品開発や，消費者向け情報の充実をはかるようになった。また各製品の業界団体も，PL相談センターのような相談窓口を設けるほか，商品関連情報を提供している。消費者関連専門家会議（ACAP）のような，消費者窓口担当者の連絡組織も積極的な活動をしている（資料4－5）。

　「消費者にとって本当によいものを提供することは，結果として企業の発展につながる」というのが，アメリカにおけるHEIBの基本理念であるというが，日本の企業の消費者対応も真にこの理念を体現するものであることが望まれる。さらに消費者に信頼される事業者を目指すのなら，先述のコンプライアンス（法令等順守）と企業の社会的責任（CSR）を重視する経営が最重要の課題である。

　コンシューマリズムは，このように消費者の利益や権利を保護し，向上することをめざし，さまざまな組織で取り組まれるものである。その確立には，消費者自身の自覚が基本となることはいうまでもない。

3．消費者の行動と消費者主権

（1）市場経済と消費者主権

　私たちの消費者としての行動は，購入する商品やサービスの動きを通し，市

場につながっている。この項では消費者の経済的位置付けを明らかにし，それが現在の私たちの行動とどのようにかかわるかを考えていくことにしよう。

まず市場における消費者について考えよう。私たちは日常さまざまな職業に従事して生産活動を行い，そこで得た所得で生活を維持するため，市場を通じて商品やサービスなどを購入し消費活動を行う。消費者とは，このように生活の維持を目的とし，市場を通じて消費財を購入し消費活動を行う者，つまり市場を通じた取引により，商品やサービスを購入し，生活欲求の充足のために使用する立場をいう。国民経済の立場では，国民を消費生活の側面からとらえ，個別の経済主体としては，国民一人ひとりを消費生活の側面からとらえた概念である。また消費者問題でとりあげる場合は，とくに生活のために商品やサービスを購入する最終消費者を意味する。

市場とは，商品の売り手と買い手が取引を行う場のことで，卸売市場や小売市場など特定の場所をいうだけでなく，売り手と買い手がその価格と数量を決定するようなしくみが働く場を抽象的にいう場合もある。この市場では，消費者の需要と生産者の供給が価格を決める。消費者は労働や資産の提供などにより得られた所得で消費財を購入し，生産者は労働や資材の費用に基づいて価格を決める。市場における価格は，消費者の需要と生産者の供給のバランスによって決まる。

アダム・スミスは，『諸国民の富』（1776）で経済制度における「見えざる手」の原理を述べた。それは，どの個人も自分の個人的利益を追求する過程で，まるで「見えざる手」に導かれるように，全体にとって最善の状態を達成するというのである。何をいくらで購入するかという消費者の意思が消費者の需要で，生産費用に見合う価格による消費やサービスの提供は，生産者の供給である。需要と供給を価格の動きに任せておけば，結果的に社会全体の利益が保障され，資源は最適に配分されるというのである。

しかしこれは完全な競争状態のもとで初めて実現される。もし市場の独占，制限その他，価格に連動されないような状況があると，この「見えざる手」のすぐれた特質は失われてしまう。「消費者主権」も，実はこの伝統的理論に支えられ，現実に実現すべき目標としての側面も持っている。「消費者主権」とは，消費者一人ひとりの自由で自主的な経済上の選択が，市場経済を通じて，企業にどんな製品をどれだけ生産すべきかを決定させるしくみが成立していることをさすのである。ところが，消費者の自由で合理的な選択を妨げ，企業の自由で公正な商品供給を制限する現実があり，企業と消費者の対等性が失われている。それは消費者情報の不足，競争の制限による企業の利益優先の考え方としてあらわれる。消費者はわずかな情報により，あらかじめ設定された価格などの条件で購入することとなり，基本的に消費者自身が自由に商品を選べるという前提が成立しているとはいえない。そしてこの傾向は，ただ価格競争のみならず，品質・機能・安全性・環境への影響にまで及ぶと考えられている。

また消費者主権は，消費者の持つべき権利を一括して表現したものだが，現実に事業者と消費者の間に格差がみられることから，市民法の基本である過失責任，契約当事者の平等および契約の自由という原則を修正する動きをともなう。これはすでに，消費者保護法である製造物責任法，各法律

におけるクーリング・オフ制度，消費者契約法の基本的な考え方に生かされている。

消費者主権の確立のためには，これら経済・社会システムの整備とともに，消費者自身も経済社会における消費者の役割を自覚し，外観やムードにまどわされない合理的な選択を心がけることが必要となる。

（2）購入と消費者行動

私たちが消費生活を営むために商品やサービスを購入し，使用し，廃棄する時の意思決定と行動を消費者行動という。消費者行動には，購入時，使用時，廃棄時それぞれに，意思決定に必要な情報が必要とされる。広告，カタログ，表示，取扱説明書などメーカー，小売店から提示される情報，新聞・雑誌・テレビ・ラジオなどマスメディアからの情報，消費生活センター，消費者団体などから発信される商品テスト，試売テストなどの消費者情報などがある。メーカー・小売店からの広告，カタログなどには，当然製品の購入を促す要素が含まれるが，本体の表示，取扱説明書には，それぞれの商品に適用される，たとえば食品衛生法，家庭用品品質表示法などによる法定表示があるので，購入時はもとより，使用時，廃棄時にも，よく読んで適切な扱いをする必要がある。

いずれの場合も，情報源がどこであるかを十分考慮し，欲望を刺激するムードなどに惑わされず，自身にとって本当に必要なものを，品質，価格，使用頻度，廃棄時の環境への影響まで考慮して選択したいものである。

4．消費者の自覚と責任

（1）消費者運動

これまで，消費者問題の解決，コンシューマリズムの確立，ともに基本は消費者自身の自覚にあることを述べてきた。この項ではさらに私たち自身の問題として何ができるか，何が必要かを考えよう。

表4－1にあげた消費者問題の推移にみるように，1960年代後半から1970年代は，食品やその他の製品の安全性問題が焦点となっているが，このようなチクロ，AF2，OPPといった食品添加物，PCBのような化学物質，合成洗剤，石油たんぱくといった石油関連製品に対する消費者の追放運動は，生活の便利性，コストの削減をめざす企業に対し，生活の安全性をめざす消費者の声の高まりを示すものであった。この時期，消費者団体は連合し，安全に疑問のある商品に対し，法的規制や行政による指導，監視を求める運動が活発になった。

このように消費者運動とは，消費者問題の解決と消費者の権利の確立をめざす，消費者の立場にある市民の運動である。具体的には，消費者が企業に対し，商品・サービスの安全性，価格，表示，アフターサービス，商品による被害の補償や公正な競争などを求め，その実現のために法的規制や行政措置を求める働きかけである。また広くはその目的のために行う商品テストなど消費者自身の啓発・情報提供活動，自らの生活を守るための

商品テスト活動

1920年代末，アメリカであみ出され，アメリカ消費者同盟（CU），イギリス消費者協会（CA）などの活動により，今日でも消費者運動の一潮流となっている。

日本では，『暮らしの手帖』（暮らしの手帖社），『月刊消費者』（日本消費者協会），『たしかな目』（国民生活センター），『試買テスト』（各地の消費生活センター）などで，商品テストを行っている。

> **資料4－6　全国消団連の「消費者宣言」**　　　　　　　　　　　　　　　　　　　　（1957年）
> 1　われわれは，正しい商品選択のための情報を消費者に提供するとともに，商品に対する苦情処理にあたる。
> 2　われわれは，消費者の声を結集して生産者および販売者に伝え，消費者と生産者との間の疎隔を改め，わが国における消費生活の健全化をはかる。
> 3　われわれは，政府および地方行政機関に対し適切な消費者行政の確立を要求する。
> 4　われわれは，消費者のための，消費者の声による消費者社会の成立を期し，消費者主権の確立に邁進する。
> 5　われわれは，海外諸国の消費者団体との連携を密接にし，消費者の国際的団結を強化する。

商品共同購入，生活協同組合活動も含まれる。

　わが国で本格的な消費者組織（消費者団体）ができたのは，第2次世界大戦後であり，当時は不足しがちな生活物資の入手が主要な課題であったが，高度経済成長期を通じて消費者問題が社会問題として意識されるようになって，安全性問題や表示問題などと広く取り組むようになった。同時にその重要さの認識が意識され，団体数も参加人数も急速に増加した。

　主要な消費者団体には，日本消費者連盟，日本生活協同組合連合会，関西主婦連合会，主婦連合会，地域婦人団体連合会（地婦連）などがある。1956年には，これらの団体が連合して，全国消費者団体連絡会（全国消団連）が結成され，翌年の消費者大会で，「消費者宣言」を採択するとともに，それ以降消費者勢力の集結を示し，さまざまな消費者問題の解決や法制化の方向付けに強い推進力を発揮している（資料4－6）。

　生活協同組合（生協，co-op）は，明治時代にわが国に紹介された協同組合運動を基盤とし，戦後の消費生活組合法（1948年）のもとに発展した。安全な製品を適正な価格で購入する目的を通じ，独自の製品開発とともに，物価・流通問題をはじめ，広範な消費者問題に取り組んでいる。

　また近年は，有機農産物の取り扱いやリサイクル運動の分野で株式会社などの形態をとる事業団体もみられる。一方，有機農業に取り組む農家グループと消費者との直接契約の動きも，農業生産者主導の産直として注目される自然派グループをはじめとして，各地にみられる。環境問題を考慮して購入をするグリーン・コンシューマーグループも，新しい動きとして注目される。また，2006年5月には，「消費者契約法」の一部を改正し，一定の消費者団体に，事業者の不当な行為に対する差止請求権を認める「消費者団体訴訟制度」が導入されることとなった。消費者運動の大きなターニングポイントとなると期待される。

（2）消費者の自立とネットワーク

　企業と消費者間の，資本力，組織力，情報量などにおける圧倒的な格差を背景に生まれた消費者保護の考え方は，消費者保護基本法の制定によって確立し今日に至っている。しかし1970年代頃から都道府県の条例の中に消費者の権利の確立を目的とするものがあらわれ，積極的に消費者の権利の保障を目的とする消費者行政を進めることになった。また一方では，規制緩和が進行し，消費者の自己責任の確立，消費者の自立が求められる

時代になっている。消費者を保護の対象とみることから，国際消費者機構における消費者憲章（5つの責任）にみられるように，消費者にも義務と責任が求められているのである。そしてこの自立した消費者に対し社会がその自立を支援し，消費者自身も互いにネットワークを組んで，消費者自身の身体や生命，財産を守り，消費者の権利の実現に向けて活動することが期待される。それは消費者運動としての大きな流れとなるものであるが，まずは身の回りの小さな疑問，小さな活動から始まる。現在組織されている消費者団体も，はじめは草の根運動といわれる地域の小さなグループからスタートし，やがてそれが大きな流れとなっていったのである。これからは自立した消費者のネットワークがよりよい生活への動機付けとなっていく。

（3）消費者学習

このように消費者の自立が基本的な位置付けとされるなら，これまでの消費者教育も変化せざるをえない。消費者教育は，消費者が現代の経済社会の中で置かれた立場を自覚し，自身が合理的な生活を営むとともに，そのとりまく環境を望ましいものに変えていけるよう，知識・技術・能力などを開発するための援助をすること，と受け取られてきたが，自立した消費者が期待される今日にあっては，消費者自身が自発的に取り組む学習，すなわち消費者学習を援助し，支援するものというように，学習する消費者自身が中心に置かれるようになっている。消費者自身の課題に即した，学習のための教材やプログラムを用意し，学習の機会や情報を提供するというものである。消費者自身が保護される立場から，義務や責任を自覚しつつ権利を主張する立場にあると位置付けられるからである。そしてあらゆる場での消費者主義，コンシューマリズムが確立し，市場においては，消費者が自分の判断に基づいて商品選択ができ，豊かな生活が送れるような，「消費者主権」の実現をめざすものである。

このように，消費社会といわれる現代に生きる私たちは，食生活，衣生活，住生活，余暇生活など身辺の生活用品・サービスの購入にあたっても，広告・宣伝・販売促進策・セールストークなどに惑わされず，品質，性能，安全性，価格についてはもちろんのこと，使用時の問題，環境への影響にも思いを及ぼし，主体的に商品選択をし，現在のみならず，次の時代にも悔いを残さない生活主体としての自覚と責任を持って生活を営んでいきたいものである。

＜参考文献＞

及川昭伍・森嶋昭夫監修，国民生活センター編『消費社会の暮らしとルール ——変貌する社会と消費者——』中央法規出版，2000

日本衣料管理協会刊行委員会編『新版　消費生活論』社団法人日本衣料管理協会，1996

宮沢健一著『通論経済学』岩波書店，1981

内閣府国民生活局編『ハンドブック消費者 2005』国立印刷局，2005

加藤一郎・宇野政雄監修，財団法人消費者教育支援センター編『消費者教育事典』有斐閣，1998

国民生活センター『くらしの豆知識 '07』国民生活センター，2006

第 5 章

環境と共生する
——循環型社会の実現へ向けて——

1. 地球環境問題の現在

(1) 大量消費型ライフスタイルと地球環境問題

　現代の日本人は，テレビ，冷蔵庫，エアコンなど多種類の家電製品，収納に困るほどの衣料品や食べきれないほどの食料品など，たくさんのモノに囲まれて暮らしている。また，24時間営業のコンビニエンス・ストアでいつでも手軽にほしい商品を購入し，マイカーで自由に目的地へ出かけるという便利で快適な生活を享受している。しかしながら，私たちの物質的に豊かな生活は，モノを生産し，流通させ，使用し，廃棄する過程において，資源とエネルギーを大量に消費し，地球環境に莫大な負荷を与えるライフスタイルなのである（図5-1）。

　家庭生活による環境負荷が，1980年代に大都市地域で自動車からの排出ガスによる大気汚染や生活排水による水質汚濁といった都市・生活型公害を深刻化させ，さらに，廃棄物発生量の増大，最終処分場の逼迫といった問題を引き起こしている。また，これらの環境への影響は一定地域にとどまらない。たとえば，廃棄されても自然には分解されないフロンガスは，オゾン層を破壊し有害紫外線の照射量を増加させることによって，皮膚がんの発生を増加させる。自動車の走行や，大量生産の過程で化石燃料と引き換えに生成するCO_2をはじめとする温室効果ガスの増加が地球温暖化をもたらし，低地住民の居住地の水没や熱帯感染症の分布域の温帯への拡大など，人類に広範かつ深刻な影響を与えることが懸念されている。

　さらに，生活の利便性を高めるために多種多用されてきた化学物質の中には，内分泌かく乱化学物質（環境ホルモン）やダイオキシン類のように発がん性や生殖毒性など多様な毒性を持つものが多数存在する。これらが環境中に排出され，分解されずに拡散・蓄積することにより環境汚染をもたらし，人の健康や生態系にとりかえしのつかない悪影響を与えることが懸念されている。つまり，家庭生活がもたらした環境負荷が，こんどは地球規模での環境破壊を進行させ，めぐりめぐって私たちの生存基盤を脅かすまでに至っている。

　私たちは，生活者として，地球環境問題の間接的，直接的な加害者であり被害者なのである。

内分泌かく乱化学物質（環境ホルモン）
　動物の生体内に取り込まれた場合に，その生体内で本来営まれている正常なホルモン作用に影響を与える外因性の物質のこと。

ダイオキシン類
　ポリ塩化ジベンゾダイオキシンの略称で，きわめて毒性の強い有機塩素化合物。ダイオキシン類の主な発生源は廃棄物焼却施設であり，体内への取り込みは，通常，食事からが大半を占め，体内に入ると体脂肪と肝臓に蓄積される。1999年7月に成立・公布されたダイオキシン対策特別措置法で，耐容1日摂取量（人が一生涯にわたり摂取しても健康に対する有害な影響が現れないと判断される1日当たりの摂取量）を4pg（ピコグラム：1兆分の1グラム）/kg/日としている。

第5章 環境と共生する

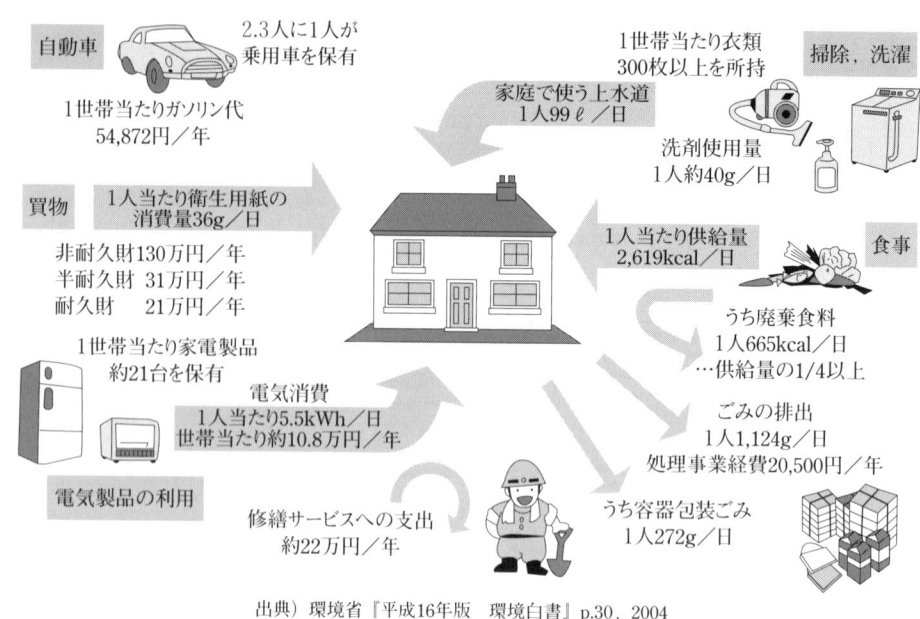

出典）環境省『平成16年版 環境白書』p.30, 2004

図5−1　日常生活における環境負荷

（2）国際的取り組みの推進

　これらの環境問題に対する世界的な取り組みとして、「国連環境開発会議」（UNCED、地球サミット）が、1992年にブラジルのリオデジャネイロで開催された。持続可能な開発に向けた地球環境の保全を実現するために、「環境と開発に関するリオ宣言」が採択され、リオ宣言を実行するための行動プログラムとして「アジェンダ21」、さらに「森林原則声明」の採択と「生物多様性条約」および「気候変動枠組条約」の署名が行われた。地球サミットの結果、地球環境の危機が国家の枠組みを越えて進行しており、その対応策も国際化しなければならないことが世界中に認識されることとなった。また、「アジェンダ21」には、社会の多様な構成員が、それぞれ環境問題の解決に参加すべき役割を担うことが盛り込まれ、政府、産業分野、科学分野はもちろんのこと、市民レベルでも環境保全にむけて取り組むべきことが強調された。

　その後も、世界が直面している環境問題の解決のために数多くの国際条約が調印され、法的拘束力のある規定が盛り込まれた議定書が採択されるなど、国際的取り組みが推進されている。たとえば、地球温暖化問題については、1997年に京都で気候変動枠組条約の第3回締約国会議（COP3）が開かれ、先進国の温室効果ガス排出量についての削減目標などを内容とした「京都議定書」が採択され、2004年にロシアが批准したことにより、2005年2月に発効した。

　しかしながら、いくら国際協定が調印され、規制が定められても、私たち一人ひとりが目先の利益や効率を重んじて、現在の資源・エネルギー大量消費型のライフスタイルを変えないでいるならば、環境問題は解決しな

持続可能な開発
　国連「環境と開発に関する世界委員会」が1987年に発表した報告書で主張されたもので、地球環境問題に関して、開発と環境保全のあり方を問う概念として用いられる。「将来の世代の欲求を充たしつつ、現在の世代の欲求も満足させるような開発」と定義される。

京都議定書
　日本の人口は世界の2％程度であるが、日本のCO_2排出量は年間13.6億tで世界第4位、世界の総排出量の5％を占める（2005）。地球温暖化の原因であるCO_2をはじめとする温室効果ガスの排出を抑えるため、京都議定書において、2008〜12年をめどに、それらの年間総排出量を1990年との比較で日本は6％削減するとの目標値が定められた。

い。誰かが何とかしてくれるだろう，という他人まかせの発想を脱し，地球環境と自分自身そして未来の子どもたちを守るために，何ができるのかを考え，生活の中で実践していくことが大切である。

2．家庭生活が及ぼす影響

　環境負荷が少ないライフスタイルを実践するためには，自らの日常生活と環境がいかにかかわっているかを知ることが大切である。

(1) 水環境とライフスタイル

1) 節水を心がけよう

　人間の身体の約60％は水で構成されており，水なしには人間の生命は維持されない。しかしながら，蛇口をひねれば不自由なく使える"水道水"のため，"水の重要性"があまり意識されず，清潔志向が高まる中で，生活用水の使用量は年々増加する傾向にある。2003年の1人1日平均使用量は313ℓ，総使用量141億㎥で，水洗トイレや全自動洗濯機の普及など，私たちの生活は1965年（1人1日平均使用量169ℓ，総使用量42億㎥）と比較すると1人当たりで約2倍，総使用量では約3倍の水を使用するライフスタイルへと変化しているのである。そして，これらの水需要をまかなうために安定的取水の目的で，これまでダム開発，河口堰，湖沼開発が行われてきたが，その環境・生態系への影響ははかりしれない。

　一人ひとりの節水は，水需要の総量を減らし，ダム建設などの必要性をなくすことになる。節水が環境保全につながっていることを意識し，風呂水を洗濯水に用いる，音消しのためのトイレの水流しを止めるなど，節水を心がけよう。また，水洗トイレや庭の植物の水やりに雨水を使うなど，積極的に雨水を活用する工夫を考えよう。

2) 生活排水による水質汚染

　私たちは日常生活において，調理や洗濯，入浴，掃除などさまざまな場面で水を使用している。そして，その際に米のとぎ汁，料理の残り汁，各種合成洗剤，漂白剤など，たくさんの汚染物質を水と一緒に流している。

　これらの生活排水には工場排水と違って法規制がなく，そのうえ，日本の下水道普及率は低い（69.3％，2006年）ため，約半数の家庭の生活排水が未処理のまま河川へ"垂れ流し"状態にある。そのため，日本では生活排水の汚濁負荷が産業系の排水よりはるかに高く，湖沼や海域の水環境に大きな負荷を与えているのである。

　1人1日当たりの水環境への負荷をBODでみると，生活雑排水が約70％を占め，中でも台所からの汚れが最も大きな割合を占めている（図5－2）。油脂や料理の残り汁には，汚れの原因となる有機物を多量に含んでいるので，これらを直接排水口に流してしまうと，水質に大きな負荷をかけることになる（表5－1）。目の細かい水切り袋をつけた三角コーナーを使って食べくずなどを下水に流さない，油汚れや調味液が残ったとき

> **BOD**
> 生物化学的酸素要求量の略称で，水中の微生物によって有機物を分解する時に消費される酸素の量。水質汚濁の程度を示す指標のひとつで，値が大きいほど，水質汚濁は著しい。

第5章　環境と共生する

1人1日当たりの負荷割合

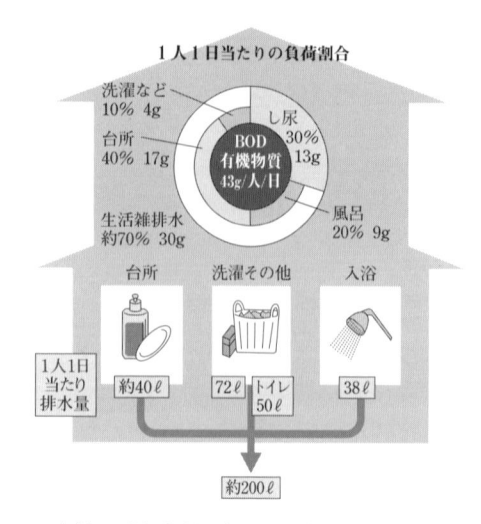

洗濯など 10% 4g
台所 40% 17g
BOD 有機物質 43g/人/日
し尿 30% 13g
風呂 20% 9g
生活雑排水 約70% 30g

1人1日当たり排水量
台所 約40ℓ
洗濯その他 72ℓ　トイレ 50ℓ
入浴 38ℓ
約200ℓ

(出典) 環境省『平成16年版　環境白書』p.34, 2004

図5-2　生活排水と生物化学的酸素要求量（BOD）の割合

は新聞紙や古布で余分な汚れを拭き取ってから洗うなど，エコキッチンを心がけよう。

3）"白さ"信仰と合成洗剤の使用

電気洗濯機の普及とともに衣類用洗剤の主流となった合成洗剤は，その後，台所用，洗髪用，住宅用，歯磨き用，さらには身体用洗浄剤としても主流となっている。合成洗剤については，界面活性剤の改良や無リン化，標準使用量の減量化，コンパクト化，詰め替え用製品の開発・販売など，環境負荷軽減のための改良が続けられている。しかしながら，石けんに比べ水生生物に与える影響は大きく，下水道未整備地域での合成洗剤の使用は生態系に影響を与える恐れがある。石けん・合成洗剤の年間生産量は1950年代には30万t台を推移していたのが，60年代後半には60万tを突破，2005年には110万tを超えている。生活排水による汚濁負荷を軽減するためには，石けんにしても合成洗剤にしても必要最小限の使用量ですませるライフスタイルに変えていくことが望ましい。私たちは，身体や身の回りのものを合成洗剤とたくさんの水を使って必要以上に美しくして満足してはいないだろうか。たとえば，洗濯用洗剤については"青空を背景に真っ白な衣類を干し並べた"テレビコマーシャルなどから，合成

表5-1　魚がすめる水質（コイ・フナ等：BOD 5 mg/ℓ，アユ等：BOD 3 mg/ℓ）にするために必要な水の量

流す量	浴槽（杯）		流す量	浴槽（杯）	
	コイ・フナ等	アユ等		コイ・フナ等	アユ等
しょうゆ（大さじ1杯）	1.4	2.4	缶コーヒー（コップ1杯）	8.6	14.4
みそ汁（おわん1杯）	4.3	7.1	コーヒー（コップ1杯）	0.6	1.1
砂糖（大さじ1杯）	4.6	7.7	紅茶（コップ1杯）	0.3	0.5
中濃ソース（大さじ1杯）	2.7	4.6	緑茶（コップ1杯）	0.4	0.7
みりん（大さじ1杯）	4.2	7.0	こぶ茶（コップ1杯）	0.7	1.2
酢（大さじ1杯）	0.5	0.9	清涼飲料水（コップ1杯）	7.9	13.2
すきやきのタレ（大さじ1杯）	3.6	6.1	トマトジュース（コップ1杯）	4.4	7.4
ケチャップ（大さじ1杯）	2.2	3.7	牛乳（コップ1杯）	16.8	28.0
ドレッシング（大さじ1杯）	6.8	11.3	ヨーグルト（コップ1杯）	11.5	19.2
マヨネーズ（大さじ1杯）	14.0	23.3	ビール（コップ1杯）	11.5	19.2
食用油（大さじ1杯）	16.6	27.6	米のとぎ汁（4ℓ）	6.4	10.6

(出典) 東京都消費者生活総合センター『たしかな目』10月号　国民生活センター p.59, 1997

洗剤を使うと洗濯物がいかにも真っ白になるように思わされ（実際は，合成洗剤に添加されている蛍光増白剤が白く感じさせるのである），石けんでは「白くならない，きばむ」と思いこまされてはいないだろうか。あるいは，石けんでも必要以上に多量に使って泡立てないと洗った気にならない，ということはないだろうか。要は汚れが落ちればいいので，"白さ"を信仰することは無意味であることに気づくべきなのである。広告に煽られることなく，商品に関する正確な情報を得て，汚れにうまく対処しよう。

（2）食環境とライフスタイル

　現在，日本では，季節に関係なく多種多様な食品が広域流通を通して大量に供給され，供給エネルギー量の約4分の1以上（ほぼ1回の食事分に相当する約700kcal）が流通・加工・消費の段階において廃棄されるという「飽食」が行われている。大量の食料が日本をはじめとする先進国で廃棄されている一方，途上国では約8億人もの人が，現在も飢餓で苦しんでいる。また，世界の総人口が91億人前後に達すると予想されている2050年頃には，地球人類全体としての食糧危機が起こる可能性が危惧されている。現在の食生活についてみつめ直し，環境負荷の少ない健全な食生活のあり方について考えてみよう。

1）食料自給率の低下と環境問題

　日本の食料自給率（供給熱量ベース）は，1965年には73％であったが，その後低下が続き，1998年には40％となり，それ以降は8年連続で40％の低い状況にある。また，穀物（食用＋飼料用）自給率はわずか28％（2005年），主食用穀物自給率も61％（2005年）と年々低下傾向にある。

　この大幅な食料自給率低下の原因のひとつには食生活の洋風化があり，国民健康・栄養調査によると，1965年に29.5gだった1人1日当たりの肉類の消費量は2004年には2倍以上の77.9gに増加している。畜産物の生産には粗飼料として肉重量の数倍の飼料穀物が必要であるため，畜産物の需要増加はさらなる飼料穀物需要の増加につながり，食料自給率を低下させる。

　一方，主要先進国では近年，自給率を増加させており，日本だけがきわめて例外的に大幅な輸入依存を続けている。多くの農産物を外国からの輸入に依存していると，ポストハーベストなどの残留農薬，不法な食品添加物の使用，遺伝子組換え技術など，外国での農作物のつくり方の影響を大きく受け，食品の安全面でのリスクが増加することになる。さらに，海外での生産・資源採取に際して，東南アジアからのエビ輸入にともなうマングローブ林の荒廃や水質悪化，バナナ栽培における大量の農薬使用など，産出国の自然環境を損なっていることも少なくない。また，輸入食料の多さ（2001年の食料輸入総量は約5,800万t）に加えて，日本の食料輸入先は多岐にわたっており，その輸送距離が長いことが指摘されている。輸入相手国別の食料輸入量とその輸送距離を掛けて，その合計値をフードマイレージとして試算した結果，2001年の日本のフードマイレージは約9,000億t・kmとなる。これは，韓国・アメリカの約3倍，イギリス・ドイツの

主要先進国の食料自給率
　1960年代，イギリスの食料自給率（供給熱量ベース）は50％を割るほどだったが，その後，74％に回復した。主要先進国の中で，自給率が50％を切っているのは日本だけで，2番目に低いスイスでも54％であり，フランス130％，アメリカ119％，ドイツ91％など，日本に比べはるかに高い水準にある（各国自給率の値は2002年のデータ）。

ポストハーベスト
　農作物を収穫した後に，保存のためにかける農薬使用のこと。ポストハーベスト農薬は，倉庫などで長期間保存のために使われるので，残留性，残効性が高い。各国で農薬使用状況も取り締まりのルールも異なるため，日本では違法でも，他の国から輸入されてしまう危険性が高い。ポストハーベスト農薬には，変異原性，がん原性または催奇性などの毒性を持つものが多く，輸入農産物の安全性が問題となっている。

第5章 環境と共生する

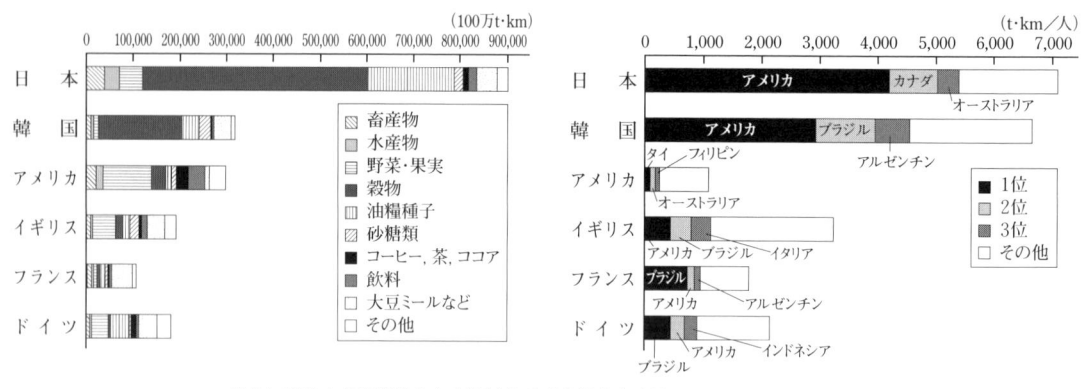

図5－3　フードマイレージの国際比較（品目別）

図5－4　1人当たりフードマイレージの国際比較（輸入相手国別）

出典）農林水産省農林水産政策研究所『農林水産政策研究』5号　p.52, 2003

フードマイレージ

1994年にイギリスの消費者運動家のティム・ラング氏が提唱した概念（元の用法はfood miles）。「食料の(=food)輸送距離(=mileage)」という意味で、輸入農産物が環境に与えている負荷を数値化するために考えられ、輸入食料の総重量×輸送距離であらわす。食料の生産地から食卓までの距離が長いほど、輸送にかかる燃料や二酸化炭素の排出量が多くなるため、フードマイレージの高い国ほど、食料の消費が環境に対して大きな負荷を与えていることになる。基本的には「食料品は地産地消（生産地と消費地が近いこと）が望ましい」という考え方に基づく。

約5倍、フランスの約9倍になる（図5－3）。人口1人当たりでみると（図5－4）、日本は約7,100億t・km/人となり、韓国は日本に近い水準にあるがイギリスは約半分、フランスおよびドイツは約3割、アメリカは約1割である。日本の品目別の構成をみると穀物51％、油糧種子21％とこの2品で全体の7割強を占めており（図5－3）、輸入相手国がアメリカ、カナダ、オーストラリアなどの遠隔地に偏っているという特徴がある（図5－4）。輸入食料の輸送に係るCO_2排出量は、国内における食料輸送に伴うよりも相当大きな負荷を環境に及ぼしているという試算もある。以上のことを踏まえれば、食料自給率を向上させるべきであることは明らかである。

2）汚染・エネルギー浪費型の食品供給

近年、日本では、冷凍食品、レトルト食品、嗜好飲料などの加工食品、ファーストフード、市販惣菜や外食が、日常食のライフスタイルとしてすっかり定着している。しかし、これらの食品には、大量生産や長期保存のために、保存料や酸化防止剤など食品の変質を防ぐための食品添加物が使用されることが多い。また、流通段階や家庭での貯蔵を考えても、冷凍食品・冷蔵食品はエネルギー消費を増加させる。

生鮮食品においても、温室、ハウスなど施設による生産は、その生産エネルギーが露地での4～8倍にも及んでいる。季節はずれのものを手に入れるために、たくさんのエネルギーが消費されているのである。なにげなく食べているさまざまな食べ物が食卓に上るまでに、私たちが犠牲にしているものの大きさを考え直してみるべきではないだろうか。

3）環境負荷の少ない食生活とは

持続可能な将来に向けて環境負荷が少ない食生活を営むには、日本が低資源国であることを認識し、国内各地域で極力自然の恵みによって供給できる食料資源を中心にした食生活を組み立てる努力と、無駄のない食生活

2．家庭生活が及ぼす影響

を実践することが大切であろう。たとえば，畜産物の摂取を控える，季節はずれの食品は買わないようにする，形が悪くても露地物を選び，なるべく流通距離が短い地物を購入するなど，私たち一人ひとりの消費サイドの努力が大きくなれば，生産サイドでも要望される品質と量の食品を生産する努力が行われるはずである。

（3）家庭ごみの現状

家庭からのごみと事業系のごみを合わせた一般廃棄物は，日本全体で年間5,059万t，1人1日当たり1,086gもの排出量である（2004年）。京都市の1996年の実態調査により，家庭ごみの内訳を重量でみると，最も多いのが台所から出される厨芥類（生ごみ）で5割弱を占め，次いで紙類，プラスチック類で，これら3種類で8割強も占めている（図5−5）。また，容器包装ごみが，家庭ごみ全体の重量で4分の1弱，容積では6割強を占めるまでに増加している（図5−6）。使い捨て商品や過剰包装の加工食品類が増えたことなどから，プラスチック類の容器包装が著しく増加しており，ごみの焼却にともなうダイオキシン生成などを考慮すれば，量の増加だけではなく，質の変化も大きな問題となることは明らかである。

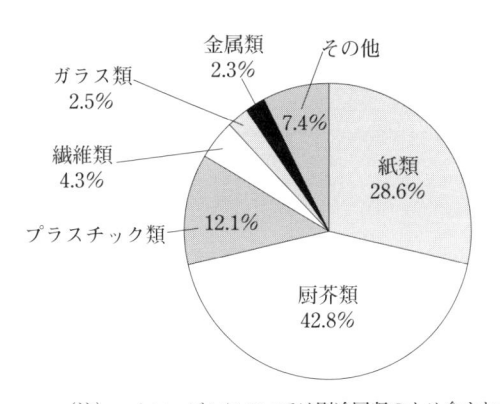

（注）　カン，ビンについては別途回収のため含まれない。
資料）「家庭ごみ細組成調査報告書」京都市清掃局

図5−5　家庭ごみの組成
（京都市，1996年度，湿重量）

1997年に行われた京都市の調査から生ごみの内訳をみると，1人1日当たりの生ごみの量は240g，そのうち36％が食べ残しであり，しかも13％の食品がまったく手つかずの状態で捨てられている（表5−2）。本来なら食べられるべき食料が，日々莫大な量，廃棄され，その処理に多額の税金が使われているのである。ちなみに，2004年度には一般廃棄物の処理に要した市町村の負担は約1兆9,400億円で，国民1人当たり約15,200円ものごみ処理事業経費が必要となっている。

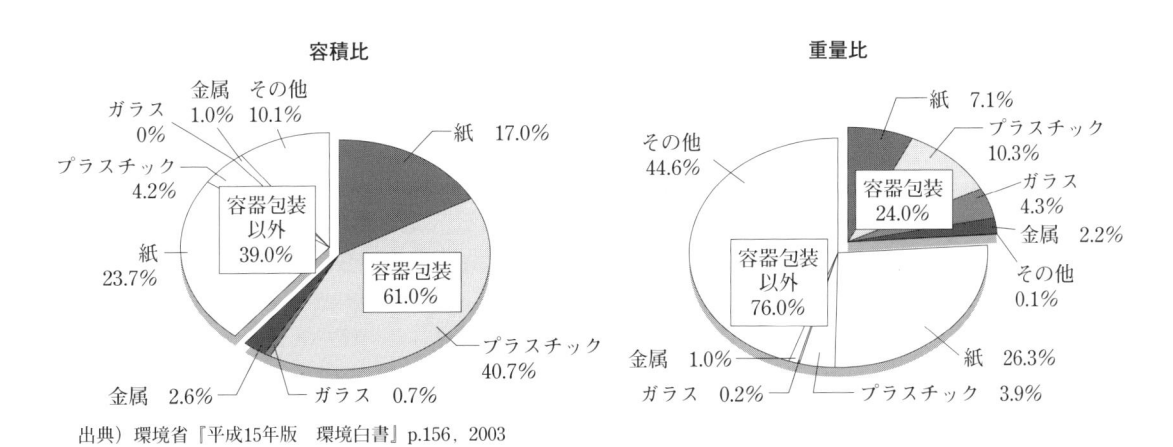

出典）環境省『平成15年版　環境白書』p.156，2003

図5−6　家庭ごみ全体に占める容器包装廃棄物の割合（2001年度）

表5-2　生ごみの中身（京都市，1997年度）

	湿重量(g)	%
調理くず		
野菜の皮	16.6	6.9
野菜のくず，芯など	44.4	18.5
果物の皮	32.9	13.7
果物のくず，芯など	5.8	2.4
魚の骨，貝殻など	7.7	3.2
卵殻	5.5	2.3
その他（分別不能）	13.9	5.8
小計	126.7	52.8
食べ残し		
手つかずの食品	32.2	13.4
パン類・菓子類	4.6	1.9
肉類	2.6	1.1
野菜類	14.4	6.0
ご飯つぶ	6.7	2.8
その他	25.2	10.5
小計	85.7	35.7
食品外		
ティーバッグ	6.0	2.5
茶がら，たばこの吸い殻など	11.5	4.8
小計	17.5	7.3
流出水分	10.1	4.2
合計	240.0	100.0

資料）環境庁『環境白書 平成11年度版　総説』p.206, 1999より作成。

シュレッダーダスト
　廃自動車や廃家電製品などを破砕機（シュレッダー）で破砕し，有価物を回収する際に風力などで分別される比重の軽いプラスチック類などからなる混合廃棄物のこと。

（4）自動車の利用にともなう環境への負荷

　日本の自動車保有台数は年々増加の一途をたどり，わずか世界の総面積の0.3％に満たない国土において世界第2位，約7,900万台（2006年）とアメリカに次ぐ台数になっている。自動車は，ガソリンや軽油などを燃料とし，窒素酸化物，硫黄酸化物などの有害大気汚染物質及びCO_2を多量に含む排気ガスを発生させる。燃費や排出ガスの質・量面での改良やハイブリッドカーの生産など，自動車メーカーでも環境に配慮した努力がうかがわれる。しかし，自動車保有台数と自家用乗用車の走行距離の増加と，交通量が増え，渋滞などが慢性的に起きるため，自動車からの排出ガス量は全体として増加を続けており，大都市を中心とした大気汚染がいっこうに改善されないでいる。

　一方，毎年500万台以上の使用済み自動車（廃車）が発生し，このうち輸出分を除く約400万台が国内で処分されている。2005年より自動車リサイクル法が施行され，自動車所有者はあらかじめリサイクル料金を製造業者，輸入業者に支払い，それが最終処理経費に充てられることになった。使用済み自動車の再生処理過程から生じるシュレッダーダストは，有害重金属や有機溶剤などを含み，環境汚染の可能性が高いため，管理型処分場に埋立処分することが義務付けられている。シュレッダーダストは車重量の約20％を占め，軽くてかさ張るため，管理型埋立用地の逼迫から，発生削減と有効利用方法の技術的確立が急務となっている。大手自動車メーカーでは，リサイクルの促進やシュレッダーダスト削減の取組みを進めているが，一方では毎年ニューモデルを発表し，まだ使える状態での買い換えを煽り，結果として使用済み自動車を増やしている。

　自動車が普及して，私たちの生活は一見便利になったようにみえるが，大気汚染，騒音，交通渋滞，交通事故，自然環境を破壊しながらいたるところに張り巡らされる道路，廃車処理にともなう環境汚染など，自動車の利用には環境への大きい負荷と危険がともなっている。安心して子どもが外で遊べない，いつも自動車に気を配って歩かなければならない私たちの今日の生活が，本当に豊かといえるのだろうか。とくに，東京などの大都市における渋滞の状況は，過剰な保有台数のせいで利便性すら失われつつあることを示しているし，農村部での自動車の普及によって公共交通機関の収益が低下し存続できなくなることは，自動車を持たない人のモビリティを損ない，社会的弱者を生み出している。

　不要なマイカー使用を慎み，徒歩，自転車，公共交通機関の利用（図5-7）を心がけ，車依存社会からの脱却を試みてはいかがだろうか。

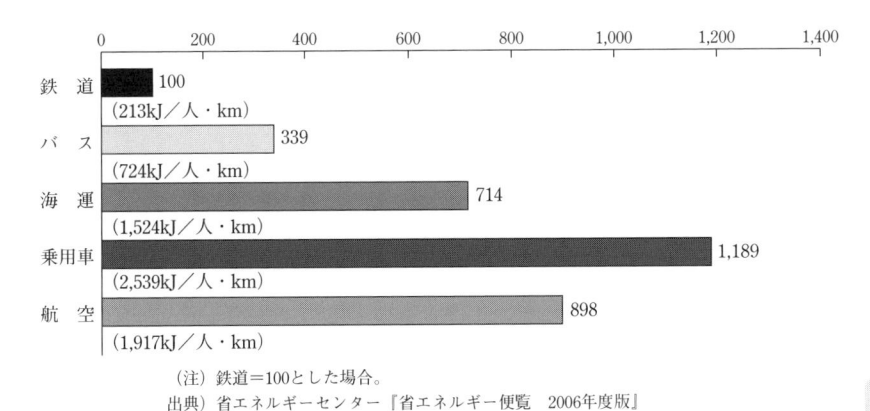

図5-7　1人を1km運ぶのに消費するエネルギーの比較（2004年度）

鉄道　100（213kJ／人・km）
バス　339（724kJ／人・km）
海運　714（1,524kJ／人・km）
乗用車　1,189（2,539kJ／人・km）
航空　898（1,917kJ／人・km）

（注）鉄道＝100とした場合。
出典）省エネルギーセンター『省エネルギー便覧　2006年度版』

（5）電気の大量消費と環境問題

　私たちは，生活のあらゆる場面で電気製品を使用し，快適で便利な生活を送っている。つまり，大型冷凍冷蔵庫，全自動洗濯機，エアコン・クーラーなど，電気を大量消費する電気製品をどんどん購入・使用しているし，手軽に飲み物を購入するための飲料自動販売機が約267万台設置され（2005年），1台当たり1世帯の電力消費量（約300kＷh／月）の約5割に相当する電力を消費するなど，あらゆるところで大量の電力を消費している。1972年には500億kＷhにも達しなかった家庭用電力消費量は，2001年より若干減少がみられるが，2003年には約4倍の1,909億kＷhにまで増加している（図5-8）。

エアコンの省エネ

　冷房により室内の空気の温度を1℃下げると等量の室外空気の温度が3℃上昇する。その結果，近隣の家庭やオフィスの冷房使用をますます普及させている。近年，エアコンの電力消費量の増加が著しくなっていることから，エアコンの省エネ行動が重要である。全世帯で家庭での冷房設定温度を27℃→28℃，暖房設定温度を21℃→20℃にし，冷暖房の運転時間を1日1時間ずつ短縮すると，その省エネ効果は，消費電力約154億kWhの削減，CO_2約581万t（スギの木の吸収量にすると約4.15億本分）の排出が削減できるという。

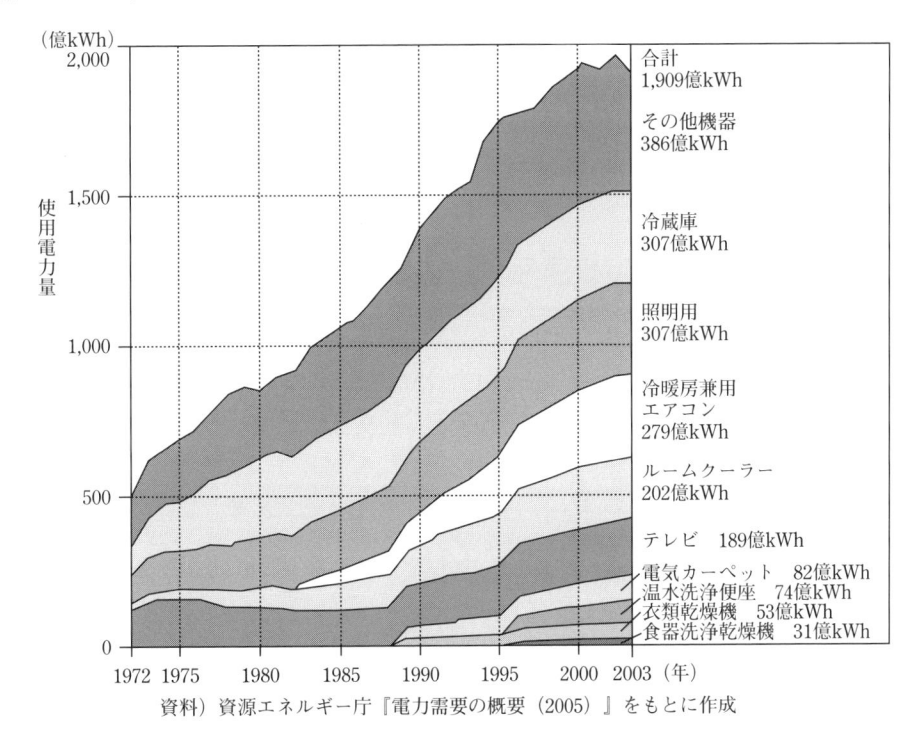

図5-8　家庭用電力消費の伸び

合計　1,909億kWh
その他機器　386億kWh
冷蔵庫　307億kWh
照明用　307億kWh
冷暖房兼用エアコン　279億kWh
ルームクーラー　202億kWh
テレビ　189億kWh
電気カーペット　82億kWh
温水洗浄便座　74億kWh
衣類乾燥機　53億kWh
食器洗浄乾燥機　31億kWh

資料）資源エネルギー庁『電力需要の概要（2005）』をもとに作成

第 5 章　環境と共生する

　　　　これらの電力需要は，発電現場での火力発電による大気汚染物質の排出や原子力発電による人工放射性物質の生成量をますます高め，環境負荷を増大させることになる。家庭生活にともなう電力使用量を減らすことは難しいことであろうか。いや，電気製品の使い方や周囲の状況に配慮するなど日常生活におけるちょっとした心がけで，エネルギー消費を削減することは可能である。
　　　　たとえば，冷蔵庫の扉の開閉を少なくし開放時間を短くする，庫内に物を詰めすぎず，冷気の通る空間をつくるなどでエネルギー消費が節約できるのである。また，省エネルギー型機器を購入したり，太陽光発電や風力発電など，CO_2 を発生しないエネルギーを利用することも重要である。とにかく，できるところから省エネルギーに努めよう。

> **太陽光発電システム**
> 　個人住宅への太陽光発電機器の設置には，初期投資額が電気代の節約での差額回収だけでは困難なため，設置費用の助成措置が行われている。また，余剰電力を電力会社へ売電できるようになったことから，近年，設置数は増加傾向にある。

3．循環型社会の実現へ向けて

　　　　これまでみてきたように，現在の私たちのライフスタイルは，直接・間接的に地球環境に大きな負荷をかけている。とくに日本の場合，多くの天然資源を外国に依存していることから，資源保護の視点からも，ライフスタイルを資源循環型に改革していく必要がある。

（1）4つのR

　　　　日本の環境政策は「3つのR」（リサイクル「Recycle」，リユース「Reuse」，リデュース「Reduce」の3つのR）を推進しているが，エコロジー運動先進地域であるヨーロッパではごみを減量化するために，リフューズ「Refuse」を加えて「4つのR」を習慣化するよう推進している。
　　　　まず，最も有名な「リサイクル(Recycle)」とは，廃棄されたものを資源として使い，再生して消費サイクルに乗せることをいう。市町村による資源化と住民団体による集団回収をあわせたごみリサイクル率（再生利用のための回収率）は2004年度で17.6％と年々上昇しているものの，依然低いレベルにある（図5－9）。個別にリサイクルの状況をみると，2005年のリサイクル率はアルミ缶で91.7％，スチール缶で88.7％，ペットボトルで63.7％，発泡スチロールではマテリアルリサイクルとサーマルリサイクルをあわせて71.1％で，それぞれ年々増加しているなど，自治体による分別回収と市民の努力が実を結んでいる。
　　　　ただし，リサイクルにも問題がないわけではない。リサイクルのために，多くの資源とエネルギーが使われ，多くの環境負荷を生じている場合もある。また，資源としてリサイクルされたものでも，再生された商品に対する需要がなく，新たに循環することがなければそれが再びごみに逆戻りしてしまう。たとえば，オフィス用紙やトイレットペーパーでは再生紙製品の利用率が低い。再生紙に過度な白さを要求すると，それだけ，脱墨剤や漂白剤の使用量が増加し，コスト負担にも環境汚染にもつながる。本来，それほど白さを必要としない紙については，消費者も高い白色度を要求しない意識が必要であり，できるだけ古紙利用率の高い製品を利用するよう

> **アルミ缶のリサイクル**
> 　ボーキサイトからアルミを精錬するには大量の電気を消費するので，リサイクルによる地金を使うと新しくつくる場合の約3％の電気エネルギーでアルミ缶が再生される。アルミ缶のリサイクルは，特に資源節約に有効である。

> **マテリアルリサイクル**
> 　プラスチックの原料として再資源化し，プラスチック製品などに再利用すること。

> **サーマルリサイクル**
> 　燃焼させることで，高い熱エネルギーを発生させ，発熱などに再利用すること。

心がけたい。本当のリサイクルとは，資源を回収するだけでなく，再生原料でつくられた製品を購入して初めて成り立つことである。

さて，2つめのRは，同じサイクルの中でそのまま利用する「リユース（Reuse）」である。つまり，ビールを，アルミ缶でなく瓶で飲む，牛乳を牛乳パックでなく牛乳瓶で飲めば，これらのリターナブル瓶は，洗うだけで何回も再使用できる。ドイツなどヨーロッパでは，ペットボトルさえリユースされている（ただし日本のペットボトルよりも厚手で頑丈である）。

リユースは，飲食物などの容器包装に限ったことではなく，古本，中古CD，古着，中古家具など，あらゆるものが対象となる。過剰な衛生意識を考え直し，リユースを前提とした生活を実践しよう。

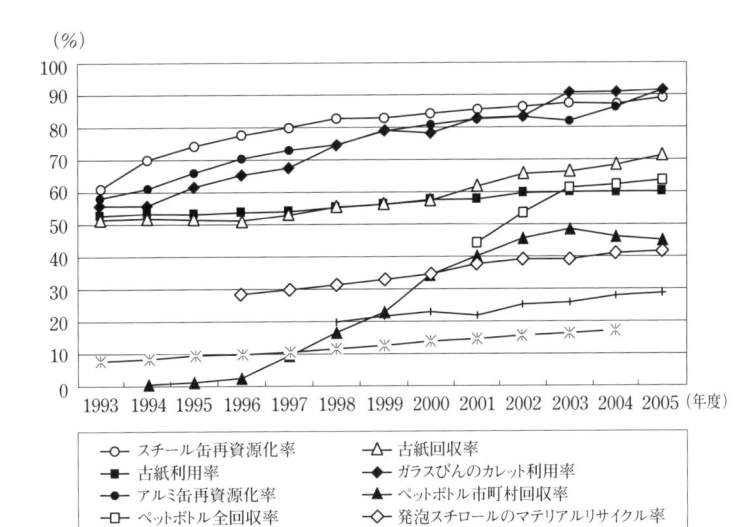

（注）カレットとは使用済みびんを細かく砕いたもの。
ペットボトル全回収率とは市町村回収量に事業系回収量も含めて計算した回収率。

資料）スチール缶リサイクル協会資料，古紙再生促進センター資料，ガラスびんリサイクル促進協議会資料，アルミ缶リサイクル協会資料，PETボトルリサイクル推進協議会資料，発泡スチロール再資源化協会資料，環境省『平成18年版　循環白書』より作成

図5－9　リサイクル率などの推移

3つめのRは，量を少なくする「リデュース（Reduce）」である。とくに，リサイクルができない場合，この考え方が重要になってくる。たとえば，シャンプーやリンスの容器はリサイクルできないので，詰め換え可能な容器の商品を選ぶことによって，容器のごみを減量する。ラップやビニールで包装された野菜より，裸売りの野菜を選ぶようにする。ティッシュペーパーや紙タオルなどをできるだけ使わないようにする（ハンカチや雑巾を利用しよう）など，私たちの心がけ次第で，ありとあらゆるところで，ごみの減量が可能である。

そして，4つめのRは「リフューズ（Refuse）」である。ごみとなってしまうもの，環境に無関心なメーカーや販売業界の商品やサービスをきっぱりと断ること，である。たとえば，レジで渡される買物袋，商品の過剰包装，試供品，ダイレクトメール，勧誘のための商品など，自分の生活にとって不要なものや環境に与える負荷の大きい商品を，はっきり，「要りません」と，相手に伝える，またはその行動を示すことである。周囲の目を気にすると，このきっぱり断ることには結構勇気がいり意外にできないことである。しかし，消費者が拒否することは，宣伝によって購買意欲をつくり出し，過剰な流通の元凶となってきた産業構造のインセンティヴ（誘因）を低下させることにつながり，無駄をなくすために実に効果的であることを知っておこう。

では，次にどうすれば環境に配慮した企業や商品について知ることができるか。それには，グリーンコンシューマー運動を展開する市民団体を中心に作成されているガイドブック（表5－3）や，エコマーク，グリーン

第5章 環境と共生する

グリーンコンシューマー運動
地球環境のことを考え,環境に対する負荷のより少ない商品やサービスを選ぶ消費者のことをグリーンコンシューマー(緑の消費者)といい,そのような購買行動を通して環境に配慮した社会の実現をめざす消費者運動のこと。

エコマーク
「環境への負担が少なく環境保全に役立つ」と認められた商品を示すマーク。環境省所管の(財)日本環境協会が認定する。環境により良い商品の選択を推奨しようとするものである。

グリーンマーク
経済産業省所管の(財)古紙再生促進センターが認定するマークで,古紙含有率の高い再生紙などを使った紙製品や,地球の自然環境の保護,保全につながる商品についている。マークの収集量に応じて学校や町内会,自治会などに苗木などを贈り,学校や地域の緑を増やすことにより,自然環境の保護や森林資源の愛護などの意識向上に役立っている。

マーク,インターネットから収集した情報を手がかりにすることが有効である。これらの情報を参考に,購入店や商品の選択を主体的に行い環境保全に貢献していくことが大切である。

表5-3　グリーンコンシューマー10原則

1. 必要なものを必要な量だけ買う
2. 使い捨て商品ではなく,長く使えるものを選ぶ
3. 包装はないものを最優先し,次に最小限のもの,容器は再利用できるものを選ぶ
4. 作るとき,使うとき,捨てるとき,資源とエネルギー消費の少ないものを選ぶ
5. 化学物質による環境汚染と健康への影響の少ないものを選ぶ
6. 自然と生物多様性を損なわないものを選ぶ
7. 近くで生産・製造されたものを選ぶ
8. 作る人に公正な分配が保障されるものを選ぶ
9. リサイクルされたもの,リサイクルシステムのあるものを選ぶ
10. 環境問題に熱心に取り組み,環境情報を公開しているメーカーや店を選ぶ

出典)グリーンコンシューマー全国ネットワーク『グリーンコンシューマーになる買い物ガイド』小学館,p.25,1999

資料5-1　インターネットでの情報収集

今日,さまざまな環境情報が,環境省をはじめ,環境NGOや専門家らによるインターネットのホームページにおいて提供されている。これらを利用して得られる多様な情報には,しばしば矛盾点や対立点が見られ情報選択が必要となるが,内容を吟味し情報を整理することによって,商品選択の有効な指標や環境問題の現状,行政の取り組みなどを知ることができる。以下にいくつかのURLをあげるので,アクセスしてみてはどうだろう。
EICネット (http://www.eic.or.jp/)
グリーン購入ネットワーク (http://www.gpn.jp/)
市民のための環境学ガイド (http://www.yasuienv.net/)
エコロジーシンフォニー (http://www.ecology.or.jp/)
家庭の省エネ大事典 第三版 (http://www.eccj.or.jp/dict/index.html)

(2) ライフスタイルの改革

環境家計簿
環境家計簿は作成団体によりその内容はさまざまであるが,家庭で使われる毎月の電気,ガス,灯油,軽油,ガソリン,水,ごみの量の記録などを通して,生活(消費行動)が環境に与える影響の点検を行い,エネルギー消費を減らし環境保全型のライフスタイルへ改めてもらうことを目的とする。

私たちは,これまで,大量生産・大量消費・大量廃棄の経済社会システムの中で,自分が他人と違っていることを嫌い,他人と同じものを流行に遅れないようにと思って購入し,他人と同じようなライフスタイルを営むことで満足してきたのではないだろうか。循環型社会の実現のためには,一人ひとりが自分自身のアイデンティティーをしっかり持ち,自分流の環境負荷の少ない消費スタイルをもって自立的に生きることが大切である。

なお,環境家計簿をつけたり,環境に配慮した行動のチェックリスト(表5-4)を利用することは,自らの行動を客観的に評価する方法として役に立つ。また,これらの環境家計簿やチェックリストには,環境負荷

3. 循環型社会の実現へ向けて

の少ない行動のヒントとなる情報も多数盛り込まれているので，個々のライフスタイルを改革するための道具としてぜひ活用してほしい。

表5－4 ライフスタイルチェック25とその実践効果

たしかめてみよう！あなたの省エネ度はどのくらい？ （持っていない場合はYesとする）

エアコン		
1. 暖房は20℃，冷房は28℃を目安に温度設定をしている。	☐ Yes	☐ No
2. 電気カーペットは部屋の広さや用途にあったものを選び，温度設定をこまめに調節している。	☐ Yes	☐ No
3. 冷暖房機器は不必要なつけっぱなしをしないように気を付けている。	☐ Yes	☐ No
4. こたつはこたつ布団と一緒に敷布団と上掛けも使用し，温度設定をこまめに調節している。	☐ Yes	☐ No
照明		
5. 照明は，省エネ型の蛍光灯や電球型蛍光ランプを使用するようにしている。	☐ Yes	☐ No
6. 人のいない部屋の照明は，こまめな消灯を心がけている。	☐ Yes	☐ No
テレビ		
7. テレビをつけっぱなしにしたまま，ほかの用事をしないようにしている。	☐ Yes	☐ No
台所		
8. 冷蔵庫の庫内は季節にあわせて温度調節をしたり，ものを詰め込み過ぎないように整理整頓に気を付けている。	☐ Yes	☐ No
9. 冷蔵庫は壁から適切な間隔をあけて設置している。	☐ Yes	☐ No
10. 冷蔵庫の扉は開閉を少なくし，開けている時間を短くするように気を付けている。	☐ Yes	☐ No
11. 洗いものをする時は，給湯器は温度設定をできるだけ低くするようにしている。	☐ Yes	☐ No
12. 煮物などの下ごしらえは電子レンジを活用している。	☐ Yes	☐ No
13. 電気ポットは長時間使わない時には，コンセントからプラグを抜くようにしている。	☐ Yes	☐ No
14. 食器洗い乾燥機を使用する時は，まとめて洗い温度調節もこまめにしている。	☐ Yes	☐ No
バス・トイレ		
15. お風呂は，間隔をおかずに入るようにして，追い焚きをしないようにしている。	☐ Yes	☐ No
16. シャワーはお湯を流しっぱなしにしないように気を付けている。	☐ Yes	☐ No
17. 温水洗浄便座は温度設定をこまめに調節し，使わない時はふたを閉めるようにしている。	☐ Yes	☐ No
洗濯		
18. 洗濯する時は，まとめて洗うようにしている。	☐ Yes	☐ No
車		
19. アイドリングはできる限りしないように気を付けている。	☐ Yes	☐ No
20. 無駄な荷物を積んだまま運転しないように気を付けている。	☐ Yes	☐ No
21. 経済速度を心がけ，急発進，急加速をしないように気を付けている。	☐ Yes	☐ No
22. タイヤの空気圧は適正に保つように心がけている。	☐ Yes	☐ No
23. 外出時は，できるだけ車に乗らず，電車・バスなど公共交通機関を利用するようにしている。	☐ Yes	☐ No
その他		
24. 電気製品は，使わない時はコンセントからプラグを抜き，待機時消費電力を少なくしている。	☐ Yes	☐ No
25. 電気，ガス，石油機器などを買う時は，省エネルギータイプのものを選んでいる。	☐ Yes	☐ No

Yesの合計

あなたの省エネ度は？	Yesが20個以上	Yesが12～19個	Yesが5～11個	Yesが4個以下
	ズバリ省エネ派	まあまあ省エネ派	まだまだ省エネ派	もっと省エネ派

チェック25の実践で，あなたのスマートライフ効果を見てみよう！

		1台の年間節約金額
1.	冷房時　　エアコンの温度設定を27℃から28℃に 暖房時　　エアコンの温度設定を21℃から20℃に 暖房時　　ガスファンヒーターの温度設定を21℃から20℃に 暖房時　　石油ファンヒーターの温度設定を21℃から20℃に	670円 1,170円 1,210円 540円
2.	部屋の広さや用途にあったものを選ぶ 設定温度を下げる（強→中）	1,980円 4,090円
3.	冷房時（28℃）　エアコンを1日1時間短縮 暖房時（20℃）　エアコンを1日1時間短縮 暖房時（20℃）　ガスファンヒーターを1日1時間短縮 暖房時（20℃）　石油ファンヒーターを1日1時間短縮	410円 900円 1,970円 930円
4.	敷布団と上掛け布団使用 設定温度調節	710円 1,080円
5.	白熱球(54W)を省エネ型の電球型蛍光ランプ(12Wに)に替える	1,850円
6.	蛍光ランプ(12W)：1灯当たり1日1時間短縮 白熱球(54W) 1灯当たり1日1時間短縮	100円 430円
7.	25インチ（ブラウン管）：1時間短縮	700円
8.	詰め込み過ぎないように 冷蔵強度を適切に（強→中）	960円 1,360円
9.	壁から適切な間隔をあけて設置	990円
10.	無駄な開閉をやめる（50回／日→25回／日）	230円
11.	温度設定を40℃から38℃に	1,310円
12.	葉菜（ほうれん草，キャベツ）の場合 果菜（ブロッコリー，カボチャ）の場合 根菜（ジャガイモ，里芋）の場合	950円 1,030円 930円
13.	長時間使わない時はプラグを抜く	2,360円
14.	手洗い（給湯器）と比較	8,960円
15.	間隔をあげずに入る	5,690円
16.	流しっぱなしにしない（1分間／回短縮）	2,900円
17.	使わない時にふたを閉める 便座の設定温度を1段階下げる 洗浄水の温度設定を1段階下げる	770円 580円 300円
18.	まとめて洗濯する（定格容量の4割→8割）	3,950円
19.	アイドリングはしない	1,870円
20.	無駄な荷物を積んだまま運転しない	170円
21.	急発進，急加速しない	3,220円
22.	タイヤの空気圧を適正に	1,730円
23.	公共交通機関を利用する	―
24.	主電源を切り，プラグを抜く	3,700円
25.	省エネ製品を選択する	8,700円

出典）ECCJ省エネルギーセンターホームページ
『家庭の省エネ大事典　第三版』「ライフスタイルチェック25」を一部改変。

（3）社会構造の改革

家庭における努力が必要だといっても，それだけでできることには限界があり，社会構造自体を改革する必要がある。

1）環境保全のための法制度や経済的手段の導入

わが国でも，地球的規模の環境破壊や資源保護の必要性への認識が高まり，循環型経済社会をめざした取り組みが始められている。

3．循環型社会の実現へ向けて

まず，法制度の例としては，「容器包装リサイクル法」が1995年に成立し，一般家庭から排出される廃棄物に対し，その製品を製造・販売した事業者側にも一定の処理責任があるという考え方（拡大生産者責任：EPR）が導入された。次いで「家電リサイクル法」および「食品リサイクル法」が2001年，「建設リサイクル法」が2002年に施行され，家電ごみや食品ごみの再資源化，分別解体および建設ごみの再資源化が事業者に義務づけられた。さらに「自動車リサイクル法」が2005年1月から完全施行され，使用済自動車の再資源化も義務づけられた。

また，国，自治体に対して，再生紙，低公害車など環境に配慮した製品やサービスを買うよう求める「グリーン購入法」が2000年に成立した。グリーン購入が広がれば企業は一段と環境を配慮した製品・サービスに力を入れるようになるはずで，割高になりがちな製造コストも次第に下がることが見込まれる。

次に，経済的手段の導入による取り組みとしては，ごみ処理手数料，環境税，課徴金，デポジット制度などが検討・実施されている。環境に配慮した行動が経済的に有利になり，一方，環境に配慮しない行動が不利になるようにすることで，人々の行動を環境保全型に誘導していこうというものである。

また，廃棄物ゼロをめざしたゼロ・エミッション構想の取り組みが始まっており，ゼロ・エミッション技術の開発や，環境共生型の経済社会構築に向けた地域の取り組みを支援する「エコタウン事業」などが実施されている。

こういった法制度や経済的手法などのさまざまな政策を行政が適切に講じ，消費者のみならず事業者も行政をも含めた社会構成員すべてが，環境負荷の少ない消費や生産行動を行おうと思うインセンティブがはたらく環境優先型の社会システムを日本において早急に構築することが望まれる。

2）企業の取り組み，循環型企業をめざして

地球環境問題に対する取り組みは，企業の中にも広がっている。リサイクル以上に重要なのが，そもそもごみとなるものを発生させない，発生抑制であるが，それには，事業者が製品を設計する段階からその製品がごみとなった時のリサイクル性や処理時の環境への影響を事前に評価（製品アセスメント）し，環境への負荷の少ない製品づくりをめざすことが求められる。また，製品によって発生する環境負荷を評価する時，生産から流通・消費・使用・廃棄までのその製品の一生を通じて環境に与える影響を評価する考え方（ライフサイクルアセスメント：LCA）も，次第に企業活動の中に浸透しつつある。ISO 14001を取得するため，すみずみまで環境配慮の手を尽くす企業や，ゼロ・エミッションをめざす企業も増えており，その一方で，プラスチック・鉄・古紙など再生素材及び機械・家具などの修理，住宅リフォーム・修繕などのリペア（修理）産業や廃棄物処理，資源回収，リサイクルなどのサービスに関する産業の市場規模や雇用規模が拡大している。

しかし，いくら，国や自治体が環境保全のための法制度や経済的手法を

環境税
環境に悪影響を与える商品やサービスに幅広く課税し，環境に負担を与える物質の排出を抑制するしくみ。地球温暖化を防ぐため，二酸化炭素の排出源である石油，石炭など化石燃料の消費に課税する炭素税は，環境税のうち，保全効果が最も高いとされ，ヨーロッパではすでに多くの国で制度化されている。

デポジット制度
製品本来の価格に預かり金を上乗せして販売し，使用後製品が回収された時に返金する制度。

ゼロ・エミッション構想
投入される原料から出るすべての廃棄物をほかの分野の再生資源として活用し，最終的には廃棄物自体の発生をゼロにすることをめざす構想で，1994年，国連大学によって当初のコンセプトが提唱された。

ISO14001
国際標準化機構（ISO）で制定した環境マネジメントに関する国際規格で，企業活動，製品及びサービスの環境負荷の低減といった環境パフォーマンスの改善を実施するしくみが継続的に改善されるシステム「環境マネジメントシステム」を構築するための要求事項が規定されている。ISO14001の認証取得によって，組織は，自らが環境配慮へ自主的・積極的に取り組んでいることを有効に示すことが可能となる。

導入し,企業が環境に配慮した製品・サービスを提供するようになっても,環境保全型への移行にともなうコストが製品価格に反映された場合に,高くなった製品を私たち消費者が買いたがらなければ,企業にとって環境に配慮することが不利益となってしまう。企業行動を環境保全型に変えていくカギを握るのは,消費者の行動であり,地球を住みにくくしないために,環境を守るコストを負担するのは私たちの責任である。

　環境に配慮した生活文化を育てることができるか否か——その成否は,私たち一人ひとりの意識と行動にかかっている。

<参考文献>

環境省『平成18年版　環境白書』ぎょうせい,2006
環境省『平成18年版　循環型社会白書』ぎょうせい,2006
省エネルギーセンター『省エネルギー便覧　2006年度版』省エネルギーセンター,2007
安井至『環境と健康　誤解・常識・非常識　信じ込んでいませんか?』丸善,2002
安井至『環境と健康　誤解・常識・非常識　続』丸善,2003
高月紘編『ごみ問題とライフスタイル—こんな暮らしは続かない』日本評論社,2004
クリストファー・フレイヴィン編著,エコ・フォーラム21世紀日本語版監修『地球白書ワールドウォッチ研究所　2006-07』ワールドウォッチジャパン,2006

第6章

情報を活かす
――情報リテラシー能力を身につける――

　現代は高度情報社会といわれ，インターネットやIT（情報通信技術 Information Technology）に関する話題がとびかっている。今や，情報は，生活時間・生活空間などとならぶ貴重な生活資源である。

　今日では，情報技術の革新や機器の発達によって利便性が向上し，さまざまな面で省力化が実現されている。また，多様な情報を入手することによって余暇や学習の機会が増大し，生活経営においても選択肢が広がっている。

　その一方で，プライバシー保護に関する問題や先の2000年問題などの新しい社会不安が生じている。今後，予想もつかない犯罪が発生する可能性もゼロとはいえないであろう。

　「情報」は，それを利用し享受する主体によって，その価値を大きく変えるものである。あふれかえる「情報」に，いたずらに振り回されることなく，成熟した高度情報社会を創造するために，私たちはどのように生活を経営すべきなのであろうか。

> **コンピュータ2000年問題**
> 　コンピュータプログラムが西暦年を下2桁で取り扱っている場合に，西暦2000年を西暦1900年と誤って認識してしまい，誤作動を起こすのではないかと予測された問題。金融・エネルギー・情報通信・交通・医療などの国民生活のあらゆる分野で事故や混乱が生じるのではないかと懸念された。

1．情報リテラシーと生活

（1）情報社会から高度情報社会へ

　食料やエネルギーの充足を前提に，それ以上に重要な価値を「情報」におく社会，それが「情報社会」である。エンターテイメントや実用情報から芸術までの文化財産の創造およびその享受，さらには発信までが可能性として開かれている社会である。

　いいかえるなら，「情報社会」とは，「大量の情報が急速に動き回ることに特徴を持った産業社会」ということになるのであり，したがって，情報社会では情報産業そのものの発展があると同時に，一般の在来産業が情報化するという2つの面がみられる。

　ひとくちに「情報」といっても，それは機器としてのハードの面と，活用方法としてのソフト面という両方の視点からとらえることが必要であることに気づかざるをえない。

　ハード，それはコンピュータの機械の進歩である。1940年代半ば，世界最初のコンピュータが開発された頃，パンチカードシステムが用いられていた。パンチカードシステムとは，データやプログラムをすべてパンチカードにパンチしてそれをカードリーダーで読ませて入力する方式のこと

である。

　そして，1950年代に入ってIBM7000シリーズのコンピュータが発売されることにより，大量のデータをコンピュータで処理する時代がやってきたのである。その後すぐに続々と新機種が開発されたことにより，企業の経営効率を上げようとする試みがなされ，やがて，パソコンの普及にともない，オフィスオートメーション（ＯＡ）という語を頻繁に耳にする時代が到来したのである。その後，ネットワーク化が進展し，1970年代以降の通信自由化の動きとともに電電公社が民営化されるなど，高度情報化社会への社会的基盤整備が着々と進むのである。

　ややもすればその受容においてはハードが先行し，ニーズはそれに追随するような形をとりがちであるが，技術依存から脱却して，能動的かつ柔軟な姿勢でこれからの高度情報社会へ対応する姿勢が望まれている。

（2）高度情報社会の進展

　高度情報社会におけるコンピュータ利用の中心は，さまざまな情報のデータベース化にあるとさえいわれている。特に個人情報のデータベース化は，マーケティング戦略と密接な関係にあることから，企業にとって大きな課題である。的確に顧客のニーズをつかむことが，企業の存亡にかかわる問題となっており，そのために企業はあらゆるチャネルを通じて顧客の個人情報を集めようとするのである。

　個人情報収集については，以前から名簿の売買などが行われてきたという経緯がある。さらに，クレジットカードの普及が個人情報のデータベース化に拍車をかけている。カードを作成する際に，氏名・住所・電話番号の他に，職業や年収さらには持ち家の有無などについて記入しなければならない。そしてカードを使用するにつれ，何を・いつ・購入したかという記録が蓄積されていくのである。ここにおいて匿名性が失われていくといっても過言ではない。

　また，コンビニエンスストアにおける情報収集のあり方はこれからの高度情報社会を象徴するものである。コンビニでは，精算時に，販売した商品の他に購入者の性別，年齢，購買年月日，時間などが同時に記録されるようになっており，徹底した販売管理を行っている。いわゆる，ＰＯＳ（Point-of-Sales　販売時点情

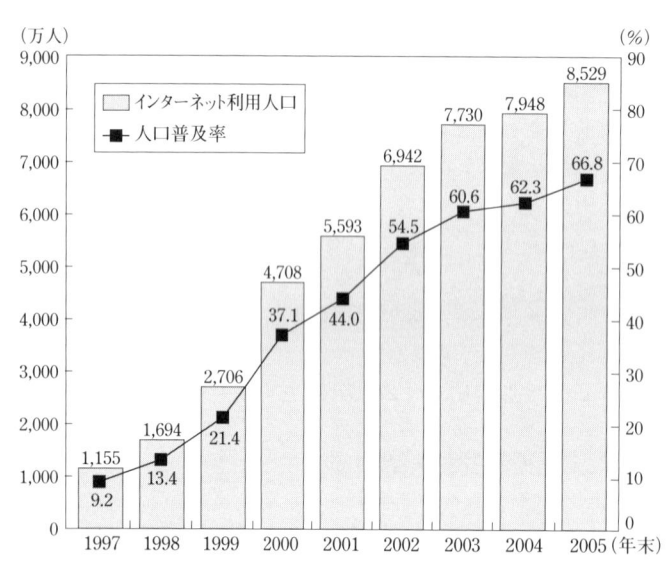

注1）インターネット利用者数（推計）は，6歳以上で，過去1年間に，インターネットを利用したことがある者を対象として行った本調査の結果からの推計値。インターネット接続機器については，パソコン，携帯電話・PHS，携帯情報端末，ゲーム機などあらゆるものを含み（当該機器を所有しているか否かは問わない），利用目的などについても，個人的な利用，仕事上の利用，学校での利用などあらゆるものを含む

注2）人口普及率（推計）は，本調査で推計したインターネット利用人口8,529万人を，2005年10月の全人口推計値1億2,771万人（国立社会保障・人口問題研究所『我が国の将来人口推計（中位推計）』）で除したもの

注3）1997～2000年末までの数値は「通信白書」から抜粋。2001～2005年末の数値は，「通信利用動向調査」における推計値

注4）調査対象年齢については，1999年調査までは15～69歳であったが，その後の高齢者及び小中学生の利用増加を踏まえ，2000年調査は15～79歳，2001年調査以降は6歳以上に拡大したため，これらの調査結果相互間では厳密な比較はできない

出典）総務省『平成18年版　情報通信白書』

図6－1　インターネット利用者数及び人口普及率の動向

1. 情報リテラシーと生活

> **資料6－1　情報民主主義**
> 情報に関する基本的な権利とされる4つの柱。
> ①**プライバシーの権利**　私的な情報が他人に知られることから守る権利
> ②**知る権利**　国民が国家機密などの情報を知ることができる権利。
> ③**情報使用権**　あらゆる情報を自由に使用できる権利。国家や大企業の情報独占を防止する。
> ④**情報参加権**　データベースなどの管理への参加，政府の重要な施策決定へ参加する権利。これにより国民の参加する直接民主主義が可能となると考えられる。これら「知りたい」「知らせたい」「知らせたくない」権利は，憲法の理念に基づく基本的な権利である。

報管理）システムである。レジ端末で入力し，これをコンピュータで集計するこのシステムの導入により，需要と供給が即座に直結し，「流通革命」という語まで生み出された。

しかし，何がどこで売れたか，あるいは売れなかったかということについて情報を集めるのはただ数量を知るためだけではない。重要なのは，なぜここでは売れ，あちらでは売れなかったかというデータの解釈なのである。POSは，それを可能にしたという点において，革命的であるといわれるのである。

情報が収集・蓄積され，蓄積された情報が体系化されるという加工・処理過程を経て，伝達・提供されるという情報流通の時代が到来している。そこにおいて求められるのが，情報リテラシー能力である。

（3）情報リテラシー能力とは

情報リテラシー能力とは，平成12年版の通信白書によれば「情報通信の高度化に対応し，氾濫する情報の中から必要な情報を理解し，選択し，整理し，創造し，発信できる能力」とされている。総務省が実施した「インターネット利用格差に関する調査」では，以下の項目について質問している。

表6－1　情報リテラシー能力について

```
1）～4）は，それぞれの操作が可能な場合，各項目につき1点加算。
5）は，キーボード操作において該当する内容について（　）内の点数を加算。
1）情報基礎リテラシー
・家庭用ビデオデッキのタイマー録画機能による番組予約　　　　・留守番電話の機能による留守録の設定や再生
・金融機関のATM（現金自動預払機）による預貯金の預け入れや払い戻し　・コピー機による拡大・縮小コピー
2）パソコンリテラシー
・パソコンやワープロ専用機による文章作成　　　・パソコンやワープロ専用機でのキーボード操作
・パソコンやワープロ専用機によるグラフ作成
3）情報に対する意識
・人よりも早く情報を得たい。　　　　　　　　　　・情報はできる限りたくさん入手したい。
・情報はいつでもどこにいてもほしい時に入手したい。　・ほしい情報は，お金を払ってでも入手するのは当然だと思う。
・情報収集のため，定期的に読んでいる雑誌がある。
4）インターネットリテラシー
・電子メールの受信確認　　・受信した電子メールへの返信メール作成　・電子メールに，ファイル添付して送信
・ウェブページの作成　　・自分でドメインを取得　　　　　　・知りたい情報のインターネット検索
・パソコンのセットアップ　・パスワードの変更
5）タイピング能力
・手元を見ないで，はやく打てる（→3点）　・手元を見ながら，はやく打てる（→2点）
・手元を見ながら，ゆっくり打てる（→1点）　・キーボードは，ほとんど使えない（→0点）
```

各種調査によれば，10代，50代，60代の情報リテラシーの向上が課題として浮かび上がっている。情報リテラシーが必要とされるのは児童・生徒だけではなく，社会人・一般市民においても同様である。義務教育段階での情報リテラシー教育と，生涯教育を含めた教育の情報化の重要性が改めてクローズアップされている。

特に最近は，デジタル・デバイドといわれる情報格差が世界的な問題となりつつある。情報技術が現代社会に深く浸透しつつある中，これを使いこなせる人（情報強者）と使いこなせない人（情報弱者）との間に情報貧富の差が広がり，機会の平等を著しく損ねる恐れが出てきているからである。

> **デジタル・デバイド**（情報格差 Digital Divide）
> 所得・年齢・教育レベル・地理的要因・身体的制約要因などによるインターネットなどの情報通信手段に対するアクセス機会及び情報通信技術を習得する機会の格差。

2．情報ネットワークとセキュリティ

（1）ネットワーク社会の進展にともなう問題

世界のインターネット利用者はこの数年急激な増加を続けている。わが国のインターネットユーザー数も各種調査を総合すると2005年には8,500万人前後に達しているとみられ，世帯普及率も約70％と推計されている。普及率が10％を超えるまでに電話は76年，ファクシミリは19年，携帯電話は15年，パソコンは13年かかったといわれており，これらと比較すると，インターネットが短期間にいかに爆発的に普及したかがうかがえる。

しかし，その一方，インターネットの普及にともない，さまざまな問題が生じている。代表的な問題は以下である。

1）コンピュータウイルスの作成・配布

あたかも生物の病原体ウイルスのようにコンピュータからコンピュータへ自分自身をコピーして悪影響を与えるコンピュータプログラム。第三者のシステムに対して意図的に何らかの被害を及ぼすようにつくられ，自己伝染機能（自らを他へ転移する），潜伏機能（一定期間は"発病"しない），発病機能（データ破壊）などを特徴とする。いたずらのメッセージや音楽を流すだけの単純なものもあるが，ファイルを破壊するなどの悪質なものもある。

2）コンピュータへの不正アクセス

ネットワークを通じて他人のID，パスワードを入力するなどして，コンピュータに不正に侵入する「不正アクセス」行為が社会問題化している。いわゆるハッカー（hacker）の仕業である。セキュリティの確保は重要な課題のひとつである。

現実問題として，2000年1月から2月にかけて，中央省庁およびその関連機関などのホームページが書き換えられるなどの被害が生じている。こうした不正アクセス行為に対応するため，「不正アクセス行為の禁止等に関する法律」が2000年2月から施行されている。

> **不正アクセス**
> システムを利用する者が，与えられた権限によって許された行為以外の行為を意図的に行うこと。パスワード，認証番号を盗みだして情報をのぞき見る「内容の漏洩」，情報を書き換える「改ざん」，他人のふりをし，悪用する「なりすまし」などがある。

3）プライバシーの侵害

　ここ数年，企業から大量の個人情報が流出し，企業の管理責任が問われる事件が相次いでいる。こうした事件により，多くの人が個人情報の重要性を認識したことは間違いないであろう。

　したがって，「プライバシー」の定義も，私生活や秘密をみだりに公開されない権利という概念から，自己に関する情報をコントロールする権利へとその概念を変容させている。今後，個人情報とプライバシーの保護に関する問題は，高度情報社会において解決しなければならない最も大きな課題のひとつである（この項目に関しては，後の「個人情報の保護」を参照のこと）。

4）ネット通販を装った不正詐欺

　不正詐欺事件が多くなれば，消費者はインターネットを利用した商品取引に対して消極的にならざるをえない。各種の調査によれば，インターネットで製品やサービスを購入したくない理由の第1位は「信用できる販売業者かどうかわからないから」となっている。（社）日本通信販売協会に対する苦情でも，インターネット通販に関する苦情が急増している。そのため，1999年8月から，訪問販売法，関連法令，（社）日本通信販売協会が定めたガイドラインを遵守するなどの一定の基準を満たした事業者に対しては「オンラインマーク」を付与する制度を導入している。

> **オンラインショップの信頼性**
> 「訪問販売等に関する法律」で，インターネット上で販売を行う場合は，①商品情報（商品名，価格，送料，支払時期，支払方法）②取引方法（商品の引き渡し時期，返品についての扱い）③連絡先（責任者名，連絡先電話番号，所在地）を表示することが義務づけられている。

5）ねずみ講

　ねずみ講は古くからみられる悪質商法のひとつであるが，インターネットを利用することによってより簡単により多くの人を勧誘することが可能になるため，数多くの事件が起きている。勧誘の手口はホームページによるものと，電子メールによるものがあり，その手口は巧妙化している。

　なお，ねずみ講は「無限連鎖取引防止に関する法律」によって，開設・運営・勧誘の一切が禁止されており，れっきとした犯罪であることを肝に銘じておきたい。

6）デマの流布

　ネットワーク上のコミュニケーションはほとんどの場合，相手の顔が見えない。とりわけ，発信者本人が意図して自分の正体を隠そうと思えば，それもまた可能なしくみとなっている。匿名で容易に発信できるため，ネットワーク上にはさまざまなデマがとびかうことがある。

　他愛もない無害なデマもあるだろうが，なかには個人や組織・企業に向けての嫌がらせである悪質なケースも多い。

　発信者がはっきりしない情報については，うのみにしないよう心がけたい。

7）名誉毀損や誹謗中傷

　ホームページや電子メールを用いて，特定の個人を誹謗中傷したり，プライバシーを侵害するような事件も数多い。ネットワーク社会における匿名性のあり方について，議論を重ねる必要があろう。

8）ネットギャンブル

海外では，インターネットを利用したギャンブルが社会問題になっている。日本の場合，公営以外の賭博は刑法185条で禁止されており，インターネット上のギャンブルについても，賭博への参加者か運営者のいずれかが日本国内にある場合，賭博行為が国内で行われたとみなされて，参加者・運営者ともに処罰の対象になる。

9）非合法薬物取引

インターネット上ではさまざまな商品が取り引きされているが，なかには非合法な取引が行われている場合がある。インターネットで無認可の薬物を売買し薬事法違反で検挙された事件や，薬物を入手し自殺した事件などが記憶に新しい。

10）違法・有害情報の流布・販売

インターネット接続サービスなどを提供する事業者の自主基準によれば，違法または有害な情報が発信されたことをプロバイダが知った場合，①情報を発信したものに対し発信をやめるよう要求すること，②それでも発信をやめない場合は，利用者が受信できない状態にすること，③発信者の利用を停止または発信者との利用契約を解除すること，などを定めている。

> **プロバイダ**（provider）
> 情報やサービスを提供する事業者。あるいは，インターネット回線接続業者。

刑法175条では，わいせつ物の頒布，販売，公然陳列，販売目的所持の4つの形態を対象としており，インターネットで「わいせつ」な情報を提供していれば，法に抵触する可能性がある。また，1999年に施行された「児童売春，児童ポルノに係る行為等の処罰及び児童の保護等に関する法律」において，児童ポルノの画像などの頒布，公然陳列などの行為が新たに処罰の対象とされることとなった。

しかし，「わいせつ」とまでは判断しにくいものの，青少年にとって有害と思われるような情報はインターネット上に多数存在する。政府が規制策を講じてはいるものの，有害情報を完全に規制することは非常に難しいことであろう。

（2）個人情報の保護

インターネット上での情報流通や取引の進展にともない，個人情報保護への関心や懸念が急速に高まりつつある。もし，知らない間に自分の名前や住所や電話番号がインターネットの画面上に記載されていたらどう思うであろうか。あるいはもっと個人的な知られたくない情報が公開されたなら……，そしてその情報が悪用されたら……と，想像していただきたい。現実に，このような個人の情報の漏洩がインターネット上で相次いでいるのである。

経済協力開発機構（OECD）は，1980年9月に「プライバシー保護と個人データの国際流通についてのガイドラインに関する理事会勧告」を採択しており，個人情報保護に関する8つの原則を提示している。これが各国の法制化に反映され，今日における個人情報保護の共通原則とされている（表6－2）。

表6-2　OECD 8原則と個人情報取扱事業者の義務規定の対応

OECD 8原則	個人情報取扱事業者の義務
・目的明確化の原則 収集目的を明確にし，データ利用は収集目的に合致するべき ・利用制限の原則 データ主体の同意がある場合，法律の規定による場合以外は目的以外に利用・使用してはならない	・利用目的をできる限り特定しなければならない（第15条） ・利用目的の達成に必要な範囲を超えて取り扱ってはならない（第16条） ・本人の同意を得ずに第三者に提供してはならない（第23条）
・収集制限の原則 適法・公正な手段により，かつ情報主体に通知または合意を得て収集されるべき	・偽りその他不正の手段により取得してはならない（第17条）
・データ内容の原則 利用目的に沿ったもので，かつ，正確，完全，最新であるべき	・正確かつ最新の内容に保つよう努めなければならない（第19条）
・安全保護の原則 合理的安全保障措置により，紛失・破壊・使用・修正・開示などから保護するべき	・安全管理のために必要な措置を講じなければならない（第20条） ・従業者・委託先に対する必要な監督を行わなければならない（第21，第22条）
・公開の原則 データ収集の実施方針などを公開し，データの存在，利用目的，管理者などを明示するべき ・個人参加の原則 自己に関するデータの所在及び内容を確認させ，又は意義申し立てを保証すべき	・取得したときは利用目的を通知又は公表しなければならない（第18条） ・利用目的などを本人の知り得る状態に置かなければならない（第24条） ・本人の求めに応じて保有個人データを開示しなければならない（第25条） ・本人の求めに応じて訂正などを行わなければならない（第26条） ・本人の求めに応じて利用停止などを行わなければならない（第27条）
・責任の原則 管理者は諸原則実施の責任を有する	・苦情の適切かつ迅速な処理に努めなければならない（第31条）

(注) 各義務規定には適宜除外事由あり。

しかし，個人情報が漏洩したとしても，管理者の責任を問うことは難しく，漏洩した情報を第三者が悪用して不正行為を犯したことを立証できない限り救済は難しい。むしろ，セキュリティが脆弱であることを認識し，個人情報をむやみに公開しないように心がけるべきである。自己責任原則に基づき，情報公開には慎重を期すべきであろう。

個人情報を登録する際には，そこに「プライバシーマーク」が表示されているかどうかについての留意が必要である。これは，運営者が個人情報を的確に管理しているかどうかを判断する目安のひとつである。

1) 個人情報保護法

個人情報保護法は，だれもが安心してIT社会の便益を享受するための制度的基盤として，2003年5月に成立し，公布され，2004年4月に全面施行された。

この法律は，個人情報の有用性に配慮しながら，個人の権利利益を保護することを目的として，基本理念，国などの責務及び施策，民間事業者が遵守すべき規律，公的機関が遵守すべき規律などを定めている。そのほか，事業者が保有する個人データに関して「情報の開示・訂正・利用停止等の本人が関与できる仕組み」「苦情処理の仕組み」が盛り込まれていることが大きな特徴である。

そもそも，個人情報とは「生存する個人に関する情報で特定の個人を識別可能なもの」を指す。

民間の個人情報取扱事業者に課せられた義務の主な内容は，次の①〜④のとおりである。

①利用・取得に関するルール
・個人情報の利用目的をできる限り特定し，利用目的の達成に必要な範囲を超えて個人情報を取り扱ってはならない。
・偽りその他不正な手段によって個人情報を取得することの禁止。
・本人から直接書面で個人情報を取得する場合には，あらかじめ本人に利用目的を明示しなければならない。間接的に取得した場合には，すみやかに利用目的を通知または公表する必要がある。

②適正・安全な管理に関するルール
・顧客情報の漏洩などを防止するため，個人データを安全に管理し，従業者や委託先を監督しなければならない。
・利用目的の達成に必要な範囲で，個人データを正確かつ最新の内容に保つ必要がある。

③第三者提供に関するルール
・個人データをあらかじめ本人の同意を取らないで第三者に提供することは原則禁止（ただし，法令に基づく場合，人の生命・身体または財産の保護に必要な場合，公衆衛生・児童の健全育成に特に必要な場合，国等に協力する場合は，例外として本人から同意を得なくても，本人以外の者に個人情報を提供することができる）。

④開示などに応じるルール
・事業者が保有する個人データに関して，本人から求めがあった場合，その開示，訂正，利用停止を行わなければならない。
・個人情報の取扱に関して苦情が寄せられた時は，適切かつ迅速に処理しなければならない。

（3）情報モラルの育成

ネットワーク社会が進展するにつれ，私たちの情報モラルがより一層重要となってくる。

1）ネチケット

ネチケット（Netiquette）とは「ネットワーク」と「エチケット」を組み合わせた造語で，ネットワーク上で守るべきエチケットのことである。インターネット上では多くの人が参加し，匿名での発言が可能とされるが，それだからこそ，より一層の責任と自覚をもって臨まなければならない。

電子ネットワーク協議会の「インターネットを利用する方のためのルール＆マナー集」では，①基本事項，②セキュリティ，③関連法規，④電子メール，⑤電子掲示板・ニュースグループ・メーリングリスト，⑥ホームページ，⑦オンラインショッピングの7章からなっている。肝心なことは，「現実（Real）の一般社会でしてはいけないことは，仮想（Virtual）の社会でもしてはいけないことである」と認識することであろう。

2）知的所有権

知的所有権とは，人間の精神的創作物の保護に関する権利と，営業上の信用となる表示の保護に関する権利のことをいう。前者には，特許権，実

> **資料6-2　ネチケットの主なもの**
> ・誤解のない文章を心がける
> 　メーリングリストや電子掲示板には，自分とは異なる思想や生活環境の人が参加していることを認識し，誹謗中傷はもちろん，誤解を招く表現をしないよう，細心の注意を払う。
> ・文章は短く簡潔に
> 　メッセージの本文は5～6行くらいで，1つの段落にまとめる。50行を超える長文はなるべくさける。
> ・行末をそろえる
> 　1行30～35文字程度を目安とし，各行の最後で必ず改行する。
> ・半角カナは使わない
> 　文字化けする可能性があるので，半角カナ文字やパソコンの機種に特有の文字は使用しない。
> ・セキュリティやプライバシーに十分注意する
> 　プライベートな電話番号やクレジット番号など，他人に知られたくない情報は書かない。また，受け取ったメールを送信者の許可なく他の人や電子掲示板に公開しない。
> ・ネットワークに負担をかけない
> 　「不幸の手紙」のように転送を強いるチェーンメールを出さない。また，受け取っても転送しない。容量の大きなファイルは添付しない。

用新案権，意匠権，著作権などがあり，後者には商標，商号，サービスマークの表示の保護などがある。

近年では，コンピュータプログラムの保護や中古ゲームソフトの販売，ソフトの違法コピーなどの問題が記憶に新しいが，インターネットが急速に進展していく中で，著作権侵害に関する問題が頻発している。

ホームページは，誰でも個人が自由に利用できる表現手段であるが，それは同時に，世界に向けて情報提供し，公開する「表現者」になることも意味する。したがって，ホームページをつくるということは，情報提供者としての責任を担うことでもある。発信されたすべての情報は著作物という形となって表現され，著作権が発生するからである。このように，誰もが著作物を創作し，利用するような環境下において，知らぬうちに著作権を侵害したり，あるいは逆に自分の著作権を侵害される可能性が生まれてきていることを十分留意しなければならない。

3．IT革命とこれからの生活経営

(1) インターネットを活用した生活経営

各種調査によれば，インターネットの利用者は男性が多いが，女性利用者の伸びが著しく，割合も3～4割に達しているとみられる。年齢では，男性は30歳代，女性は20歳代が中心である。7割以上が，毎日アクセスすると回答しており，なかでも「1日数回」アクセスする人が，かなりの数に上っている。

インターネットの利用目的は，圧倒的に「趣味・娯楽」が多い。インターネットを利用したオンラインショッピングの経験者はユーザーの6割に上っている。購入したことのある品目は，ソフトウェア（パッケージ），

> **IT革命**
> 　米商務省の1999年報告によれば，「1990年代半ばに始まったパソコンとインターネットの融合による情報産業の大衆化」と定義されている。わが国ではそれ以前から「情報革命」という語が先行していたが，これらは厳密に区別されるものではなく，近年では「IT革命」の方が一般化している。ごく近年に起こってきたインターネットを中心とするITの革新が，社会の各層に及ぼす変化の総称としてとらえたい。

第6章 情報を活かす

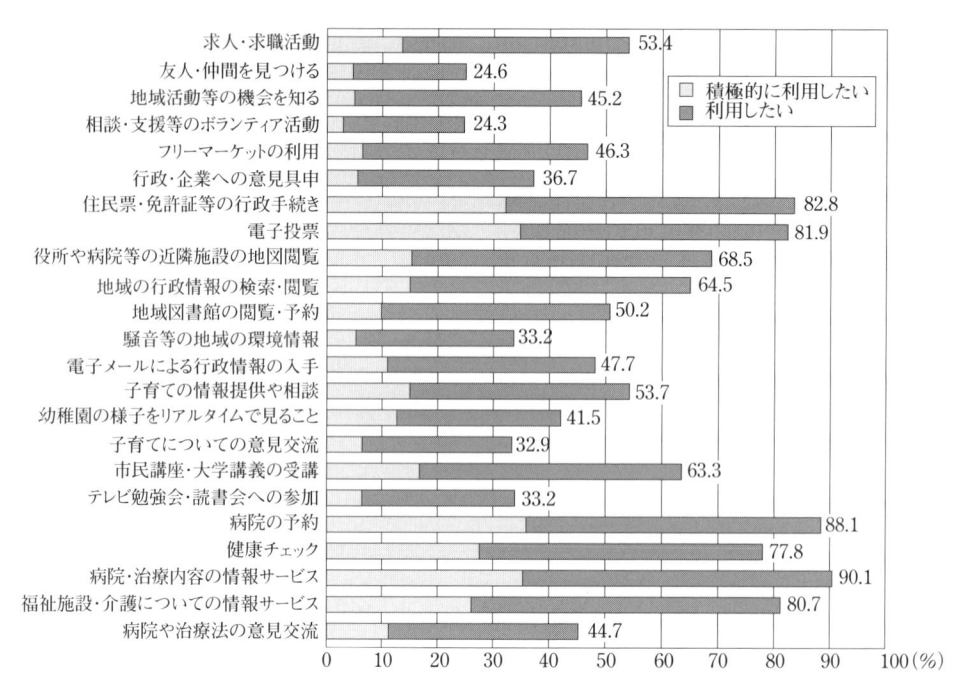

項目	値
求人・求職活動	53.4
友人・仲間を見つける	24.6
地域活動等の機会を知る	45.2
相談・支援等のボランティア活動	24.3
フリーマーケットの利用	46.3
行政・企業への意見具申	36.7
住民票・免許証等の行政手続き	82.8
電子投票	81.9
役所や病院等の近隣施設の地図閲覧	68.5
地域の行政情報の検索・閲覧	64.5
地域図書館の閲覧・予約	50.2
騒音等の地域の環境情報	33.2
電子メールによる行政情報の入手	47.7
子育ての情報提供や相談	53.7
幼稚園の様子をリアルタイムで見ること	41.5
子育てについての意見交流	32.9
市民講座・大学講義の受講	63.3
テレビ勉強会・読書会への参加	33.2
病院の予約	88.1
健康チェック	77.8
病院・治療内容の情報サービス	90.1
福祉施設・介護についての情報サービス	80.7
病院や治療法の意見交流	44.7

凡例：□ 積極的に利用したい　■ 利用したい

資料：（財）日本情報処理開発協会「個人ユーザーのネットワークサービス利用に関する調査」
出典：（財）日本情報処理開発協会『情報化白書』コンピュータ・エージ社，p.144，2000．

図6－2　インターネットを利用したサービスの利用意向

図書・雑誌が多い。食料品，ホテル・旅行予約も購入率が高くなってきている。

インターネットへの不満は，アクセス関係では電話料金の高さに対するものが圧倒的に多く，次いで通信速度が遅いという回答である。wwwサイト関係では，「どこにほしい情報があるのかわかりにくい」「探しても必要な情報がない」などの不満が多い。セキュリティ関係の不満では，「個人情報の漏洩」「犯罪に結びつくような情報が野放し」「ジャンクメールが多い」などへの危惧である。

今後どのようなサービスを利用したいかという意向であるが，行政，医療・福祉に対するニーズが高い傾向にある。仕事関係では，インターネットを利用した起業意向も高いという報告がある。

（2）さまざまなITの発達にともなう生活経営の変化

現在，世界は「IT（情報通信技術：Information Technology）革命」による大変革の波に直面している。インターネットやモバイル通信の急速な普及が脱工業化社会としての高度情報社会へのパラダイムシフトを加速している。また，IT革命は社会基盤となる行政分野にも影響を及ぼし始めており，電子政府構想も推進されている。

1）情報家電

IT革命の本質は，すべてのものがネットワークでつながる社会であるが，家庭においては何がネットワークへの扉になるのであろうか。現在，

モバイル（mobile）
移動型。

電子政府
コンピュータネットワークやデータベース技術を基盤として電子ネットワーク上に存在する政府機関窓口のこと。
　各種申請や届出をインターネット上で実現することによって，行政の効率化やより一層の民意の反映・説明責任の実行が可能になると期待されている。
　将来的に，行政手続きの完全電子化（オンライン化）を目指しているが，2006年策定の「電子政府推進計画」では，2010年までにオンライン利用率を50％以上とすることを当面の目標としている。

家庭の中でネットワークにつながれているのはパソコンであるが，近い将来，その役割は情報家電が担うことになると予測されている。

家庭の中には多くの家電製品が存在している。それらは三種の神器とよばれた頃からそれぞれ単独の機能を果たす機器として生活の中にとけ込んできた。それらを今改めて「情報家電」と称するのは，半導体チップの著しい技術革新により，機器内部の制御がデジタル化されたからである。

情報家電とは，広義的には家電，ＡＶ機器，パソコン，通信機器，ゲーム機器，そして照明器具に至るまで，家庭にあるありとあらゆる機器がソフトウェアを含めて融合され，かつネットワークに接続され，家庭内において相互にデータをやりとりしたり，外部から必要な情報を取り込むなどして，各種サービスを享受できるものをさす。

セキュリティ機能（防犯，防災，保守管理），コントロール機能（照明，空調，省エネ，開閉コントロール，自動給湯），インフォメーション機能（インターホン，ホームテレホン，テレビモニター，ケーブルテレビ），ホームマネジメント機能（プログラムタイマー，家事管理，ホームショッピング，ホームバンキング，在宅勤務），カルチャー・コミュニケーション機能（娯楽・鑑賞・地域情報の入手）などが，情報家電の進歩とともに現実化している。

簡単なリモコン操作でテレビの画面上から好きな番組を探して録画したり，必要な情報をプリントアウトしたりすることが誰にでも簡単に行えるようになるであろう。また，外出先から冷蔵庫の中身をチェックすることなどが可能な「ネットワーク冷蔵庫」や，キッチンで個人の健康データに基づいたレシピを受信して調理をする「ネットワーク電子レンジ」など，さまざまな開発が進んでいる。

２）ＥＣ（電子商取引：Electronic Commerce）

1993年，アメリカにおいてインターネット上の通信販売サービスを行うバーチャルショップが出現した。これが本格的な電子商取引（ＥＣ，あるいはＥコマース）の始まりであるといわれる。わが国においてもＥＣビジネスの台頭はめざましく，「オンラインショッピング」「インターネット通販」「ネットビジネス」などの言葉をよく耳にするようになってきた。昨今の経済・社会の動きはＥＣを抜きにしては語れないほどである。

ＥＣの形態は，企業間で取り引きされるもの（B to B：Business to Business），企業と消費者間で取り引きされるもの（B to C：Business to Consumer）と，消費者どうしで取り引きされるもの（C to C：Consumer to Consumer）がある。

中でも，企業と消費者間ＥＣ市場は急速な勢いで拡大を続けている。現在，インターネット上にはデパートでも太刀打ちできないほどの品揃えを誇る超大型のショッピングモールがある。豊富な商品数の中から，価格比較をしながら，時間帯にとらわれずに，しかもわざわざ外出しなくても買い物ができるわけである。

ただし，ネット上での買い物が消費者にとっていいことずくめというわけではない。１つは商品そのものに対する不満の問題である。ネット上の

> **電子商取引（ＥＣ）**
> グローバルに展開されるインターネット技術を利用した商取引のみならず，コンピュータとネットワークを利用して行われるあらゆる経済主体によるあらゆる経済活動。

第6章 情報を活かす

画面でしか確認できないので,「思っていたのと違う」などということが起こりうるであろう。次に,代金を支払う時のセキュリティの問題がある。ネット上での買い物の支払方法は,①画面にクレジットカードの番号を入力する（電子決済），②代金引換,③商品到着後に振り込むなどの方法があり,最も利便性が高いのは電子決済であろう。しかし,この方法はリスクが高い。カード番号が流用され悪用される可能性もあるからだ。最近では,電子マネーなどの新しい決済手段も登場している。また,取引相手が「なりすまし」ではないという「本人真性性」と,その取引情報が改ざんされたものではないという「非改ざん性」を保証する手段として,電子署名や電子認証が検討されている。

ECビジネスの急速な拡大の背景には,携帯電話でインターネット型サービスが受けられるようになったことがある。1999年から開始されたiモードサービスをはじめとして,オンラインバンキングや航空券の予約・購入などが可能となった。携帯電話を利用したECビジネスは一気に開花したのである。

また,携帯電話だけにとどまらず,コンビニエンスストアに設置された情報端末もECインフラとして大いに活用されている。地域に浸透しているコンビニの店舗網を物流と決済の拠点として機能させようというのだ。都市部で日中の在宅率が低い状況下において,インターネット通販で購入した商品を24時間営業のコンビニで受け取り,同時にその場で決済も可能である。これにより,消費者の利便性が高まり,決済に関する不安やわずらわしさが解消された。

（3）21世紀型IT社会の形成へ向けて
1) テレワークの可能性

情報技術が発達すると,私たちの働き方にも影響が及ぶのは必至であり,テレワークの形態が身近になってきた。テレワークとは「パソコン等の情報通信機器等を利用し,遠く離れたところ（TELE）で仕事を行うこと（WORK）」と定義され,働き手の属性から,企業社員のテレワークおよび自営業者のテレワーク（SOHO）に分類される。

企業社員のテレワークには,本社から離れた近郊の事務所に出勤して仕事をするサテライトオフィスや立ち寄り型のスポットオフィス,自宅にいながら仕事をする在宅勤務,携帯情報端末を利用して移動先でも仕事をするモバイルワークの種類がある。

これらにより,通勤負担の軽減,労働生産性の向上,育児・介護と仕事の両立,女性・高齢者・障害者の就業機会の拡大,交通代替による二酸化炭素排出量の削減などが期待されている。また,首都圏での生活を避け出身地に戻るUターンや,地縁のない地方で暮らすIターンに対する関心が深まっている。

2) パソコンから携帯へ

ネット接続の手段は,パソコンから携帯へとシフトしている。2001年からは,高速のデータ通信が可能な第3世代携帯電話のサービスが開始さ

電子マネー
現在使われているお金と同等の機能を電子的に備えた現金のこと。クレジットカードなどとの違いは①現金としての価値を他人に移転できること（移転性）,②誰がいつどこで利用したのかが分からないこと（匿名性）,③価値の移転をする時に,取り引きする二者以外のものを介さずに取引ができること（相対性）であるとされる。

電子署名
インターネットなどでメッセージをやりとりする際に,送信者の本人確認,内容の改ざんの発見などを行うためのセキュリティ技術の一つ。電子的なサイン。

電子認証
第三者が,ある電子署名が本人によって行われたことを証明すること。

SOHO（Small Office Home Office）
企業に属さない個人起業家や自営業者などが情報通信ネットワークや情報通信機器を活用し,自宅や小規模な事務所で仕事をする独立自営型のワークスタイル。

3．IT革命とこれからの生活経営

> **資料6－3　携帯電話のマナー**
>
> 　今や，私たちの生活にすっかりとけ込んだ携帯電話。いつでもどこでも相手と連絡が可能となり，「一度使うとやめられない」，「持っていないと不安を感じる」とまでいわれている。
> 　しかし，そのマナーの方はいかがであろうか。携帯電話の利用について公共の場でどのようなマナーを心がけているかについて調査した，郵政省（現総務省）の「生活の情報化調査」によれば，「劇場・映画館の中」「会議室・教室の中」「病院の中」では発信しないと回答した割合が75％以上であった。
> 　一方，受信に関しては「自動車の運転中」に「特に何もしない」が48.7％となっている。また，「病院の中」で「電源を切る」は71.3％と高いものの，「他の電話へ転送する」「音を鳴らさないモードへ変更する」「着信音を小さくする」「特に何もしない」の合計が25.1％になっており，医療機器への影響が懸念される。病院の中では，完全に電源を切るというマナーを定着させたいものである。
> 　また，道路交通法が改正され，1999年11月から，運転中の携帯電話の使用が禁止されている。

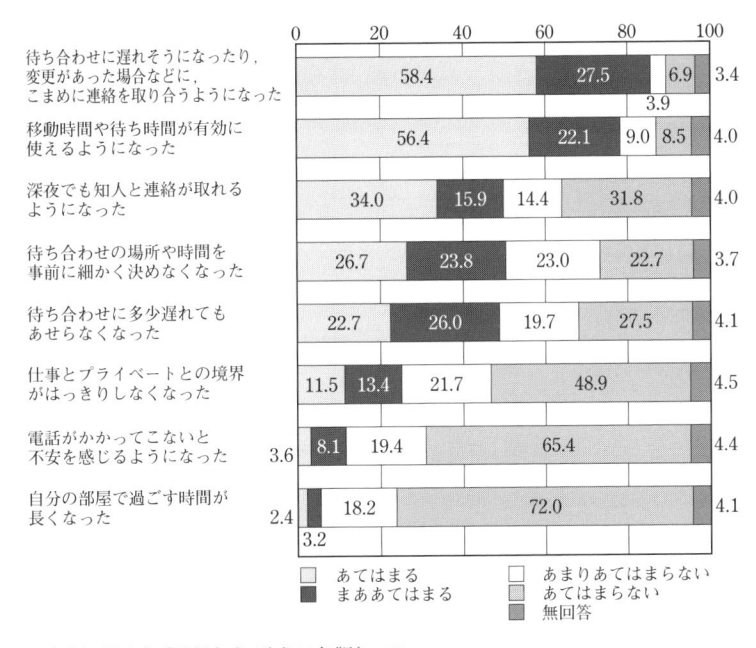

出典）郵政省『通信白書　平成12年版』p.57

図6－3　携帯電話・PHS利用による生活時間に対する考え方の変化（％）

れた。これにより電子メールのやりとりが手軽にでき，かつ，ホームページの閲覧も数多くできることになった。動画を送受信することに加えて，携帯電話がより高度な決済機能を備える「電子財布」の役割を果たしている。
　これからの社会においては，「デジタル化」「ネットワーク化」「モバイル化」をキーワードとして生活が変化していくことにまず間違いはない。

3）情報のバリアフリー

　家庭における情報機器の普及とネットワーク化の進展は，生活の情報化を着実に推し進めつつある。しかしその一方で，高齢者や障害者など，情報化の恩恵を享受できない情報弱者を生むという新たな課題，デジタル・デバイド（情報格差）が発生していることは前述したとおりである。

> **資料6－4　不倫伝えた？Eメール**　　　　　　　　　　（朝日新聞「ひととき」2000.7.30）
>
> 　私たちは，友人たちから「理想のカップル」と誉れ高い結婚25年目の夫婦……。だったはずが，ある日突然，夫が職場から我が家のパソコンに「好きな人がいる。別れてほしい」とEメール。青天のへきれきの私は「相手は」と問い詰めたが，夫は「言いたくない。メールアドレスを教えるから直接話し合ったらよい」と言う。
> 　これは夫婦の問題で，不倫相手は関係ないと思ったものの，友人たちから「敵を知れ」とのアドバイスを受けた。それで「あなたはどなたですか」とメールで尋ねた。ところが，それに対して思い上がりも甚だしく，夫が彼女の方に走ったのはすべて私のせいだ，とする勝ち誇ったメールが女性から届いた。
> 　何なのこれ。人生の重大局面がすべてメールでのやりとり。もうたくさん，と言いながら私も，友人たちにメールを転送して相談した。深夜，パソコンを開くと，友人から励ましのメールが届いていて思わず涙。相手の顔を見ず，パソコンという無機質な手段で情の絡むことを解決しようとしている夫が腹立たしく，二度とメールは使わないと決心したものの，やっぱり便利さは否めない。
> 　それにしてもメールという手段がなかったら，夫は今回の申し出を言い出すことができただろうか。相手の女性もあんなに人を侮辱した言い方ができただろうかと思う。これからのメール社会，なんだか怖い方へ行きそうで心配だ。私の人生，結論は夫の顔を見て，話し合って出したいと思っている。
>
> 　　　　　　　　　　　　　　　　　　　　　　　　　　　　　　　　　（岐阜市・主婦50歳）

　格差解消に向けて，操作の簡単な端末機器の開発や，利便性の高いサービスの展開が今後ますます重要になってくる。これが情報バリアフリーへの対応である。

　具体的には，視力が落ちた高齢者に画面の一部を拡大する，視覚障害者に画面内容を読みあげる，肢体不自由者が音声で入力する，ダブルクリックがうまくできない障害者や高齢者に対応したマウスの開発，キーボードやマウス操作になれない高齢者が手書きで情報を入力するなどの研究開発が進んでいる。

> **情報バリアフリー**
> 　高齢者・障害者を含めたすべての人々が情報を発信し，また，情報にアクセスすることが保障され，情報通信の利便を享受できる環境。

4）コミュニケーション形態の変化

　高度情報社会の出現によって，コミュニケーションのあり方が変化してきている。情報機器の発達・普及により，一度に多くの人とコミュニケーションをはかることが可能となったことである。従来の電話では，「1対1」でしかコミュニケーションをとることしかできなかったが，Eメールや電子掲示板を利用すれば，「1対多」で行うことが可能となるのだ。

　より豊かなコミュニケーションが可能になる一方で，情報機器に頼らなければコミュニケーションできない若者が増加しているという報告もある。面と向かって自己の考えを述べるのではなく，携帯やあるいはパソコンの画面を通じてしか発言できないというのである。「直接話すと，相手を不愉快にさせる」というのがその理由とされているが，コミュニケーションのあり方が変容しつつあるようだ。

5）ユビキタス社会へ向けて

　ユビキタス（ubiquitous）とは，ラテン語の「ubique＝あらゆるところで」をもとに英語化した言葉で，「遍在する（コンピュータ）」をあらわしている。「いつでも，どこでも，だれでも」特段に意識することなく，コ

ンピュータやネットワークを利用して生活することが可能な社会をユビキタス社会という。

　コンピュータの利用形態は，3つに分類することができる。すなわち，メーンフレーム（＝1台の大型コンピュータを多人数が使う），パソコン（＝1台のコンピュータを1人が使う），そしてユビキタスコンピューティング（＝1人を多数のコンピュータが取り巻く）である。

　家電製品・衣類・住居・施設・道路など，ありとあらゆる場所に情報通信技術が存在する状態こそが「第3世代の利用形態」だと予想されている。具体的には「カーナビが渋滞状況を把握したうえで道案内してくれる」「品物を持ったままコンビニを出ると，自動的に代金が引き落とされる」「自宅に来客があると，携帯電話がそれを知らせてくれる」などの環境がこれに当たる。すでに一部で導入のための実験が行われており，このような環境を実現した社会を，ユビキタス社会などと呼ぶ。

　インターネット環境やモバイル環境（＝移動通信環境）が急速に充実した今日，この語が「実現可能な概念」として眼前に迫っている。

6）情報の創造・発信主体としての家庭

　情報化の特質とは「送り手主導型から利用者主導型への移行」及び「一方通行型から双方向型への転換」である。携帯電話をはじめとするモバイル機器の普及，インターネットの活用などにより新しい情報ネットワークが広がりこの傾向にはますます拍車がかかっている。個人を単位として日々さまざまな情報が発信されている。在宅勤務や在宅医療サービスの可能性が模索される今日，高齢者や障害者もさまざまな情報機器を利用することによって，社会参加する道が開かれるであろう。その時家庭は単なる情報消費としての主体から，情報創造・発信としての主体へと変容していくのである。いいかえるなら，人間の欲求は財やサービスを消費する欲求から，情報を利用して，より高度の目標を達成することへと重点が移っていくのである。

　多様な情報の中から，各個人の生活条件に適合した情報を選択し活用する能力を育成すること，さらには適切な情報管理の方法を確立することがますます重要となってくるであろう。情報システムを利用する能力や情報化への適応力を育て，主体性を持って「情報」を選択することが，自分流ライフスタイルの構築には欠かせないのである。

　情報リテラシー能力，それは21世紀を生きる能力のひとつである。

＜参考文献＞
　東京工業大学情報社会研究会編『高度情報社会～ネットワークの可能性』ジャパンタイムズ，1988
　堤大介『最新インターネット用語事典』技術評論社，1997
　（社）日本電子工業振興協会編『パソコン白書』コンピュータ・エージ社，1999
　（財）日本情報処理開発協会編『情報化白書2000』コンピュータ・エージ社，2000
　郵政省『通信白書　平成12年版』ぎょうせい，2000
　セキュリティ研究会『最新インターネットセキュリティがわかる』技術評論社，2000

第7章

子どもと育つ
――世代のつながりを楽しむために――

1. 子どもを持つということ

　子どもを産み育てること，これは人間が存在してから途切れることなく行われてきた営みである。寿命が短い時代の女性にとっては，人生のすべてを費やすことであったが，寿命が伸びて人生80年となった現在では，人生全体の約4分の1の期間となった。自分のライフプランのなかで，社会人としての活動や夫婦のパートナーシップをふまえて，子どもとの生活を考えることが大切である。

　子育ては面白いことや発見があり，あたたかな感情をもたらし，生活に活気を与えてくれる楽しいものである。その一方で，さまざまな負担がかかり，大変なことも生じる。しかし，途中でやめることはできないからこそ，自分自身を省みて人間的に豊かに成長できる，かけがえのない貴重な体験となるのである。たとえ自分で子どもを産むことがなくとも，次世代

資料7－1　子どもの心

　　いそがしいお母さん　　　　　　　よだ・のぞむ（6歳）
　　もう一人　お母さんがいたら
　　お母さん　楽なのにね
　　　　…子どものつぶやきには，心からの思いがある。
　　　　　　　（昌子武司編『拾い集めた子どもの心』田中教育研究所，p.3，1997）

　　　　　　　　　　　　ひさし（4歳）
ひさしくんは　小児マヒで，手足が不自由です。
みんなで　お弁当を食べている時，
二人の子どもが，けんかを始め，
その一人が　泣き出しました。
ひさしくんは，その子に　近づき，
不自由な手で，ハンカチを出して，
涙を　ぬぐってやりました。
そして，まだシャクリあげているその子を，
両手で　ギューと　抱いてやっているのです。　　　児玉麻歩・記
　　　　…子どもの姿を見つめ，豊かでしなやかな心を大切にしたい。
　　　　　　　　　　（亀村五郎『幼児のつぶやきと成長』大月書店，p.17，1999）

の子どもと心を合わせて関係を育てることは，自分の思いが子どもを通して時間を越えて受け継がれる経験であり，人生を豊かにするものである。

(1) 子どもを持つ選択

　戦前の日本では，家制度のもとで後継である子ども，特に男子を産むことが，嫁としての女性の義務であり，子どもを持つか持たないかという選択肢はなかった。また，農業などの第1次産業従事者が多い時代では，家内労働力としての子どもが必要とされ，乳幼児死亡率も高かったことから，子どもをたくさん産むことが経済的にも要求されていた。戦時中は，戦士となる男子を「産めよ殖やせよ国のため」と中絶も避妊も禁止され，女性に子どもを産むことが強制されていた時代であった。

　しかし戦争が終わり，現在では「家」の意識が薄れ，必ずしも後継としての子どもを必要としなくなっている。また，乳幼児死亡率は減少し，社会経済が豊かになって，家内労働力としての子どもは必要ではなくなった。

　そして，家族計画の知識や，避妊と生殖の技術が普及した現在では，戦前のように国や社会や経済の要請によるのではなく，自分の意思で子どもを持つか持たないか，子どもを持つ時期や人数の選択ができる時代となったのである。国際的にもリプロダクティブ・ヘルス／ライツの理念が取り入れられ，性や産む産まない産めないで，人が差別されてはならないことが確認され始めている。

　この選択の決定には，本人の生活状況，経済状況，健康状態などが考慮されることはいうまでもないが，これらの生活状態が全体的に豊かになった現在の日本では，子ども観・育児観も大きく影響すると考えられる。図7－1で子どもあり群と子どもほしくない群の子ども観・育児観を比較してみると，子どもあり群のほぼ全員が「そう思う」と答え，子どもほしくない群と一番差がみられたのは，「子育てには面白いことや発見がある」であった。これに対し，子どもほしくない群の75％が「そう思う」と答え，子どもあり群と一番差がみられたのは，「子育てによって，親は犠牲にするものが多くある」であった。現在では，子どもを産むか否かは，犠牲をはらっても子育ては面白いと思うか否かにかかっているともいえる。この子育て観には，思春期までに子どもの世話の経験があると子どもに対する意識が強いとの指摘もある。

> **リプロダクティブ・ヘルス／ライツ（Reproductive Health / Rights）**
> 「性と生殖に関する健康／権利」と訳される。国連主催の国際人口・開発会議（カイロ，1994）から使われ始める。女性の性と生殖についての自己決定権の尊重と保障。

(2) 子どもを持たない選択

　以前は「子どもを産み育ててこそ一人前」といわれ，子どもを産まないまたは産めないことに対する偏見が多くみられたが，現在は薄れてきており，本人の生き方が尊重される時代になりつつある。いつ，何人の子どもを持つか，または持たないかは，本人と家族のライフプランにかんがみて決定すべき人生の選択肢のひとつである。

　子どもを持たない選択をする理由には，仕事や趣味などの生きがいをもって積極的に子どもを持たない選択をする者もいるが，図7－1からわかるように，子育てによって今までの生活を犠牲にしたくないとの思いから子どもを持たない選択をする者もいる。具体的には，仕事や趣味との両立

第7章 子どもと育つ

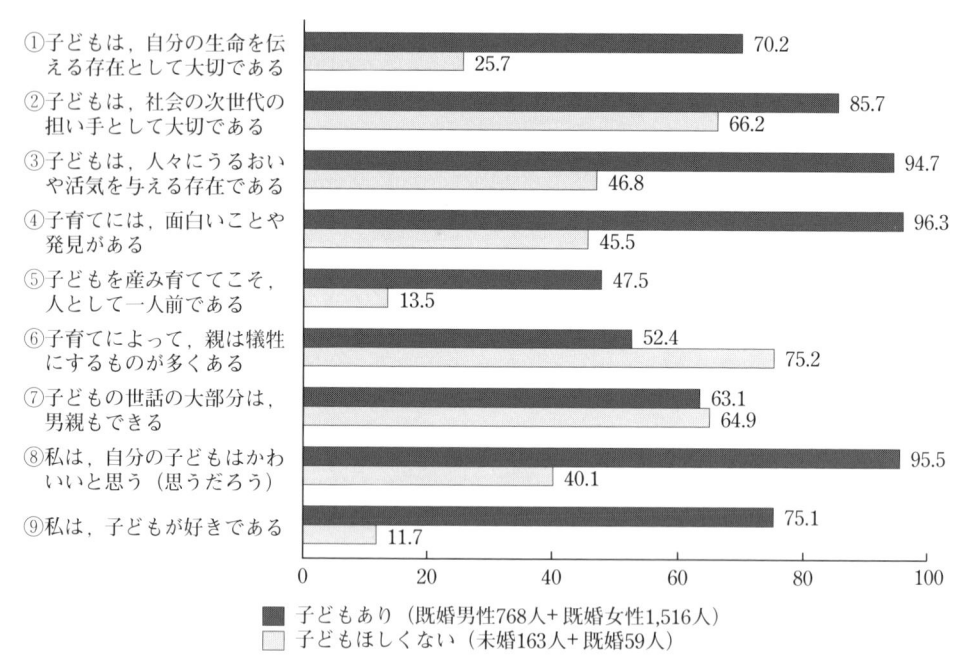

項目	子どもあり	子どもほしくない
①子どもは，自分の生命を伝える存在として大切である	70.2	25.7
②子どもは，社会の次世代の担い手として大切である	85.7	66.2
③子どもは，人々にうるおいや活気を与える存在である	94.7	46.8
④子育てには，面白いことや発見がある	96.3	45.5
⑤子どもを産み育ててこそ，人として一人前である	47.5	13.5
⑥子育てによって，親は犠牲にするものが多くある	52.4	75.2
⑦子どもの世話の大部分は，男親もできる	63.1	64.9
⑧私は，自分の子どもはかわいいと思う（思うだろう）	95.5	40.1
⑨私は，子どもが好きである	75.1	11.7

■ 子どもあり（既婚男性768人＋既婚女性1,516人）
□ 子どもほしくない（未婚163人＋既婚59人）

出典）高野陽・加藤忠明・斉藤幸子「出産をめぐる問題」『子ども家庭福祉情報』第14号　p.23，1998

図7－1　子ども観・育児観について「そう思う」と答えた割合（％）

の困難，経済的負担，制度や保育施設の不足，住宅が狭い，精神的肉体的負担，時間的負担，子どもの将来への不安，などがあげられる。今後の少子化対策により，これらの育児の負担が軽減されれば，子どもを持たない選択をする者が減る可能性はある。

1）避妊と中絶

子どもを持たない選択を可能にしたのは，戦後，家族計画の知識と避妊の技術が普及したことによるところが大きい。望まない妊娠をしないためには，避妊を実行することがまず大切である。それでも妊娠をした場合，戦後の1948年に優生保護法によって人工妊娠中絶が合法化されたことが，子どもを産まない選択を可能にしている。1996年に改定され，母体保護法となり，中絶を認める条件から優生的項目が除外された。母体保護法にあてはまらない中絶は堕胎罪で処罰される。厚生労働省によれば，出生数に対する人工中絶件数は，27.2％（2005年度）にも達している。これは，日本の避妊の8割がコンドームによる男性依存型であることにも一因がある。女性のからだと心を守る上で男性の理解が望まれ，女性自身も主体的にからだを守る必要がある。

母体保護法で中絶を認める条件
①妊娠満22週未満であること
②母体の健康を著しく害するおそれ・姦淫されて妊娠
③指定医師が認定すること
④配偶者の同意

2）不妊

子どもを産むことを望んでも「夫婦の10組に1組は不妊」といわれるように，不妊に悩む夫婦は少なくない。戦前は，夫婦に子どもができないと女性は「石女（うまずめ）」と蔑まれ，婚家から離縁されることが多か

ったように，不妊は女性の責任とされてきた。しかし，実際には，男性原因は約26％，女性原因は約65％，原因不明が約22％であり，必ずしも女性に原因があるとは限らない。不妊治療を受ける場合には，精神的・肉体的・経済的・時間的な負担がある治療であるだけに，夫婦でよく話し合い，どのような治療をどこまで継続するのかを決定する必要がある。不妊治療の技術が進んだとはいえ，健康障害に陥ることもあることをふまえて治療を受けることである。

子どもを産み育てるという希望が満たされない場合，その失望感はなかなか拭い去ることはできないものだが，子どもがいないからこそできる自分の人生もある。子どもを育てる希望は，養子を迎えたり（附章Ⅱ参照），子どもと接する職業に就いたり，地域の子どもとのボランティア的活動でもかなえることができる。子どもがいないことに対する周囲の者の「かわいそう」「寂しいでしょう」といった勝手な干渉に振りまわされず，自分の人生に生きがいを持って悔いなく生活したいものである。

（3）少子社会の現状

日本では，生まれる子どもの数は年々減少傾向にある。図7－2の合計特殊出生率からみると，第2次世界大戦までは女性は子どもを4～5人産んでいたが，戦後の第1次ベビーブーム以降，急速にその数を減らしている。1960年からは平均2人で推移していたが，1975年から再び減少を始め，現在まで減少傾向は続いている。1990年の1.57ショック以降，政府

合計特殊出生率
　出産可能な15～49歳の女子の年齢別出生率を合計したもので，仮にその年次の年齢別出生率で産むとした場合の，1人の女性が一生の間に産む子どもの平均数。

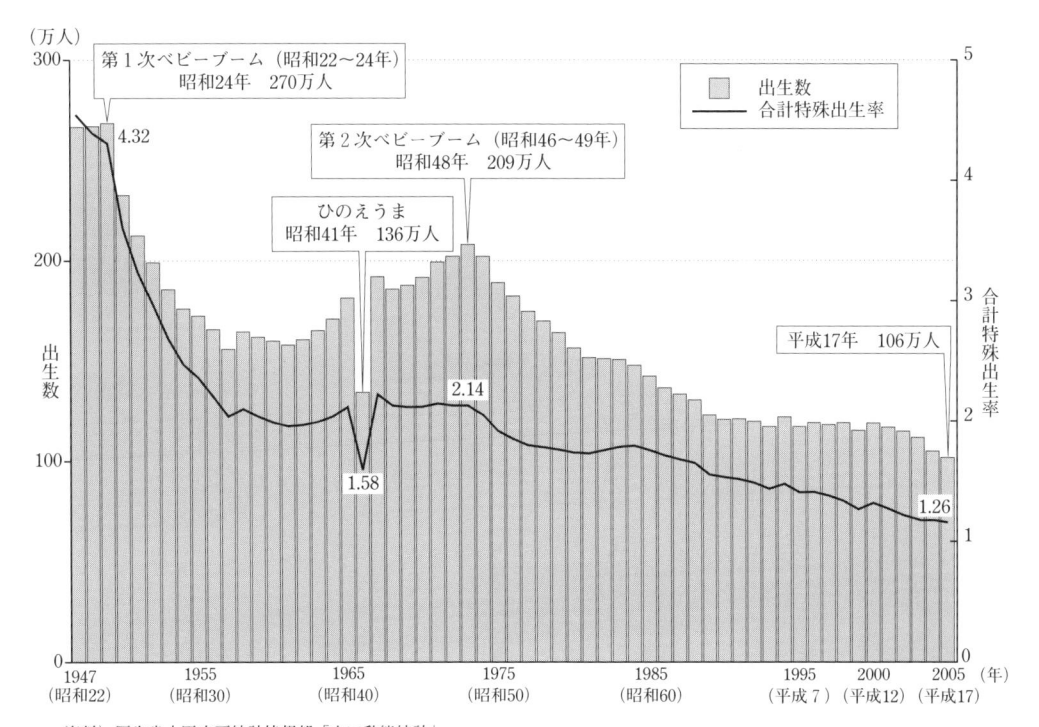

資料）厚生省大臣官房統計情報部「人口動態統計」
出典）厚生省『厚生白書 平成11年版』p.202, 1999に付加
　　　厚生労働省「平成17年人口動態統計（確定版）の概況」

図7－2　出生数及び合計特殊出生率

は「子育て支援」を打ち出し，1994年に「エンゼルプラン」を発表し，1999年には，有識者会議をもとに「新エンゼルプラン」が策定された。しかし，現在では人口を維持するのに必要な水準である2.08を大幅に割り込んで，2005年の人口動態統計では1.26と最低を更新している。

このような少子化が続けば，経済面では労働力人口の減少により日本の成長力を弱め，社会保障面では若い現役世代が高齢者を支える年金や医療，福祉などの財政悪化により現役世代の負担を増すことになる。また，社会面では，地域で子どもの数が減少し，子どもの社会性が育まれにくくなったり，集団を前提とした教育活動が成立しにくくなる問題も出てくる。

少子化の主な要因は，晩婚化による出産年齢の高まりによって子どもを産む数が減少していること，非婚傾向が高まってきていることにある。結婚している女性は平均2人の子どもを出産しているが，理想とする子どもの平均数の2.5人に満たない理由は，図7－3によれば，経済的負担と高齢，心理的・肉体的負担によるものであることがわかる。

この背景に考えられることは，第一に戦後の経済成長にともなって，第3次産業に従事するサラリーマンが増えたことである。第1次，第2次産業に従事していた親にとって家庭は生産の場であり，子どもに仕事を教え受け継ぐことが子どもの将来に役だっていたが，サラリーマンは会社に出社し家庭は消費の場でしかなくなり，子どもの将来のためにはサラリーマンとして出世するために，よい学歴と教育をつけることが目的となった。当然，子どもの教育費の負担が増えたのである。しかし，今後は，終身雇用制度が見直され，学歴信仰が弱まっていく可能性がある。

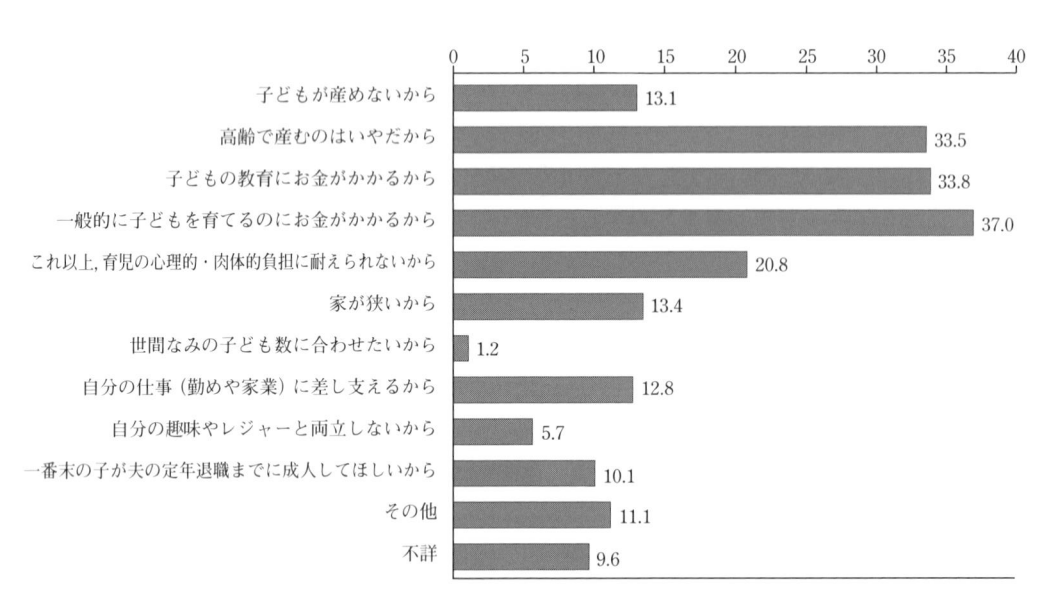

理由	%
子どもが産めないから	13.1
高齢で産むのはいやだから	33.5
子どもの教育にお金がかかるから	33.8
一般的に子どもを育てるのにお金がかかるから	37.0
これ以上，育児の心理的・肉体的負担に耐えられないから	20.8
家が狭いから	13.4
世間なみの子ども数に合わせたいから	1.2
自分の仕事（勤めや家業）に差し支えるから	12.8
自分の趣味やレジャーと両立しないから	5.7
一番末の子が夫の定年退職までに成人してほしいから	10.1
その他	11.1
不詳	9.6

（注）50歳未満の妻で予定子ども数が理想子ども数よりも少ないものに対する調査，複数回答
資料）国立社会保障・人口問題研究所「第11回出生動向基本調査」1997
出典）厚生省『厚生白書 平成11年版』p.246，1999

図7－3　妻が理想の数の子どもを持とうとしない理由（%）

また，子育ては一般的にお金がかかるものである。たとえば，フランスでは子どもの数に応じて税負担の軽減を図り，家族手当や児童手当などの経済的援助を充実させており，出生率は1.65（1993年）から1.75（1998年）と上昇した。日本でも経済的援助が拡充しつつあり，出生率回復につながるか見守っていきたい。

　第二に，女性が高学歴化し仕事を続けるようになってきた一方で，男性は「男は仕事，女は家庭」といった性別役割分業意識を捨てきれず，女性だけが仕事も家事も子育てもといった負担を強いられている現状がある。男性の生活観が「仕事も家事も子育ても夫婦が協力し合って行う」というものに変わっていかなければ，経済力を持った女性は，男性より負担の強いられる結婚生活や子育てに，幸福や夢を感じることは難しい。

　第三に，社会的に男女がともに働きながら子どもを育てるための，労働時間の短縮や環境整備が遅れていることがあげられる。北欧では，託児所拡充や育児休暇延長が導入されたことで出生率が上昇した国もある。たとえば，デンマークでは1.37（1983年）から1.82（1995年）まで上昇している。少子化対策のためには，子どもを産み育てやすい社会を実現することが急務である。

　このような社会状況をふまえて，「子どもを生み，育てる者が，真に誇りと喜びを感じることのできる社会」の実現をめざして，2003年に少子化対策基本法が成立，施行された。国と自治体に少子化対策の策定と実施の責務，企業に協力の責務を課した。さらに，国民の責務も規定した。基本的施策には，雇用環境の整備，保育サービスなどの充実の他，「結婚や出産は個人の決定に基づく」との断り書きのうえで，不妊治療も含めた母子保健医療体制の充実が盛り込まれた。

　この法律に基づき，2004年に少子化の流れを変えるための具体的実施計画として，「子ども・子育て応援プラン」が策定された。4つの重点課題である，①若者の自立とたくましい子どもの育ち，②仕事と家庭の両立支援と働き方の見直し，③生命の大切さ，家庭の役割などについての理解，④子育ての新たな支え合いと連帯，の各々について，具体的に講ずる施策と目標，目指すべき社会の姿を提示した。

　これらの，国や各自治体，企業の様々な施策がどのように家庭生活を変え，出生率に影響を与えるか注目していよう。

2．子育てを楽しむ

（1）母親と子ども

　「三つ子の魂百まで」ということわざがある。これが，「子どもは3歳までは母親の手で」という母性神話とあいまって，日本の母親が育児の責任を一手に引き受けることになったのには，社会的背景もあった。1960年代の高度経済成長期に，第3次産業に従事するサラリーマンとなった男性は，長時間家庭を離れて会社で仕事をするようになり，家庭には所得が上がり仕事をする必要のなくなった専業主婦と子どもが残ることになった

第7章 子どもと育つ

資料7-2 子育てに関する出版

―漫画家の子育て体験記―

いろいろな漫画家が子育て体験記を出版し，わかりやすく面白いと人気。
(石坂啓『赤ちゃんが来た』朝日新聞社，p.197，1993)

―育児本，自然体のすすめ―

肩の力を抜き，子どもを愛する自信をとり戻すきっかけに。
(相田みつを『育てたように子は育つ』小学館，pp.84-85，1999)

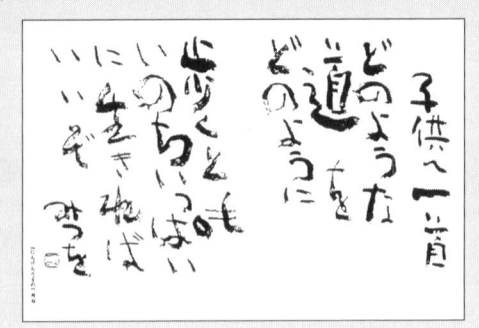

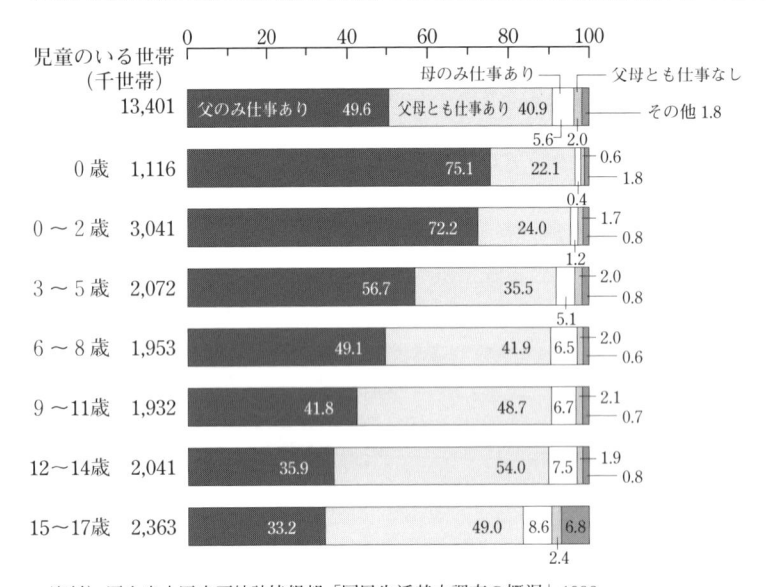

児童のいる世帯（千世帯）	父のみ仕事あり	父母とも仕事あり	母のみ仕事あり	父母とも仕事なし	その他
13,401	49.6	40.9	5.6	2.0	1.8
0歳 1,116	75.1	22.1	0.6	1.8	
0〜2歳 3,041	72.2	24.0	0.4	1.7	0.8
3〜5歳 2,072	56.7	35.5	1.2	2.0	0.8
6〜8歳 1,953	49.1	41.9	5.1	2.0	0.6
9〜11歳 1,932	41.8	48.7	6.5	2.1	0.7
12〜14歳 2,041	35.9	54.0	7.5	1.9	0.8
15〜17歳 2,363	33.2	49.0	8.6	6.8	2.4

資料）厚生省大臣官房統計情報部「国民生活基本調査の概況」1998
出典）牧野カツコ「母親・父親の生活と子ども」日本家政学会編『変動する家族』建帛社，p.47，1999

図7-4 末子の年齢階級別，父母の就業状況別世帯数の構成割合（％，1997）

のである。母性神話は現在でも根強く残り，図7-4によれば，末子が3歳未満では70％以上が父のみ仕事をしている。

母性神話の根拠としては，1951年にアメリカの心理学者ボウルビイが発表した「母性的養育の喪失」が知られている。彼は第2次世界大戦後に家庭を失った子供の調査研究を行い，母性的養育を奪われた子どもたちは身体的・知的・情緒的・社会的な発達の遅れがみられ，この影響は永続的で回復が困難であるとしている。ここで，母親的養育というのは，愛情に満ちた親密なふれあいが継続的に持てる者の存在が大切であると説いている。必ずしも産みの母親であるとは限らない。現在では，保育内容がしっかりしていれば，乳児保育によって，子どもに必ずしも問題はないという見方が主流になりつつある。

実際には，母親と子どもの密着は弊害をもたらす場合もある。1970年代には育児不安，ノイローゼ，子どもへの虐待，お受験などにより，子殺し，母子心中まで起こり「母性喪失」と話題になった。

家族社会学者の牧野カツコによれば，育児不安は「子の現状や将来あるいは育児のやり方や結果に対する漠然とした恐れを含む情緒の状態」と定

義されている。母親の育児不安は,有職者より専業主婦のほうが大きい。育児不安の要因としては,夫が子育てに責任を持たない,母親自身のネットワークの狭さ,近隣の人間関係からの孤立,出産までに子どもとかかわったことがない,育児情報氾濫などがあげられる。相談相手がなく閉塞感にさいなまれ,やりたいこともできず,達成感の得られにくい育児の重圧に疲れ,育児不安が生じる。このような状況の中で,ゆとりのない母親は子どもにあたったり,子どもによって自己実現を図ろうとして,過期待,過干渉,過保護になり,子どもの成長に悪影響を及ぼすこともありうる。

このような状況に陥らないためには,まずは父親の育児参加が必要であり,次に,母親自身が育児や育児の悩みををともに分かち合えるネットワークをつくることである。積極的に周囲の助けを借りて,子どもから離れられる時間を少しでも持ち,ゆとりをもって子どもと接することができるような環境をつくることが大切である。多忙な場合は,インターネットで育児情報を交換している母親もいる。これまで,どの時代にも母親がひとりで子どもを育てたことはなく,家族や親戚,近所のおじさんおばさん,年齢のさまざまな遊び友達など多くの人とのかかわりによって,子どもはいろいろな体験をし,豊かに社会性を育んでいったのである。母親は子どものためにも,自分ひとりが育児の責任を背負うのではなく,家族や近隣全体に育児支援を求めていく必要がある。

これには,家族や地域行政の理解と取り組みが必要であることはいうまでもない。子どもがいない世帯が70％を占め,出産までに子どもとかかわったことがない親が多い現在,親も子育てを通じて,はじめて親として育っていく存在である。子どもと親に対する社会的支援が必要である。

(2) 父親と子ども

日本の父親が子どもの育児にかかわる時間は,非常に少ない。表7-1によれば17分であり,母親の2時間39分に比べるまでもなく,育児が母親任せであることがわかる。また,「家庭教育に関する国際比較調査」(図7-5)で,父親が子どもと一緒に過ごす時間をみると,母親の約7時間半に対して,父親は3時間半であり,他国にくらべても日本の父親は,子どもとの関係が希薄であることがわかる。同一の調査によれば,その具体的な内容は,日本の父親は食事をする,テレビを見る,話をする,入浴をするといったもので,積極的に子どもと接している内容は少ない。一方,アメリカの父親は食事や話,テレビをみるといったものの他に,約半数の父親がスポーツや仕事,家事,趣味を教えるといった,積極的なかかわりを持っている。

このように,日本の父親が子どもと一緒に過ごす時間が少ない背景には,日本の長時間労働がある。仕事だけに人生の活力を使い果たし,家庭に

表7-1 6歳未満の子どものいる世帯の夫婦の1日の育児時間(時:分)

		週全体	平日	土曜日	日曜日
育児時間	夫	0:17	0:10	0:29	0:38
	妻	2:39	2:47	2:29	2:09
(参考)家事関連時間	夫	0:37	0:20	1:02	1:32
	妻	7:31	7:41	7:28	6:46

(注) 家事関連時間は「家事」「介護・看護」「育児」「買い物」の合計

資料) 総務庁統計局「社会生活基本調査」1996
出典) 厚生省『厚生白書 平成10年版』p.83, 1998

第7章　子どもと育つ

> **資料7－3　「育児をしない男を，父とは呼ばない」**
> 1999年3月，厚生省の少子化対策キャンペーンで使われたキャッチコピー。
> さらに続く。「お父さんでいる時間を，もっと。1日17分。日本のお父さんが育児にあてている平均時間です。2人でつくった子どもなのに，これではお母さん1人で育てているみたい。
> 　妊娠や出産が女性にしかできない大仕事なら，育児は男性にもできる大仕事なのではないでしょうか。お父さんたちには子育ての楽しさ，大変さを，もっと知って欲しい。（略）ゆったりと子どもの心を見つめるゆとりを持って，素敵なお父さんになってください。」

いる時間がとれず，または家庭では疲れ果ててごろごろしている父親が少なくない。過密なスケジュールから過労死する者もいる。この長時間労働に対しては，社会的な取り組みで労働時間を短縮したり，フレックスタイム制などで，柔軟に労働時間を設定できる環境を整備していく必要があるが，父親自身も自分の人生を大切に考え，仕事人間でよいのか自分の価値観を問い直す必要がある。父親が子どもと接し，一緒に家事や趣味を楽しむことで，父親自身の人生が豊かになるはずである。また，父親の育児参加は，母親に心理的にも時間的にもゆとりを与え，育児不安を軽減することができるし，夫婦のパートナーシップも深めることができる。子どもにとってもかかわる人間が増え，発育に良い影響を与えるのである。

子どもが満1歳になるまで男女労働者が休業できる，育児休業法が1992年にスタートした。2001年からは，育児休業期間中は休業前の賃金の30％，復帰後に10％，合計40％が雇用保険から給付され，社会保険料の本人負担分が免除されている。

厚生労働省の2005年の調査によると，出産した女性労働者のうち72.3％が取得しており，これに対し，配偶者が出産した男性労働者の取得は0.50％にとど

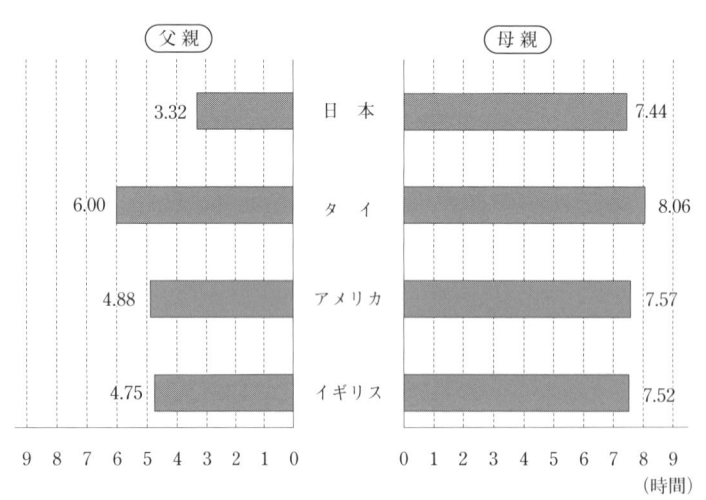

	父親	母親
日本	3.32	7.44
タイ	6.00	8.06
アメリカ	4.88	7.57
イギリス	4.75	7.52

（時間）

（注）各国とも0～12歳の子どもと同居している親約1,000人に対し，平日どのくらい一緒に過ごしているか（睡眠時間は除く）を聞いた結果の平均
資料）（財）日本女子社会教育会「家庭教育に関する国際比較調査報告書」1995
出典）厚生省『厚生白書 平成10年版』p.89, 1998

図7－5　子どもと一緒に過ごす時間

> **資料7－4　育休父さんの成長日誌**
> 「（略）赤ん坊と四六時中一緒に過ごして，性格を知り，その生活のリズムをつかみ，表情の変化を読むようにつとめていれば，分かるようになるのだ。（略）ここを手伝い気分で通過するか，自分の仕事として腰を据えているかで，その後の展開は心理的に違うと思う。育児休職で私が得たのは『この子はおれが育てたんだ』という自負だった。（略）頼りない体をそっと抱きしめたときに，いわく言い難い感情が湧き上がる。（略）」
> （太田睦　朝日新聞，1998.3.12）

まっている。育児休暇をとった男性の感想からは，「育児休暇の申請には大変な勇気がいったが，子育ては楽しかった」とするものが多い。

子どもが成長し，思春期になって父親の出番だとばかり子どもに話をしようとして，失敗する父親は多いものである。河合隼雄は次のようにいっている。「思春期でうまくいっている場合は，それまでの貯金なんです。『小さいとき，まあまあ一緒に遊んでくれたし，ええか』と思って，子どもの方でこらえてくれるわけです」

(3) みんなで育てる

母親と父親は，子どもの親として子育てにたずさわることはいうまでもないが，子どもは子どもどうしでいる時もまた楽しく，成長することもわかっている（資料7-1・ひさしくん参照）。子どもの数が減少し，兄弟や近隣の子どもたちが減少した現在では，集団保育の場は，子どもの成長に大変有効だ。ここでは，大人の都合に合わせず，子どものペースで過ごす時間を持つことができる。共働きの親を持つ子どもだけでなく，必要に応じてさまざまな子どもが利用できるようにすることで，子どもの社会性は広がる。

子どもを預ける場合，共働きなどで子どもの保育が困難な時は，認可保育所を利用できるが，入所待機の子どもは増える一方である。早急な整備が必要である。その他，無認可保育所，保育ママや家庭託児所（地域の家庭で子どもを預かる），デイサービスやショートステイ（認可保育所で1日または数日子どもを預かる），学童保育（昼間保護者がいない小学生を児童館で預かる），民間のチャイルドネットやベビーシッターがある。幼稚園も長時間保育と年齢枠の拡大から保育所に近づきつつある。役所に相談したり，見学をして，その子どもに良い環境の場所を選ぶ必要がある。

集団保育の場所での交流をもとに，自主的に子育てネットワークをつくって，母親や父親だけでなく，地域のさまざまな人を取りこんだ活動を行っているグループは増えている。少子化時代の子育てには，こうした地域の活動が親にとっても子どもにとっても必要である。このような取り組みを助ける地域行政として，地域子育て支援センター（保育所で子育ての相談や指導を受けられる），ファミリー・サポート・センター（育児の相互

資料7-5 「アリとキリギリス」イソップ物語の結末

「アリとキリギリス」の原典は，イソップ物語の「セミとアリ」でキリギリスはセミとして語られている。「冬になって，穀物が雨に濡れたのでアリが乾かしていますと，おなかのすいたセミが来て，食べ物をもらいたいと言いました。『なぜ夏の間食べ物を集めておかなかったんです？』『暇がなかったんです。歌ばかり歌っていましたから』とセミは言いました。すると，アリは笑って言いました。『夏の間歌ったなら，冬の間踊りなさい』」

日本の「アリとキリギリス」の結末には次のようなものがある。「『さあ，遠慮なく食べてください。元気になって，ことしの夏も楽しい歌を聞かせてもらいたいね』キリギリスは，うれし涙をぽろぽろこぼしました」

あなたが子どもに読み聞かせたいのはどちらですか。

(湯沢雍彦『小さな家族論』クレス出版，pp.50-53, 1994)

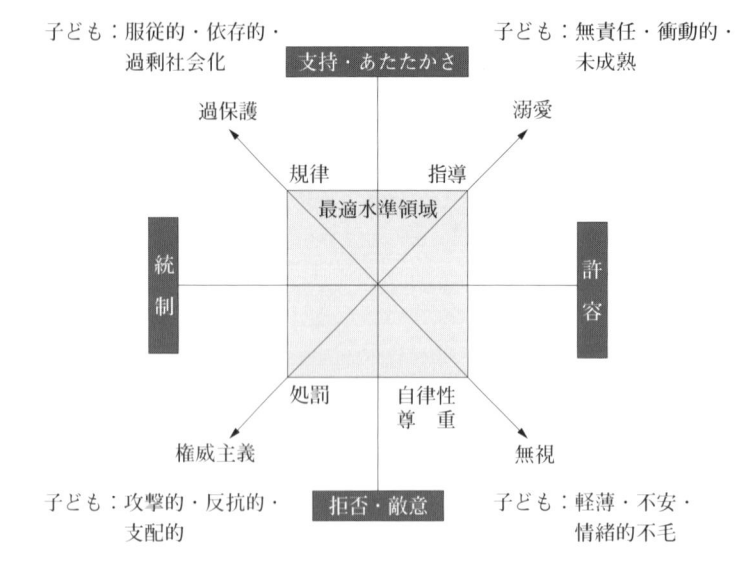

出所) E.C.Devereau Jr., "Socialization in Cross Cultual Perspective：Comparative Study of England, Germany and the United States", in R.Hill and R.Köning(eds), *Families in East and West*, Mountain　p.76, 1970
出典) 袖井孝子「家族関係論」林雅子・石毛フミ子・松島千代野編『新家政学』有斐閣, p.143, 1986

図7－6　親のしつけ態度と子どもへの影響

援助）や地域の希望者が乳幼児を自宅で預かり保育をする保育ママもある。

特にひとり親家庭では，地域のサポートが必要である。未婚の母は，諸外国に比べて日本での割合は低く，全出生数に占める婚外子の割合は約2％であるが，離婚による母子世帯，父子世帯は増えている。母子家庭では，経済的な悩みが一番だが，母子家庭と父子家庭の約7割が感じている共通の悩みは子どものことで，特に子どもと接する時間の少なさと子どもの情緒面の問題である。子どもの健全な成長のためにも地域の子育て支援が必要である。

共働き夫婦の場合，愛情を注いでくれる祖父母に子育てを頼れるのはなによりありがたく，祖父母と同居している世帯では，共働き率は高い。祖父母も喜んで引き受けることが少なくない。子どもにとっては，家族の人数が多ければいろいろな世代の感じ方を学べ，生活体験が増える。しかし，子育てが祖父母に頼りきりになると，孫かわいさのあまり祖父母に甘やかされた子どものしつけについて，祖父母と親がトラブルを起こすことがある。祖父母に限らず，夫婦においても，家庭でのしつけの方針については，できる限り真の愛情に基づいた一貫性を持たせることが大切である。そうすることで，家族の信頼関係は確かなものになる。

たとえば，アメリカの社会学者デベローは，しつけの最適水準領域を設定している（図7－6）。適正な態度は，過保護にならないよう規律を励行し，溺愛にならないように指導し，無視にならないように自律性を尊重し，権威主義にならないように処罰することをそれぞれ限界とすべきだとし，この4点を結ぶ四角内の範囲を最適なしつけ態度の領域とした。しかし，この領域から出ることがあっても，愛情と信頼関係があれば，子どもにとってはそれほど厳しく受け止められることは少ない。子どもを含めた家族全体が愛情と信頼関係に基づくものであることが何より，重要である。

また，子どもは「親の背をみて育つ」というように，意図的に行われるしつけだけではなく，家族をはじめとした周囲の者を模倣して育っていくものである。

3．子どもの権利

（1）児童虐待

親（保護者）による子どもへの虐待が増加している。それにより，子どもが命を落としたり，障害が残るような外傷を受ける事件がある。図7-7からわかるように，全国の児童相談所に寄せられる子どもの虐待に関する相談は急増している。これをうけて，2000年に児童虐待防止法が成立し，2004年に改正された。目的に「児童虐待が児童の人権を著しく侵害」することが明記され，虐待の定義が法律で定められた。また，通告義務を「児童虐待を受けたと思われる」児童を発見した者に課し，早期発見につなげ，児童相談所による立ち入り調査権が強化されて児童の一時保護の可能性が高くなった。

親が，社会のルールを知らない子どもをしつけるために叱ることは当然である。しかし，それが感情的にエスカレートしたり，または親自身のストレス解消のために子どもにあたったりすることで，子どもにとって有害となる行為はすべて虐待である。児童虐待は以下のように定義されている。

① **身体的虐待**：殴る・蹴る・たばこの火を押しつけるなどで外傷が生じ，生命・健康に危険な行為。
② **性的虐待**：性的行為の強要，性器などを見せる，ポルノグラフィーの被写体にするなどの行為。
③ **ネグレクト**（保護の怠慢・拒否）：心身の正常な発達を妨げるような減食または長時間の放置などの行為。保護者以外の同居人によるものも含む。
④ **心理的虐待**：子どもの心を傷つけることを繰り返し言う，無視する，差別などの行為。「配偶者に対する暴力」（DV）を子どもに見せること。

このような虐待は，8割以上が実の親によるものである。背景には，親側の要因として，夫婦の不和や仕事のストレスをかかえていること，親自身が子どもの頃に虐待を受けると繰り返されやすいことなどがあげられる。子ども側の要因としては，生後すぐに未熟児であるなどの事情により親と分離されて親が子に愛情を感じない場合や，発達障害などで，手のかかる子どもがいるのも事実である。しかし，これらの要因は，これまでも

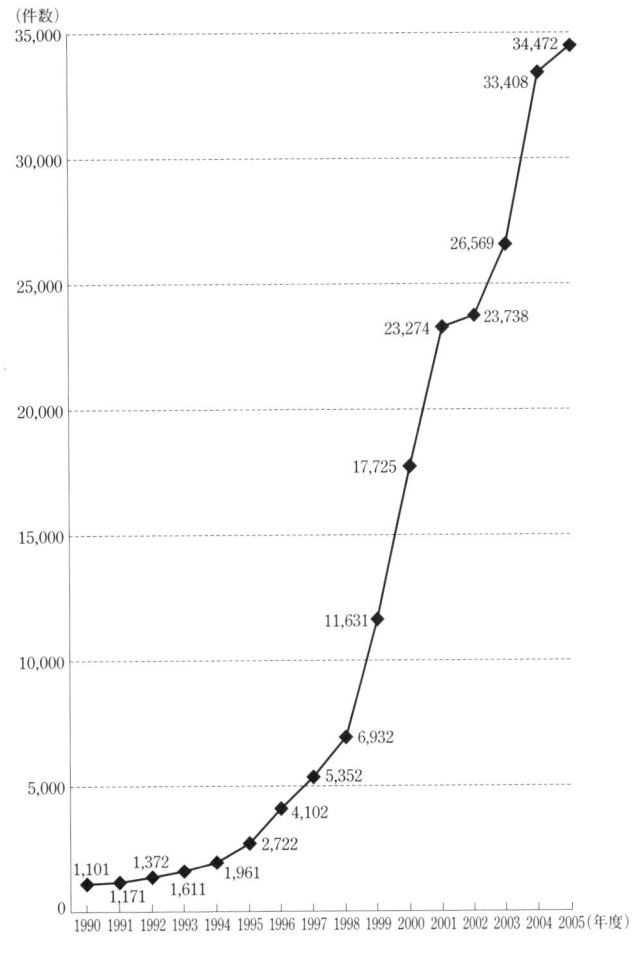

資料）厚生省大臣官房統計情報部「社会福祉行政業務報告」
出典）厚生省『厚生白書　平成11年版』p.252，1999に付加

図7-7　児童相談所における児童虐待相談処理件数の推移

> **資料7－6　児童虐待　2006年にマスコミ（朝日新聞）が取り上げた事件から**
> ・2006年8月（東京都）
> 　4歳の男児が母親（29歳）から食事を与えられずに死亡。1日に茶碗1杯のごはんとコップ1杯の水のみ。身長89センチ，体重8キロだったという。
> ・2006年9月（大阪市）
> 　母親（29歳）の交際相手（30歳）から頭を蹴られた2歳の男児が死亡。
> ・2006年9月（札幌市）
> 　3歳と4歳の女児が母親（24歳）と同居していた男（29歳）から殴られるなどして死亡。

考えられたことである。近年の虐待増加には，都市化によって地域の中で子育てを行う親が孤立無援状態になっており，育児や育児不安の相談をする頼れる者がなく，不安や苛立ちを募らせていることが考えられる。1999年の「子どもの虐待防止センター」による調査では，母親の1割が子どもを虐待した経験があると答えており，特に夫（パートナー）の協力を望んでいる。父親をはじめ，近所の者などがともに助け合いながら，地域の中で子育てを行う環境づくりをすることが急務である。地域であたたかく子どもを見守ることが，子どもの心と命を守り，次世代を受け継ぐことになるのである。

（2）いじめ

いじめとは，相手に心理的，肉体的苦痛をともなう攻撃を加えることである。この苦痛は，いじめを受けている子どもだけが味わうものであり，その立場に立ってみないとわからないものである。学校といった，逃げることのできない集団では，集団心理から特定の子どもがいじめの標的にされることがある。いじめによって自尊心を傷つけられた子どもの心身の成長には，当然のことながら悪影響がもたらされる。このいじめが表面化して問題になると，いじめた子どもや学校は単なるふざけであるとか，いたずら，遊びと主張することが多い。しかし，いじめをする子どもの大部分は，大人達にはわからないように行うものであるし，現在では，陰湿になってきているともいわれている。どのような場合でも，親や教師をはじめ周囲の者たちは，いじめられたとする子どもの受け止め方で問題を判断し，慎重に考えていく必要がある。いじめは人権侵害なのである。解決には，お互いの人権を尊重する基本姿勢がもっとも大事である。

ただし，学校でいじめが表面化することは少ない。これは，いじめを受けている子どもは隠すことが多いからである。「いじめを受けている」と言ったことが，親や先生，いじめる者に知られることで，いじめがいっそう悪化することが十分に考えられるし，あらかじめ口封じの脅しがある場合もある。子どもと毎日顔を合わせる，親をはじめ教師，周囲の者たちは，子どもの様子に変わったところがあれば，親身になって話を聞くなどして，早めにいじめを発見し，継続したりエスカレートする前に適切に対応しなければならない。たとえば，2000年に報じられた名古屋の中学生5,000万円恐喝事件では，親も教師も事態に対応しきれなかったが，入院先の病院

4．子どもと育つ地域と世代のつながり

> **資料7－7　子どもによる子どものための「子どもの権利条約」**
> 第6条　いのちのこと。
> 1　ぼくらは，生きていていいんだ。ほかの人に殺されていいはずがない。苦しんでなきゃいけないとか，痛い思いをしなきゃいけない，なんてことは，絶対ない。
> 2　だから，どんなときも，ぼくらが元気に生きて，育っていけるように，できることは全部してほしい。国は，全力でぼくらを護らなくちゃいけない。
> 第12条　ぼくらだって，言いたいことがある。
> 1　赤ちゃんのうちはむりかもしれないけど，少し大きくなったら，自分に関係あるすべてのことについて，いろんな意見，思い，考えをもつ。それはみんな，どんどんほかの人に伝えていいんだ。国は大人たちがぼくらの年や成長をしっかり考えて，きちんと受けとめるように，してほしい。
> （小口尚子・福岡鮎美『子どもによる子どものための「子どもの権利条約」』小学館…当時2人の中学生がむずかしい条文を子どもにわかるように訳した。1994年アムネスティ・インターナショナル日本支部主催「子どもの権利条約翻訳・創作コンテスト」最優秀賞作品）

で同部屋になった男性患者らの協力により解決に向かった。地域全体で子どもを見守る目がますます重要になっている。

（3）子どもの人権

　日本では，1947年に児童福祉法が制定され，すべての子どもの生活を保障するために，児童福祉行政が行われている。また，子どもの人権の尊重は，日本国憲法の精神に基づいて，1951年5月5日に宣言された「児童憲章」で明らかにされ，日本児童福祉の理念の中核になっている。1989年に国連で採択された「子どもの権利条約（全54条）」を，日本政府は1994年に批准した。子どもの人権を尊重し，子どものために良い環境をつくり，保護し，援助を行うべきであることを確認している。これは，社会行政はもちろん，一人ひとりの実生活の中でも実践していきたいものである。また，ここには，子どもが受身の条文ばかりではなく，たとえば第12条の意見表明権など，権利の主体として子どもをとらえている条文もあり，革新的である。

4．子どもと育つ地域と世代のつながり

　ＮＨＫ「国民生活時間調査」などから，子どもの生活時間をみると，テレビ，勉強，塾の勉強，おけいこ事が多く，外での遊び，会話，家事などの生活体験が極めて少ないことがわかる。テレビゲームや勉強に明け暮れ，時間に追われ，閉塞的空間の中で，生活にゆとりや達成感を感じることができずに，ストレスを感じている子どもは少なくない。

　この背景には，勉強ばかりを重視する学校や親と，地域に自然の残った子どもの居場所がないことがある。地域では，宅地化をはじめとする開発が進む中，自然を根こそぎ取った後，人工的施設としての遊び場がつくられているところが多い。しかし，空と土のない施設では，季節を感じる草木や生物がなく，開放感，感動，生命感を感じることは難しい。子どもは，自然の自由な空間と時間の中で，思いっきり体を動かして心を自由にする

第7章 子どもと育つ

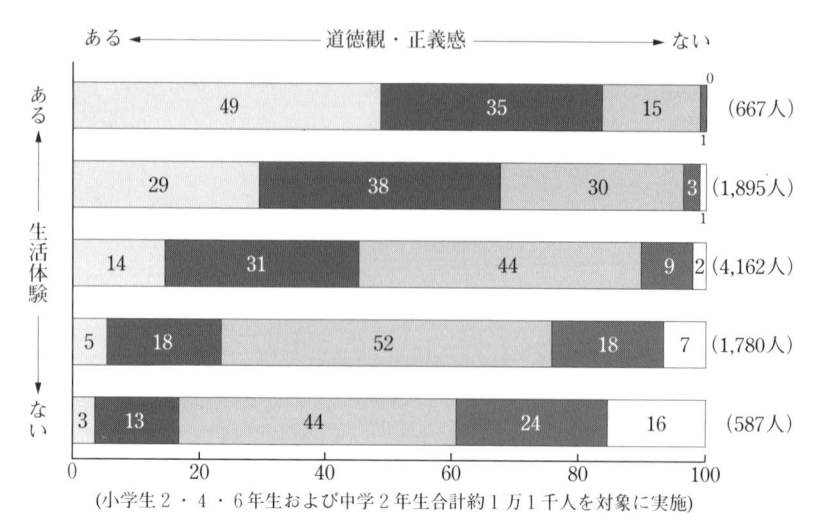

	ある ←	道徳観・正義感	→ ない	
生活体験 ある	49	35	15	0 / 1 (667人)
	29	38	30	3 / 1 (1,895人)
	14	31	44	9 / 2 (4,162人)
	5 / 18	52	18	7 (1,780人)
ない	3 / 13	44	24	16 (587人)

（小学生2・4・6年生および中学2年生合計約1万1千人を対象に実施）

資料）文部省「子どもの体験活動等に関するアンケート調査」（平成10年度）
出典）下村善量「全国子どもプラン（緊急3ヵ年戦略）」『子ども家庭福祉情報』第15号 p.56, 1999

図7－8　生活体験が多い子どもほど，道徳観・正義感が充実（％）

ことで，感動したり，創造力を養い，さまざまな人や仲間といろいろな経験をすることで，「生きる力」を養うのである。

2002年から完全学校週5日制が実施されたが，1998年に文部省は家庭や地域社会における子どもたちの体験活動の推進や，体験活動の充実を図るため，「子どもの体験活動等に関するアンケート調査」を実施した。その結果，図7－8からわかるように，自然体験，生活体験が豊富で，家庭でのお手伝いをする子どもほど，道徳観・正義感が充実していることが明らかになった。道徳観や正義感の低下によって，現在のいじめや非行などが起こされていることを考えると，これらの問題行動は，家庭や地域が，子どもから自然体験や家庭での手伝いといった，基本的な「生きる力」を養う環境を奪ってきたことに原因がありそうである。

まず，家庭において，子どもはテレビを見るほか，勉強だけをしていればよいのではなく，できる範囲の家事を分担することで「生きる力」を養う必要がある。子どもの家事協力状況は，平成10年版厚生白書によれば，「よくやる」が約1割，「まあやる」が約3割に対して，「あまりやらない」「まったくやらない」が約6割を占めている。家事を親子ですることは，親子双方に良い影響をもたらすはずである。はじめは，親は一緒に楽しみながら子どもにお手伝いをさせ，教えていけば，生活に密着した親子の交流ができる。そして，家事を分担していけば，親にとっては，家事すべてを抱え込んでストレスを子どもにぶつけるより，はるかに良い親子関係を結べるし，子どもにとっては担当した家事を遂行することで，責任感や達成感を感じて自信がつくとともに，「生きる力」を養うことができるのであるから，勉強には代えがたい価値を見いだせるのである。

また，文部省（現文部科学省）は，1999年度から3ヵ年「全国子どもプラン（緊急3ヵ年戦略）」を策定し，地域で子どもを育てる環境を整備し，親と子どもの活動を支援する体制をつくっている。地域に住むさまざまな世代の者がともに活動をすることで，昔ながらの文化を伝承したり，さまざまな職業について体験したり，地域を住みやすくするボランティア活動を行ったりするたくさんの事業が始まっている。環境整備とともに自然体験などのプランも実施されている。このような多種多様な体験活動に関する情報提供は，子どもセンターや子ども放送局を中心に行われている。

就学前の子どもに対しては，商店街の活性化と母親の育児軽減を兼ねて，空き店舗を利用した託児施設がNPOによって開設され，地域の交流の場になっている。

　地域は，さまざまな世代の者がともに助け合って生きている場所である。だからこそ，家庭や学校ではできない，いろいろな体験ができ，子どもが「生きる力」を豊かに育む絶好の場となりうるのである。子どもだけでなく，大人も子どもと一緒にする活動から，新鮮な発見や喜びを得ることができる。地域が子どもと大人がともに育つ，世代のつながりが実現できる場所になれば，日本社会の未来は明るい。そして，子どもも大人も楽しみながら，地域を住みやすい町にしていくことで，地域社会も時間を越えて生かされる存在となれば，夢の持てる社会が実現する可能性は高くなるのである。

＜参考文献＞
　高野陽・加藤忠明・斎藤幸子「出生をめぐる問題」『子ども家庭福祉情報』第14号，1998
　厚生省『厚生白書　平成10年版』『同　平成11年版』ぎょうせい，1998・1999
　牧野カツコ「母親・父親の生活と子ども」日本家政学会編『変動する家族——子ども・ジェンダー・高齢者』
　　建帛社，1999
　河合隼雄『Q＆Aこころの子育て』朝日新聞社，1999
　袖井孝子「家族関係論」林雅子・石毛フミ子・松島千代野編『新家政学』有斐閣，1986
　下村善量「全国子どもプラン（緊急3ヵ年戦略）」『子ども家庭福祉情報』第15号，1999
　ジョン・ボウルビイ，作田勉監訳『ボウルビイ母子関係入門』星和書店，1981
　日本弁護士連合会『子どもの権利マニュアル』こうち書房，1995

第8章

老いを愛しむ
——ウェル・エイジング社会の中で——

1. 身近な老い ——父母の場合——

　日常のふとした拍子に、父や母が「もう若くないこと」や「ちょっと老けたこと」に気づくことがないであろうか。母の顔に目立ってきたしわやしみ、父の髪が白く薄くなってきたこと、体型や動作などに。疲れやすさや肩こり、冷えなどの症状を訴えているかもしれない。思い出のアルバムの中の父母の若々しさに、驚くこともあるであろう。年を重ね、老いを重ねていくことは、人間を含めた生き物の摂理、自然である。赤ちゃんだった子どもが大学生になったのだから、親も変化して当然であろう。

　100万部以上も売れたベストセラーの童話、『葉っぱのフレディ——いのちの旅—』の主題も、「変化しないものは、ひとつもない」ということである。老いも死も含めて。

命のサイクル
フレディは知らなかったのですが——
冬が終わると春が来て雪はとけ水になり枯れ葉のフレディはその水にまじり土に溶けこんで木を育てる力になるのです。

> 「ぼく死ぬのがこわいよ」とフレディが言いました。「そのとおりだね」とダニエルが答えました。「まだ経験したことがないことは、こわいと思うものだ。でも考えてごらん。世界は変化しつづけているんだ。変化しないものはひとつもないんだよ。……変化するって自然なことなんだ。……ぼくたちも変化しつづけているんだ。
> 　死ぬというのも変わることの一つなのだよ」
> 　（レオ・バスカーリア著、みらいなな訳『葉っぱのフレディ——いのちの旅—』童話屋, 1998）

老いで失いやすいもの
①心身の健康→病気
②経済的基盤→貧困
③社会的つながり→孤独
④生きる目的
高齢者へ支援
↓
生活の質・人生の質の維持

自助
公助
共助

(1) 定年と老い

　老いを自覚するきっかけのひとつに、企業における定年、退職がある。仕事役割を主として担ってきた男性に、より当てはまるといえよう。定年を55歳から60歳に引き上げた企業が多いが、仕事一筋、仕事人間であればあるほど、定年後の会社・仕事抜きの生活への再適応が難しい。父親の定年までの年数、家庭役割をも含めた再適応について考えてみよう。子どもたちの親離れは進んでおり、子どもはもはや生きがいの対象とはなりにくい。父親の家庭での役割分担、居場所は確保されているであろうか。家庭で影の薄い人は、今からでも遅くはない、家事参加、地域参加への歩みを始めよう（資料8-1）。

1. 身近な老い ——父母の場合——

> **資料8−1　仕事人間……定年近づき頭痛，腹痛，名付けて「定年前仮面うつ病」**
> ―居場所なく病気に逃避？部下は去り，妻や子はそれぞれに生きがい―　　（毎日新聞，1992.6.26）
> 　定年が近づいたサラリーマンが，胃痛や頭痛，めまいなど体の不調を訴えて病院に通うが，いくら調べても原因が見当たらない。神経科にかかって初めて「定年前仮面うつ病」という心の病であることがわかる。こんなケースが最近増えている。家庭を顧みずに仕事人間を貫き通してきた世代。家庭に戻ろうとしても，妻や子供はとっくに別の生きがいを見つけだして，自分の居場所はもはやない。受け入れてもらえないストレスに悩むうちに，無意識に病気という仮面をかぶるのだという。対策は，①若いうちから趣味など仕事以外に価値観を見いだすこと，②ふだんから家庭を大切にしておくこと，である。

（2）更年期と老い

　女性が老いを自覚する大きな出来事は「閉経」を中心とした更年期障害である。更年期は英語で the change of life あるいは the turn of life という。人生の転換期，人生の折返しという英語のいいまわしは，なかなか深みがある。更年期は病的なものではなく，「生理的なもの」であり，人生の自然な通過点である。体の不調，うつ状態などは，男女共通の更年期症状といわれるが，女性の場合の方がはっきりあらわれ，さまざまな症状をともなう場合が多い。しかし，今まで周りの人にはなかなか話せず，隠す人が多かった。

　一般に，更年期は閉経をはさんだ前後約10年間，年齢的には45歳から55歳くらいをさすといわれる。ちょうど大学生の子を持つ母親の年齢に該当するであろう。この時期は卵巣機能が衰え，女性ホルモンの分泌が急激に少なくなる。更年期障害とは，女性ホルモンが減ることで起こる不定愁訴といわれる自律神経失調症状と，イライラやうつ状態などの精神心理的な症状のことである。具体的にあらわれる症状は，ほてり，のぼせ，発汗，冷え，動悸，肩こり，手足のしびれ，頭痛，イライラ，不眠，うつ状態など多様である。重さや症状には個人差があり，重い症状が出て，生活が一変する人も少なくない。

　更年期障害のあらわれ方は，その人の置かれた環境と性格にも左右されるという。親の介護，夫の病気，子どもの巣立ちなど，自分をとりまく環境の変化から受けるストレスの度合が強いほど，更年期障害は出やすいといわれている。

　何事も気にしない性格の人は軽く，くよくよ悩む人，完璧主義の人は症状が出やすく，重くなりやすい。夫や子どもに話し相手になってもらったり，共感し，いたわりのひとことをもらえるだけでもずいぶん気持ちが楽になる。ストレス原因は，家族みんなで背負い合おう。さらに婦人科に相談し，適切な診断と治療を受けることも大事である（資料8−2）。

　更年期は「自分自身を大切に！」というシグナルかもしれない。「50代は第二の青春」と張り切っている，横浜のS子さんのように生きたいものである（資料8−3）。

> **空の巣症候群**
> 　子どもに手がかからなくなった時期や子どもが独立した後にみられる主婦の心身の病理をいう。夫は仕事中心の生活で，夫婦の会話も少なく，関係は希薄である場合が多い。エンプティ・ネスト（empty nest, 空っぽの巣）ということばが，取り残された妻の寂しさを象徴している。
> 　寂しさを紛らわすためにキッチンドリンカーとなり「アルコール依存症」になる場合もある。更年期障害は，こうした家族関係的側面も重ね合わせて理解する必要があろう。
> 　emptyness：空虚感

第8章 老いを愛しむ

> **資料8-2　更年期を上手に過ごすための10ヵ条**
> 1．いい友達を持つ――愚痴を聞いてもらうだけで，気分転換になる
> 2．家族との関係改善――夫や家族とコミュニケーションをよくする。うまく子離れする
> 3．あるがままの自分でいる――無理していい格好をしたり，頑張るのをやめる
> 4．体を動かす――おすすめは水泳，ウォーキング
> 5．生きがいを持つ――だれかの役に立つことをすると，自分もうれしい
> 6．おしゃれをする――おしゃれ心は若々しさのもと
> 7．健康診断を忘れずに受ける――「元気だから受けなくても平気」ではだめ
> 8．睡眠をきちんととる――睡眠不足は体の抵抗力を落とす
> 9．バランスのとれた食事をする――病気は食事と関係が深い
> 10．新しいことにトライする気持ちを持つ――先は長い。「もう年だから」は禁句
> 　　　　　　　（野末悦子産婦人科医「ホームドクタールーム」『暮らしの風No.282』朝日新聞社，2000)

> **資料8-3　50代は第二の青春**　　　　　　　　　　　　　　　　　　　（朝日新聞「ひととき」1999.5.3）
> この春，おばさん4人組で「第2回海外旅行・イタリアへの旅」が実施されました。いろいろ準備も大変でしたが，楽しい10日間を過ごすことができました。1回目のときは，一昨年の3月中旬のスペイン旅行でした。この旅は，だらだら皆で貯金していたお金が，10年で1人分20万円と少したまったので，話し合った結果，何となくスペインのツアーに参加しました。いい思いをして帰国し，反省と学習をし，それからの2年間は毎月必ず会って，1万円ずつ集金してイタリアへ行くことを目標にしました。おばさんパワーを十分発揮し，ただ毎月集金するのではなく，テレビや新聞等で見た温泉に1泊で出かけたり，おいしい物を食べに行ったり，美術館へ目の保養にも行ったりする中，1ヵ月分のおしゃべりでストレスを発散させて来たつもりです。50代は外見は元気そうでも体は更年期に入り，その上子供たちの結婚問題，年寄りの世話，家事労働等，ひょっとするとストレスが原因で病気を招くことにもなってしまいます。50代を第二の青春と思えるように生きる楽しみを持ち，更年期を皆で上手に乗り越えたいと思っています。私たちが出かけられるのは，家族，職場の方々の協力と健康があってこそです。本当に感謝感謝です。第3回の旅はドイツ・スイスまたはアメリカへ行こうと集金がスタートしました。そして私個人としては毎日の5キロ歩きも始めました。
> 　　　　　　　　　　　　　　　　　　　　　　　　　　　　　　　　　　　（横浜市　S子　主婦・55歳）

2．身近な老い　――祖父母の場合――

高齢者の子どもとの同居率

年齢	子との同居率(%)
65～69歳	41.5
70～74歳	43.2
75～79歳	48.0
80歳以上	62.9
全体	47.8

（厚生労働省「平成15年国民生活基礎調査」より作成）

　最も身近なお年寄りといえば，祖父母であろう。お年玉をもらったり，敬老の日に遊びにいったりと，いろいろな思い出があると思う。祖父母と同居している人は，日常生活の中で老いを感じ，老いについて考える機会が多いであろう（資料8-4）。2005年現在で，祖父母と子家族の三世代が一緒に暮らす世帯は，約2割である。都市部ではもっと少ないかもしれない。日本の三世代同居は減少傾向にあるのだが，アメリカ，ドイツのわずか2％に比べると多いことがわかる（総務庁「高齢者の生活と意識に関する国際比較調査」，1996）。

　しかし，表8-1の「別居している子どもと会う頻度」からわかるように，日本では別居子と「年に数回」会う高齢者が最も多いのに対し，アメリカやドイツでは「週に1回以上」が最も多い。日本の老親子関係の特徴として，「同居子との濃密な接触と別居子との疎遠な交渉」が指摘されて

2．身近な老い ――祖父母の場合――

> **資料8－4　存在の意味**
>
> 　人間の発達，成長は，まず異なる世代が創造的に影響しあうことから始まるのである。祖父母，父母，子ども，孫――みんながそろっていれば，わたしたちはこの世にいるあらゆる瞬間に人生の軌跡の全容を目前に見たり，生々しく感じたりしていける。
> 　……わたしたちは父や祖父を見て，自分もああなるのだと予想し，また息子や孫を見て，昔の自分を思い出す。このように予想と思い出によってお互いがふれあうので，わたしたちは世にあるあいだ，そのどの瞬間にも人生全体を生きていける。
> 　（ヘンリ・J・M・ナーウェン，ウォルター・J・ガフニー，原みち子訳『闇への道光への道』こぐま社，1991）
>
> 　お年寄りが「存在している」ということ，これがすごく大きい意味をもっていると思います。そして，われわれは，お互いにそれを味わうことができる　というふうに思ってます。
> 　　　　　　　　　　　　　　　　　　　　（河合隼雄『こころと人生』創元社，1999）

いるが，そのとおりの結果である。別居孫についてもほぼ同様であろう。アメリカやドイツのように，別居しつつ子や孫と親密なコミュニケーションを交わす，「距離をおいての親しさ」というあり方にも心魅かれる。

老夫婦のみで暮らす・つれあいが亡くなっても1人で暮らす・ホームで暮らす，など高齢期の暮らし方もさまざま，メリット・デメリットもさまざまある。21世紀――あなたの両親，そしてあなた自身はどのような暮らし方を選択するのだろうか。

表8－1　別居している子どもと会う頻度（％）

	日　本	アメリカ	ドイツ
ほとんど毎日	13.5	19.4	27.6
週に1回以上	16.7	36.0	30.9
月に1～2回	27.2	18.1	23.9
年に数回	37.9	19.6	13.8
ほとんど会わない	4.6	6.2	3.0

資料）総務庁「高齢者の生活と意識に関する国際比較調査」1996

（1）祖父母と孫の交流

親子の間はしつけ問題や利害関係があるので「緊張関係」になりやすいが，祖父母と孫の間は，気軽な「冗談関係」になることが多いといわれる。共働き家庭では，祖父母が実質的に育児を支える場合もあり，孫との関係はより深くなる。

資料8－5，78歳のM子さんの投書にみられるように，まさに孫は生きがいなのである。この20歳の孫が，「ばあちゃんは家の宝だ」と，祖母のことをやさしくあたたかく認識しているのは，なぜであろうか。残されたひと日ひと日を，大切に，ほがらかに胸を張って生きていこうとする祖母の前向きな明るい人柄と息子のみならず息子の妻（嫁）にも寄せる感謝の気持ち，息子夫婦の仲の良さ，孫自身の素直なかつ聡明な歴史認識などがあいまって，この類い稀な祖父母と孫の交流を実らせたのだと思われる。

（2）三世代同居の闇

同居している祖父母世代と父母世代（その多くの場合は，女どうしである嫁と姑である場合が多いのだが）の仲がうまくいかず，ともに暮らす孫たちも暗い気持ちのうちに日を送っている家庭もあると思う。同居期間は今や30年に及び，どちらかの「我慢」では解決できない状況にあるといえる。21世紀ならではの解決法を見いだす時であろう。「同居こそ老後の幸せ」「年老いての別居は寂しい」と考えてきた考え方そのものが，今問

> **ことば**
> 子ども叱るな
> 来た道だもの
> 年寄り笑うな
> 行く道だもの。
> 来た道　行く道　二人旅
> これから通る今日の道
> 通り直しのできぬ道
>
> 　葬式で，赤ちゃんの声が聞こえると，何だかホッとするんですよ。子供は葬式に重要です。
> （永六輔『大往生』岩波新書，1994）

高齢者の生活で大切なもの

	1番目	2番目
日　本	家族・子ども	近所づきあい
韓　国	家族・子ども	財産
アメリカ	家族・子ども	宗教・信仰
イギリス	家族・子ども	友人・仲間
ドイツ	家族・子ども	友人・仲間

（総務庁「高齢者の生活と意識に関する国際比較調査」1996）

第 8 章　老いを愛しむ

> **資料 8－5　ばあちゃんは家の宝**　　　　　　　　　　　（朝日新聞「ひととき」1997.1.5）
>
> 「ばあちゃん，どうかあるか」
> 　ふろをあがってほっと一息ついている時，20歳の孫が私に声をかけた。「いつも思うことだけど，ばあちゃんのふろは熱すぎる。血圧も高いのに，万一のことがあったらどうする。体を大切にして，一日でも長く生きなければ」と孫は言う。
> 　ありがとう。でもね，あまり長生きして，ぼけて家の者に迷惑をかけてもね……。私がそう答えると，孫は怒ったように言った。
> 　「なんてことを言うんだ。父さんが泣くよ。ばあちゃんは，今の幸せは父さんと母さんのおかげと言うけど，その父さんを立派に育てたのはばあちゃんじゃないか。ばあちゃんは家の宝だ。世の中の年寄りはみんな国の宝だ。戦後，食べる物もなかったとき，一生懸命頑張って働いてくれた。今の年寄りのおかげで若者の今日があるんだ。年寄りを粗末にすれば，家も国も滅ぶんだ」
> 　私は返す言葉がなかった。かねてから優しい孫だとはおもっていたが，宝だなどと言われるとは……。ありがとう，英ちゃんよ。あんたが学校を終わって，志望の会社に入るまで生きとくよね。
> 　「早くお休み。夜更かしは体に毒だから」と，孫は小さく手を振って，私の部屋から出て行った。ただ涙が流れるばかりだった。世の高齢者のみなさま，こんな考えを持っている青年の方もたくさんいると私は信じます。残されたひと日ひと日を，大切に，ほがらかに，胸を張って生きていきましょう。
>
> （福岡県宗像市　M子　無職・78歳）

> **資料 8－6　夫婦関係の冷たさ**　　　　　　　　　　　（朝日新聞「介護　にんげん模様」1999.6.19）
>
> 　21歳のHさんの母親は，自分の母を看るようになって4年たつ。だが，そのことによって家族の間がぎくしゃくしていると，Hさんはもらす。「老人って，死んでゆく人だし，生きる意欲もない人が，まだしたいことがある人の人生を下敷きにしていいんだろうかって思うんですよ。祖母が早く死んだ方がいいって」
> 　この言葉を聞いたとき，「意欲的でもなく何も出来なくても，そこに在り続けてくれることがありがたい部分もあるのに，今どきの若い人は生きる意欲のない人間は死に値すると考えるのだろうか。意欲的に努力し続けることを過度に称賛するのが今の時代だから」と，一瞬考えた。しかし，そのうち，一方的に彼女を責めることも出来ないなと思えてきた。
> 　「父方の祖母は叔父と一緒に住んでいるんですけど，父は長男だから引き取りたい気持ちを持っているんですね。だから，母に『お前の母親をみてやってんのに何でわしの母親はみいひんのか』とすぐ言います。母方の祖母をみているのは男として自分の心が広いからだと思っているんです。それに母が祖母の介護で疲れたりして，家のことに手が回らなかったりすると『お前の母親の面倒をみるのに何で俺が迷惑をこうむらなきゃいけないんだ，手を抜くな』と言って母に当たり散らすんです」
> 　「わがままいっぱいのどうしようもない奴で，家族は一生自分の召使でいてくれると思いこんでるんです。それに呆けてからみるようになると尊敬も持てないんですね。同居し始めたとき弟はまだ小学生だったんですけど『何言ってんだ，このババアって』と言ってました」
> 　そんななかで，「母親はこんな父親に文句も言えず，引き取らしてもらっただけでいいという人で，だから，私がひたすら愚痴の聞き役になっている」と言う。
> 　話から，横暴な父，耐える母，倒れた後の途中同居の祖母，愚痴のはけ口としての娘という役回りの中で，母親の幸せを願う孝行娘となるように仕組まれているのがHさんの立場であることがわかってきた。彼女が孫という比較的自由な立場で，母に成り代わって祖母の死を願い，口にするようになっていったのは至極当然の成り行きのように思えてきたのである。
> 　ところで，この家族で，父親が「どうしようもない奴」なのは歴然としている。しかし，自ら戦わないことで，無自覚のうちに娘がそんな思いを持つようにし向けている母親の「どうしようもなさ」は問われなくていいのだろうか。さらに，より以上に，こうした酷薄な関係を生み出している，介護を家族責任とする社会の「どうしようもなさ」がもっとも問われるべき点なのだといえよう。
>
> （安田女子大学教授　春日キスヨ）

われているのである。
　21世紀は，もはや嫁と姑という視点ではなく，「息子が選んだ彼の妻」と「私が選んだ夫の母」という，奇しき縁で関わる，それぞれ独立した人格という視点が主流になると考える。
　資料8-6の事例にみる21歳の孫娘Hさんは，「夫と自分の母」との板ばさみで苦しむ母親の生活をみて，「祖母が早く死んだ方がいい」とまで思ってしまう。
　孫が祖母の死を願うまでに至る，Hさんの家族のあり方について分析してみよう。Hさんの場合は，夫の親を妻（嫁）が面倒をみるのは当たり前だが，妻の親を面倒みるのは夫の配慮，ともいうべき「ジェンダー・バイアス(gender bias)」が暗く，重く横たわっていることに気づくであろう。収入を稼ぎだす夫の労働（ペイド・ワーク）が妻の家事労働（アンペイド・ワーク）に対して優位に立っていることも，現実問題として伝わってくる。
　私たちがその人間関係の背後にあるものを冷静にみつめ，科学的に考えることにより，「どうしようもない闇」を突き抜ける人間関係のあり方が，見えてくるのである。

> **母・娘カプセルにみる共依存**
> 夫との夫婦関係に問題がある場合，たまたま従順な娘に恵まれた人は，その娘を自分の愚痴の聞き役，人生の相談相手に仕立てる。娘が「幼いカウンセラー」として不幸な母親を支えるようになると，ここに母と娘の強固な「母・娘カプセル」が形成される。母と娘の共依存関係である。
> いつまでもカプセルの中に閉じ込められることなく機会があればなるべく早く家を離れる（カプセルを飛び出す）ことを斎藤はすすめている。
> （斎藤学『生きるのが怖い少女たち』光文社，1993）

3．老いの順送り

　昭和20年代生まれの私は，大正生まれの母から「お年寄りを大切にするように」，と口を酸っぱくして言われた。「お年寄りを大事にするのは結局自分のためなんだよ。子どもがちゃんと見ているんだからね」と母の話は続いた。「自分が親にしたように，自分も子どもからされる」というのが，老いの順送りである。
　資料8-7，身の上相談をしている70代のN子さんは，夫婦単位の核家族からはじき出され，孤立していることがわかる。かつて「嫁」が泣かされてきたことが，そのまま「姑」へと転化している。ともに家族による家族の疎外である。老いの順送り，という考え方に立つならば，今日の孤立する姑（親世代）の抱えている空白は，10年・20年後の嫁（子世代）の空白でもあるのだ。ひとりの心を持った人間に対して，毎日の挨拶すら

> **江戸時代の川柳**
> 　姑は
> 　　　嫁の時分の
> 　　　　　意趣返し

資料8-7　主人の遺産を譲り渡した途端，家族が私をのけ者に（読売新聞「人生案内」1990.10.12）

　長男夫婦，孫娘と同居している70代の老女です。私をのけ者にする家族のことで相談します。嫁は今になって，初産の時はろくに面倒をみてくれなかったとか，当時の不満を色々と言います。孫にも私のことを何かと言い含めており，私と口をききません。
　それもこれも夫が亡くなり，数年前に，長男夫婦の「母親を必ず面倒みる」という言葉を信じて兄弟を説得，長男にすべての相続手続きをとってからのことです。気の弱い長男は，「嫁の言う通りにしているのが家族の平和だ」が口ぐせ，そのくせ，親戚には「長男が親をみるのは当然」などと言ってその場逃れをします。
　私は趣味などで気持ちを明るくと心掛けているものの，体重も減り体力も減り気力も衰えています。悲しくて死ぬことを何度も考えました。もう，どうすることも出来ないのでしょうか。

（長野・N子）

第8章 老いを愛しむ

成年後見法
2000年4月施行。判断能力が十分でない成年者（認知性高齢者，知的障害者，精神障害者など）の人権を守るためにつくられた。判断能力を欠く度合の強い順から「後見」「保佐」「補助」に分類され，自己決定の尊重を重視している。
判断能力のある時に任意後見人を選んでおくこともできる。

しないでいられるという「育ち」を，孫世代の自分の子どもがしているということ，日々身につけているという怖さに，思いを至らせる必要があろう。長男だからといって相続財産だけは人一倍手にしながら，母と妻との調整役から逃げているこの息子も不甲斐ない。夫の遺産は，妻自身が生きていくために使われるべきであり，21世紀は，相続財産を「老後の面倒」などと安易に引き換えることなく，相続した妻自身が管理できる能力を持つ時代だといえよう。

グリム童話の中にも，「としよりのお祖父さんと孫」という，老いの順送りをわかりやすく説いている童話がある。4歳の男の子は父母の老いの考え方（人間的ではない）を素直に順送りし，今，祖父に対して父母がとった介護の方法——木鉢で食事をすること——も順送りに受けとめている。「木鉢」に象徴される老いのとらえ方やその方法などは，自然に次の世代に受け継がれていくのである。まさに「情は人の為ならず」である。

としよりのお祖父さんと孫

むかし昔，あるところに石みたようにとしをとったおじいさんがありました。おじいさんは，目はかすんでしまい，耳はつんぼ*になって，膝は，ぶるぶるふるえていました。おじいさんは，食事にすわっても，さじをしっかりもっていられないで，スープを食卓布の上にこぼしますし，いちど口に入れたものも，逆もどりして流れでるようなありさまでした。おじいさんのむすこと，むすこのおかみさんはそれを見ると，胸がわるくなりました。そんなわけで，おおどしよりのお祖父さんは，とうとう，ストーブのうしろのすみっこへすわらされることになりましたし，むすこ夫婦は，おじいさんの食べるものを，素焼きのせとものの皿へ盛りきりにして，おまけに，おなかいっぱいたべさせることもしませんでした。おじいさんはふさぎこんで，おぜんのほうをながめました。おじいさんの目は，うるみました。あるときのこと，おじいさんのぶるぶるふるえている手は，お皿をしっかりもっていることができず，お皿はゆかへ落ちて，こなみじんにこわれました。わかいおかみさんは，こごとを言いましたが，おじいさんはなんにも言わずに，ためいきをつくばかりでした。おかみさんは，銅貨二つ三つで，おじいさんに木の皿を買ってやって，それからは，おじいさんはそのお皿で食べることにきめられました。三人がこんなふうに陣どっているとき，四歳になる孫は，ゆかの上で，しきりに小さな板きれをあつめています。「なにをしているの？」と，おとうさんが，きいてみました。「お木鉢をこしらえてるの」と男の子が返事をしました。「ぼうやが大きくなったら，このお木鉢でおとうちゃんとおかあちゃんに食べさせたげる」。これを聞くと，夫婦は，ちょっとのあいだ顔を見あわせていましたが，とうとう泣きだしました。そして，すぐ，としよりのお祖父さんを食卓へつれてきて，それからは，しょっちゅういっしょにたべさせ，おじいさんがちっとぐらい何かこぼしても，なんとも言いませんでした。

（金田鬼一訳『完訳 グリム童話集 2』岩波文庫）　＊原文のまま

4．認知症を理解する

　老いの抱える問題のひとつは，何といっても「寝たきり」と「認知症」であろう。しかし，高齢者の誰もが寝たきりや認知症になるわけではない。そうでない高齢者の方が多いことは，実感できると思う。寝たきりや認知症の要介護高齢者の発生率をみてみよう。世界保健機構（WHO）が規定している老年である65歳以上でみてみると，65〜69歳 1.5％，70〜74歳 3.5％，75〜79歳 6.5％，80〜84歳11.5％，85歳以上24.0％と，年齢が上昇するにつれて発生率も高まると推計されている（『厚生白書　平成11年版』）。80〜84歳で10人に1人，85歳以上で4人に1人が要介護高齢者ということであり，いいかえれば80〜84歳で10人のうち9人まで，85歳を過ぎても4人に3人までは寝たきりや認知症でないということがわかる。70代前半の高齢者に至っては，むしろ介護する側，支える一群になれる人々がたくさんいるのである。「寝たきり老人のいない国」も，北欧の福祉国家においては実現されつつある。寝たきりをむやみに恐れず，予防策をひとつまたひとつと，具体化していく時であろう。

　認知症症状の特徴，いわゆる「ぼけの法則」を正しく理解したうえで，割り切りながら介護を続けるのがコツだといわれている（資料8−8）。老親扶養は老人扶養でもあり，扶養は個人的問題を超えた社会的問題でもあることを，国民的レベルで認識し合い，扶け合う世紀が21世紀である。

資料8−8　高齢者の認知症を理解する

・認知症の症状
　ひどい物忘れ，家族の顔すら忘れてしまう失認，徘徊，夜間不眠，金銭・物に対するひどい執着，物取られ妄想，簡単な日常生活すらできなくなる失行，失禁など

・認知症症状の特徴（「ぼけの法則」）
①身近な介護者に一番ひどい症状を示す→症状の出現強度に関する法則
②自分にとって不利なことは認めないで平気でうそを言う
　→自己有利の法則（介護者の本当の苦労がわかってもらえない）
③過去に向かって記憶を失っていき，最後に残った記憶がそのお年寄りの現在の世界になる→記憶の逆行性喪失の法則（子どもに還る）
④しっかりした部分と認知症症状が混在する→まだらぼけの法則
　（認知症かどうかわかりにくく，まわりは混乱する）
⑤ひとつのことにこだわり続ける→こだわりの法則
　（説得や禁止は介護の混乱を強めるだけ）

・悩んでいないで，仲間に相談してみましょう。意外と道が拓けるものです。扶養は個人的問題を超えた社会的問題でもあるのですから。問い合わせ先も増えてきています。
＊問い合わせ先の例
　社団法人認知症の人と家族の会　　　　Tel．(075) 811-8195
　川崎幸病院医療相談室　　　　　　　　Tel．(044) 544-4611
　介護支え合い相談（国際長寿センター）Tel．0120-070-608
　　　　　　　　　　　　　　　　　　　Fax．0120-502-588

（国民生活センター『くらしの豆知識1999』をもとに作成）

「痴呆」から「認知症」へ

　痴呆という言葉には侮蔑的意味合いが強く，早期診断や治療を妨げる一因となっているという指摘が従来からあった。このため，痴呆に替わる呼称を検討していた厚生労働省の検討会は，2004年12月，新呼称を「認知症」とする報告書をまとめた。現在では「認知症」という呼称が広く使われている。ただし，医学上の用語については，引き続き「痴呆」が使用されている。

ADL（activity of daily living）とは

　人間が毎日の生活を送る基本動作群のこと。
　基本的には，
①身のまわりの動作
　（食事，更衣，整容，トイレ，入浴の各動作）
②移動動作
　ADLの自立はリハビリテーション医学の治療目標のひとつである。
（『社会福祉用語辞典』）

QOL（quality of life）とは

　人生の満足度に焦点をあてた「生活の質」もしくは「人生の質」「生命の質」をさす。

QOLの構造
- 客観的QOL
  - ①生物レベルのQOL「生物の質」
  - ②個人レベルのQOL「生活の質」
  - ③社会レベルのQOL「人生の質」
- 主観的QOL
  - 実存レベルのQOL「体験としての人生の質」

（上田敏『リハビリテーション医学の世界』三輪書店）

認知症高齢者グループホーム

　介護保険の在宅サービスのひとつで「認知症対応型共同生活介護」のことをいう。家庭に近い小規模の住環境の中で，数人から十数人の単位で，認知症高齢者がスタッフの支援を受けながら共同生活をする施設。QOLの向上や認知症状の改善・緩和に有効とされる。

5. 女は3度老いを生きる

介護は個人的問題を超えた社会的問題であることは正論であるが、「それはタテマエ」「介護を代わって」という悲痛な女たちの叫びが、広く深く充満していることもまた現実である。「女は3度老いを生きる」「看取って看取られない女」ということばがある。これらのことばが生まれた根拠について考えてみよう。

寝たきり高齢者の介護者の実態を示したのが、図8-1、8-2である。これらの図から、同居介護が86％と大半を占め、そのほとんどが女性によって担われていることがわかる。具体的な介護者は、子の配偶者である嫁、配偶者である妻、そして子である娘が中心となっている。女が生きる3度の老いとは、親世代の老い、夫の老い、そして自分自身の老いの3つをさす。妻である自分が老いて看取ってもらいたい時には、夫は既に死亡している場合が多い（夫の方が年長である場合が多く、かつ男性の平均寿命は女性より短い）。

男女共同参画社会をめざす今日、図8-2における介護者の性別比のアンバランスは、改善されつつあるが、高齢者介護における今後のさらなる改革の必要性を告げている。

図8-3の「家族を介護・看護するために離職した人の数」からは、男性の9倍（2002年は5倍）にものぼる女性が、家族を介護・看護するために職場を離れていることがわかる。子どもを保育園に送り迎えし、何とか育児と職場との両立を乗り切り、いよいよ自分自身の老いを展望した生活設計を、と考え始める40代、50代の女性に、親世

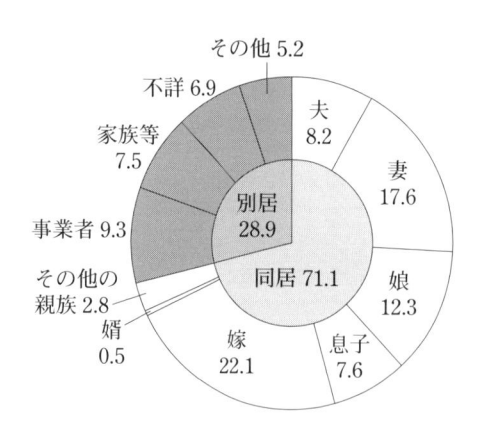

資料）厚生労働省「平成13年国民生活基礎調査」

図8-1　要介護高齢者の介護者——続柄別（%）

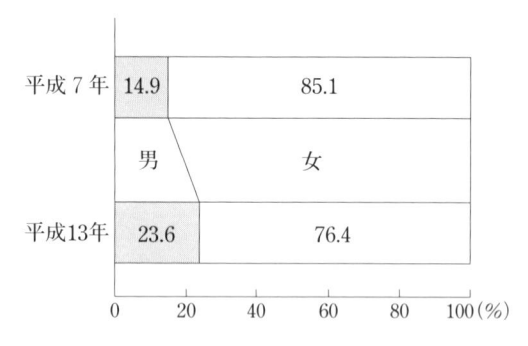

資料）厚生省「平成7年国民生活基礎調査」
　　　厚生労働省「平成13年国民生活基礎調査」

図8-2　要介護高齢者の同居介護者——性別

家庭介護者の悩みベスト5
複数回答（%）
①ストレスや精神的負担が大きかった……………52.7
②十分な睡眠がとれなかった……………45.7
③家を留守にできなかった……………41.8
④自分の時間が持てなかった……………40.3
⑤食事や排泄、入浴などの世話の負担が大きかった……………37.3

（注）65歳以上の死亡者の主な介護者
（総務庁『高齢者白書 平成9年版』）

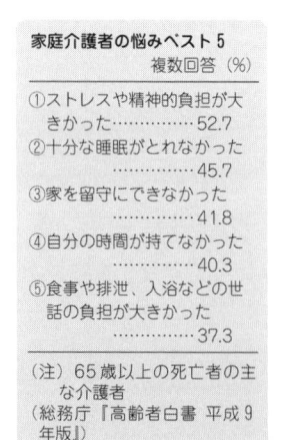

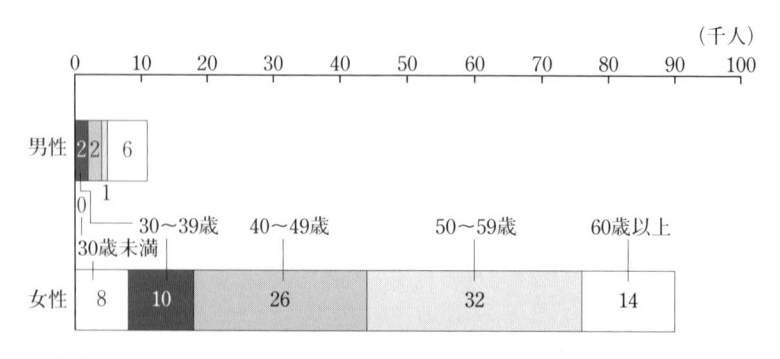

資料）総務庁「就業構造基本調査」1997

図8-3　家族を介護・看護するために離職した人の数

代の介護がふりかかってくるのである。介護休業制度は1人当たり最長3ヵ月であり，一時的な助けにとどまっている。老いて介護や看護を必要とする親のために，やむなく職場を去っていった人の，迷いや無念や残念さ，そしてやさしさも伝わってくる。

しかし，その「家族思いのやさしさ」に甘える解決法で果たしてよいのか，介護する人自身の人生をどう考えるのか——個人的レベルを超えた解決法が，あきらめることなく，息長く探られるべきであると考える。在宅介護がはらむ，重い問題を資料8-9の事例は告げている。

大変な親の介護で夫婦仲良くなるケースもある（資料8-10）。ともに親を看取った人から「私たち夫婦は戦友です」ということばも聞く。介護の危機を，夫婦の絆を育てるチャンスに変える力を持っている人たちである。増加する一人暮らしや夫婦のみの高齢者へのサポートも，これからの重要な政策課題である。女も男も行政も——21世紀の介護の主流となる考え方であろう。

全世帯に占める高齢夫婦世帯・高齢単身世帯 (％)

	高齢夫婦世帯	高齢単身世帯
1980	2.9	2.5
1985	3.7	3.1
1990	4.8	4.0
1995	6.3	5.0
2000	7.8	6.5

（注）高齢夫婦世帯とは夫65歳以上妻60歳以上の夫婦一組の一般世帯をいう。高齢単身世帯は65歳以上の者一人のみの一般世帯をいう。

資料）総務省統計局「国勢調査報告」

資料8-9　「在宅」がすべてじゃない　　（朝日新聞「介護 にんげん模様」1999.11.27）

「親が倒れたとき，在宅で世話してやりたいと思いますか」「では自分が倒れたとき，子どもに世話してもらえると思っていますか」——「高齢者介護と家族」というテーマで話すときには，この2つの質問をすることにしている。

親の介護を担う中・壮年世代の場合，「親の世話はしてやりたい」が，「子どもにこの苦労はさせられない」という人が圧倒的に多い。団塊世代ぐらいまでは，親が戦中から戦後の，貧しく厳しい時代に苦労して自分たちを育ててくれたという思いが強い分，また老親たちの方も，「親孝行」してくれて当然という意識を残している分，「世話してやりたい」という人が多いのだといえよう。

だから，現実の介護が過酷で身体を痛め，家族がバラバラになったとしても担い続けていたり，「共倒れ」寸前でやめるとそのことに罪悪感を持ち，自分を責め続けてしまったり，という人は多い。

夫の母親が重度の痴呆症＊になり，10年余りの介護で，髪は総白髪，歯は総入れ歯，首の骨も変形し，ついに在宅でみることをあきらめたというHさん（55）もそういうひとりだった。

「義母を施設に預けると決まったとき，何か，嫁の義務を放棄したような気になって娘に言ったんです。『もし，あなたたちに子どもができて，うちのお母さんは最終的にばあちゃんを施設に入れたんよって話すようなことになったら，お母さんは悲しい』って。そしたら，娘が言ってくれたんです。『お母さんが身体までボロボロにしてきたことは私が一番よく知ってる。だからだれも何も言わんし，言わさん』って」。

「だけど，預けたら預けたで気になります。あんまり度々会いにいっても『そんなに気になるんなら，家においときゃいい』って思われはしないか，行かなければ行かないで『預けっ放しで，ひとつものぞかん』と思われはせんかと。おばあちゃん預けて『ああ，せいせいした』っていう感じにはなれんなあと思って」

ちまたには「介護体験記」があふれている。しかし，そのほとんどが在宅で担う人の「美しい話」である。中途で在宅介護を断念したり，施設に入れたりしている人の体験記は実に少ない。

Hさんのようにがんばった末に施設に入れざるを得なかった人でも自責の念を持つ人が多いし，病院や施設関係者，世間にも「冷たい家族」という見方をする人がまだまだ多いからである。しかし，「在宅」で家族による虐待を受けている人もいるし，ホームでいい関係を生きている人も多い。

中・壮年世代は「子どもには看てもらえない」と思い定めている世代である。だとしたら，これから時代に必要なのは在宅介護の「美しい話」だけではないはずである。

＊2004年より認知症。

（安田女子大学教授　春日キスヨ）

> **資料8-10 夫婦は戦友**
> 姑が先に亡くなり，おむつを必要とする状態の舅を何年か介護してきた友人の例です。友人は環境問題の活動をしていることもあって，ずっと布のおむつを使っていたそうです。夜が明けると大型自動洗濯機を同時に2台回し始めます。回すのは妻の役目ですが，洗ったおむつを物干しざおにきちんと干すのは，朝6時に出勤する夫の仕事だったそうです。毎日の入浴なども夫の手助けがなければできません。それから7年，舅を見送るまで介護は夫婦の完全な協力体制で行われました。彼女は胸をはっていいます。「私たち夫婦はあれで仲良くなったと思う。戦友のような気分です」と。
> （樋口恵子「女と男のシニアライフ」『心とからだの健康設計』明治生命厚生事業団，1999）

6．高齢社会に生きる

わが国の平均寿命
（1921～2050年）

年次	平均寿命 男	平均寿命 女
1921～25	42.06	43.20
1926～30	44.82	46.54
1935～36	46.92	49.63
1947	50.06	53.96
1950～52	59.57	62.97
1955	63.60	67.75
1960	65.32	70.19
1965	67.74	72.92
1970	69.31	74.66
1975	71.73	76.89
1980	73.35	78.76
1985	74.78	80.48
1990	75.92	81.90
1995	76.38	82.85
2000	77.72	84.60
2025	78.80	85.83
2050	79.43	86.47

（厚生省国立社会保障・人口問題研究所編「人口の動向 日本と世界―人口統計資料集 1997」）2000年は著者が訂正

高齢者の就業状況（％）

	日本	アメリカ
65～69歳	44.8	29.4
70～74歳	38.3	18.7
75～79歳	20.6	7.7
80歳以上	13.7	2.2

（総務庁「高齢者の生活と意識に関する国際比較調査」1996）

統計的には，65歳以上を老年としている。65～74歳を前期老年期，75歳以上を後期老年期と呼んだりする。65歳以上の老年人口が総人口に占める割合（老年人口割合）が7％に達した状態を高齢化社会という。日本では1970年からである。2倍の14％に達した状態を高齢社会ということが多く，日本は1995年に14.5％に達しているので，現在は高齢社会ということになる。

（1）将来人口の動き

表8-2，8-3の将来推計からもわかるように，現在大学生である人たちが60代になる2040年以降には，老年人口比率が30％を超え，超高齢社会になる。私たちが生きる21世紀は高齢社会，超高齢社会なのである。

図8-4は人口ピラミッドである。1930年代は富士山型，1995年にはつりがね型，2050年にはつぼ型へと変化していくことがわかる。私たちはこの現実を直視しながら，賢い生活経営をしていくことになる。

（2）老年人口も働いている ── 統計数字のトリック──

現在は4人で1人の高齢者を支えているが，21世紀には2人で1人を支えることになり大変な時代となる──という報道を目にしたことがあるであろう。この根拠は，15歳から64歳までの生産年齢人口を65歳以上の老年人口で割った推計値である。しかし，15歳以上とはいえ，高校生・大学生の多くはアルバイト程度の収入はあるが，ほとんど無職であるのに対し，65歳以上の高齢者で就労している人はかなりの数に上る。今後，女性の就業率はもちろん，働く元気な高齢者も増加することが予測される。2人で1人を支える時代というのは統計上の数字であり，実態とはかけ離れている。大変な時代と大騒ぎするには及ばないのである。国民の英知を集めるべきことは，高齢社会の現実を的確に踏まえたうえでの，地道なシステムづくりであろう。高齢者もまわりの人も「長生きしてよかった」と言いあえるために。

2000年4月介護保険がスタートし，5年後に見直しがなされた。低所得者層への配慮や介護認定と実態とのズレ，事業者の介護サービスの質などの問題点もあるが，高齢者の真の支えとなる制度へと育て上げていかね

ばならない。それでこそ40歳から死ぬまで払い続ける介護保険料も生かされるのである。権利は自ら守り育てるものなのである（図8－5）。

表8－2　年齢（3区分）別人口の推移と将来推計

年次	人口（1,000人）				65歳以上人口割合（％）
	総数	0～14歳（年少人口）	15～64歳（生産年齢人口）	65歳以上（老年人口）	
1920	55,963	20,416	32,605	2,941	5.26
1930	64,450	23,479	37,807	3,064	4.75
1940	71,933	26,383	42,096	3,454	4.80
1947	78,101	27,573	46,783	3,745	4.79
1950	83,200	29,428	49,658	4,109	4.94
1955	89,276	29,798	54,729	4,747	5.32
1960	93,419	28,067	60,002	5,350	5.73
1965	98,275	25,166	66,928	6,181	6.29
1970	103,720	24,823	71,566	7,331	7.07
1975	111,940	27,221	75,807	8,865	7.92
1980	117,060	27,507	78,835	10,647	9.10
1985	121,049	26,033	82,506	12,468	10.30
1990	123,611	22,486	85,904	14,695	12.05
1995	125,570	20,014	87,165	18,261	14.54
2000	126,926	18,505	86,380	22,041	17.4
2005	127,768	17,585	84,422	25,761	20.2
2010	127,176	16,479	81,285	29,412	23.1
2015	125,430	14,841	76,807	33,781	26.9
2020	122,735	13,201	73,635	35,899	29.2
2025	119,270	11,956	70,960	36,354	30.5
2030	115,224	11,150	67,404	36,670	31.8
2035	110,679	10,512	62,919	37,249	33.7
2040	105,695	9,833	57,335	38,527	36.5
2045	100,443	9,036	53,000	38,407	38.2
2050	95,152	8,214	49,297	37,641	39.6
2055	89,930	7,516	45,951	36,463	40.5

（注）1947～70年は、沖縄を含まない。
資料）総務庁統計局「国勢調査」および国立社会保障・人口問題研究所推計（2006年12月）

図8－4　人口ピラミッドの比較

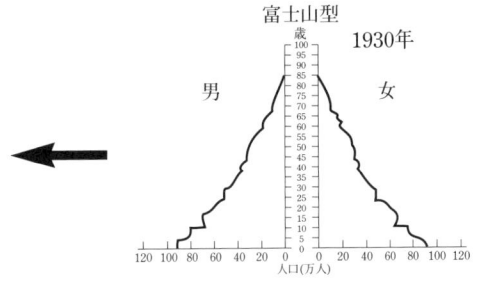

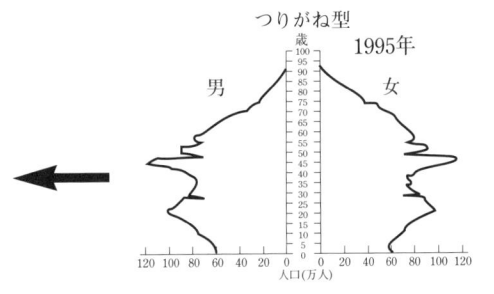

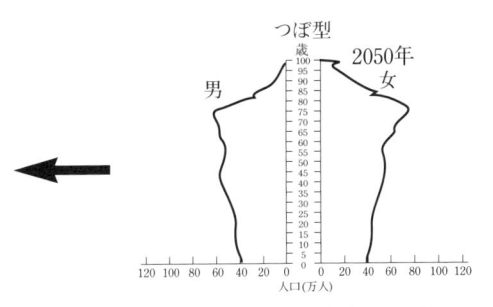

富士山型　1930年

つりがね型　1995年

つぼ型　2050年

資料）『図説高齢者白書　1998』

表8－3　新人口推計（2055年）

	2005年	2055年
合計特殊出生率	1.26 --->	このまま続くとした場合
総人口	1億2,777万人 →	8,993万人
高齢化（老年人口）率	20.2％ →	40.5％
年少人口率	13.8％ →	8.4％

資料）国立社会保障・人口問題研究所推計（2006年12月）

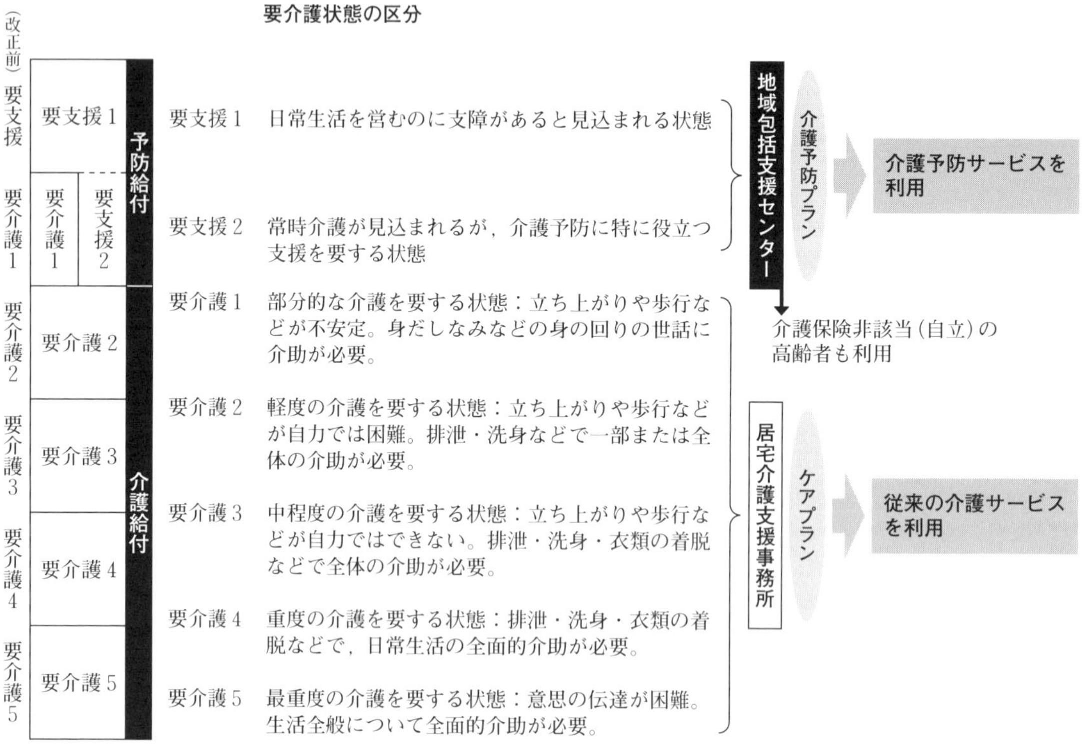

第8章 老いを愛しむ

要介護状態の区分

(改正前)				
要支援	要支援1		要支援1	日常生活を営むのに支障があると見込まれる状態
要介護1	要介護1	要支援2	予防給付	要支援2	常時介護が見込まれるが，介護予防に特に役立つ支援を要する状態
要介護2	要介護2		介護給付	要介護1	部分的な介護を要する状態：立ち上がりや歩行などが不安定。身だしなみなどの身の回りの世話に介助が必要。
要介護3	要介護3			要介護2	軽度の介護を要する状態：立ち上がりや歩行などが自力では困難。排泄・洗身などで一部または全体の介助が必要。
要介護4	要介護4			要介護3	中程度の介護を要する状態：立ち上がりや歩行などが自力ではできない。排泄・洗身・衣類の着脱などで全体の介助が必要。
要介護5	要介護5			要介護4	重度の介護を要する状態：排泄・洗身・衣類の着脱などで，日常生活の全面的介助が必要。
				要介護5	最重度の介護を要する状態：意思の伝達が困難。生活全般について全面的介助が必要。

地域包括支援センター → 介護予防プラン → 介護予防サービスを利用

介護保険非該当（自立）の高齢者も利用

居宅介護支援事務所 → ケアプラン → 従来の介護サービスを利用

予防給付	（サービス）	介護給付
・介護予防訪問介護（ホームヘルプサービス）	居宅	・訪問介護（ホームヘルプサービス）
・介護予防訪問入浴介護		・訪問入浴介護
・介護予防訪問看護		・訪問看護
・介護予防訪問リハビリテーション		・訪問リハビリテーション
・介護予防居宅療養管理指導		・居宅療養管理指導
・介護予防通所介護		・通所介護（デイサービス）
・介護予防通所リハビリテーション		・通所リハビリテーション
・介護予防短期入所生活介護（ショートステイ）		・短期入所生活介護（ショートステイ）
・介護予防短期入所療養介護		・短期入所療養介護
・介護予防特定施設入居者生活介護		・特定施設入居者生活介護
・介護予防福祉用具貸与		・福祉用具貸与
・特定介護予防福祉用具販売		・特定福祉用具販売
・介護予防認知症対応型通所介護	地域密着型	・夜間対応型訪問介護
・介護予防小規模多機能型居宅介護		・認知症対応型通所介護
・介護予防認知症対応型共同生活介護（グループホーム）		・小規模多機能型居宅介護
		・認知症対応型共同生活介護（グループホーム）
		・地域密着型特定施設入居者生活介護
		・地域密着型介護老人福祉施設入居者生活介護
・介護予防支援	マネジメント	・居宅介護支援
	施設サービス	・介護老人福祉施設
		・介護老人保健施設
		・介護療養型医療施設

※予防給付，介護給付とともに住宅改修のサービスがある。

図8-5　改定介護保険のしくみ（2006年4月，神奈川県の場合）

7. 老いを愛しむ ──ウェル・エイジング社会の中で──

　ウェル・エイジング（well aging）とは満足できる年のとり方・健康で幸福な老い・素敵に年齢を重ねる，といった意味で，老いをプラス発想でとらえた表現である。高齢社会にふさわしいことばであるといえよう。ウェル・エイジングを体現している高齢者が多くなってきた。おしゃれで，経済力もあり，家族・友人とともに，趣味も旅もという素敵な老いのモデルが，あちこちにみられる。

　ウェル・エイジング社会では，高齢者を「社会的弱者」として扱わない。「豊かな経験を生かして社会福祉，コミュニティづくり，文化の伝承，国際交流に努めよう（「高齢者憲章」高齢者年 NGO 連絡協議会）」とする，「自立した社会の構成員」として位置付けるのである。

　平均寿命（0歳児の平均余命）は，2005年現在，男78.53年，女85.49年で，ともに世界の長寿国となった。生活が豊かになり，長く平和であった賜物である。夫婦が長年連れ添い，金婚式を迎えることも夢ではなくなった。時の評価に耐えた「老夫婦」ならではの味を伝える短歌をひとつ。93歳で没するまで妻を讃え続けた堀内薫の真実である。夫婦の絆は育み合うもの，若者の愛や性の遠く及ばない，生命の尊厳を汲み取っていただきたい。

　　　妻を抱けば乳房は涸れて静かなれど地熱の如き温かさあり
　　　　　　　　　　　　　　　　　堀内　薫（『堀内薫歌集』）

　98歳の長寿をまっとうした作家の宇野千代は，「死ぬまでに一つぐらいはいい小説を書きたい，そう思わない日はないけれど…。一生現役で働くのがわたしの理想です」と書き，何十本もの削った鉛筆と原稿用紙を用意していた。「自分が自分を厳しく受けとめてね，みんながもっと毅然とした生き方をしてほしい」，91歳の宇野千代から後に続く女性たちへのメッセージである。「いま（91歳時）のわたしは，ほんとうに満ちたりて，何の心配ごともなく，これほど幸福だったことはないくらいの生活です。有難いなぁ，と思うのよ」といえる生活は，彼女自身が長い間をかけて育ててきたものに他ならない。宇野さんには子どもがないことも考えあわせ，その人間の中味の見事さに思いが至る（宇野千代『振袖桜』マガジンハウス，1989）。老いは突然やってくるものではなく，今までの生き方，永年の積み重ねの結果なのであろう。

　老いには，若さと力とスピードを重視する若者の価値観とは別種の，老いならではの輝きが宿っている。老いを認め，愛しみ，楽しむ──21世紀は，そんな社会でありたい。

> **制度とは**
> 　制度とは，それに人を合わせるのではなく，介護を受ける人がそれまでの人生を大切にし，継続して生きるにはどんな方法があるかを自分で選択し，決定し，利用するものです。
> （西村美智代『グループホームは老いをつつむ心の縁側』近代出版，2000）

> **孤独感**
> 　老人の孤独感は，社会から疎外されることによって経験するものであり，その孤独感を緩和するためには，社会の中に組み込まれねばならない。
> （橘　覚勝『老年学』誠信書房，1971）
>
> 　孤独は，この世における自分のあり方の自覚であり，寂しさはその自覚にともなう感情であるが，どちらも年齢にはかかわりのない，全人間的な問題である。
> （新福尚武『さわやかに老いる知恵』婦人之友社，1986）

＜参考文献＞
　本間博文・松村祥子編『高齢社会の生活設計』放送大学教育振興会，1996
　増本敏子他『女性のための老後の幸せ・安心ガイド＜あなたを守る年金・法律の知識＞』生活思想社，1997
　高橋朋子・臼井和恵『老いを愛しむ─わたしのエイジングノート─』酒井書店，2000
　工藤由貴子『老年学─高齢社会への新しい扉をひらく─』角川書店，2006

第9章

支え合って生きる
―― リスクマネジメントと生活保障 ――

1. 私たちの生活とリスクマネジメント

（1）不測の事態の実例

わが国は，世界一の長寿国となり「人生80年」といわれるようになった。誰もが充実した人生をまっとうしたいと願っている。しかし，思いがけない障害や危機（リスク）などが待ち受けていることがある。不測の事態にあった人々の例をニュースから拾ってみよう（資料9－1）。

私たちは，リスクと隣り合わせに生活しているといえよう。

資料9－1　不測の事態にあった人の例

・「北九州市の市営住宅で，一人暮らし56歳の男性のミイラ化した遺体が見つかった」
（朝日新聞　2006.9.18）

　タクシーの運転手をしていたが，1年前に失業。足が少し不自由だった。料金未納で水道や電気が止められ，社会福祉事務所の職員が初めて訪れた。男性は生活保護の受給を相談したが，「まず親族の援助を受けて下さい」と言われ，申請書はもらえなかったという。男性が最後に福祉事務所に姿を見せたのは遺体で発見される半年前だった。

・「リストラの影」
（朝日新聞　2006.12.21）

　大学を卒業時には，希望の職には就けなかった。非常勤社員は時給900円でボーナスはなし。月13万円程度の嘱託は1年更新。待遇に不満をもらした同僚は「代わりはいくらでもいる」と上司に言われた。つきあっている男性がリストラにあった。結婚を考えており，「私が働いて支えないと」と思ったが正規の職はなく，約1年後，彼が再就職できた時には，自分が心労で仕事もできなくなっていた。いまは実家で療養中だ。

・「退院後，自力のリハビリで苦闘」
（朝日新聞　2006.12.21）

　脳出血になった67歳の母は6ヵ月の入院後，自宅に戻り，通院で歩行訓練や言語療法のリハビリを続けてきた。しかし「これ以上のリハビリは介護保険でみてもらえるところに行ってください」と言われた。近くには，言語療法をしてくれる施設がない。今は自宅で孫を相手にリハビリのまねごとのようなことをしている。少しでも話せるようになりたいと努力している母を見ていると，悲しくなる。

・東京都内の百貨店の屋上から39歳の男性が飛び降り自殺し，道路を歩いていた会社員が巻き添えになって大ケガをした事件があった。警視庁は自殺者を書類送検した。

　1998年以降，自殺者は年間3万人を超えている。40〜60歳代の男性に多く，健康・経済・生活問題が原因という。そのため，2006年「自殺対策基本法」が施行された。

(2) 私たちの生活と社会保障制度

　日常生活の中で悩みや不安を感じている人は66.4％に達しているという。今後の生活が良くなっていくと考える人は過去最低（8.4％）で，毎日の生活を楽しもうという人は減り，貯蓄して将来に備える人がやや増しているという（総理府「国民生活に関する世論調査」2006年）。

　社会不安が広がる中で私たちは，日本国憲法第25条「すべて国民は健康で文化的な最低限度の生活を営む権利を有する。国はすべての生活部面について，社会福祉，社会保障，及び公衆衛生の向上及び増進に努めなければならない」とする国民の生存権と国の保障義務の権利をどのように求めていったらよいだろうか。

　現在の社会保障制度の全体像を示したのが（図9－1）である。「ゆりかごから墓場まで」の私たちの一生と社会保障制度が，さまざまにかかわっていることがわかる。社会保障制度は，いわば社会全体の助け合いの制度であり，具体的には，「保健・医療」，「社会福祉」，「所得保障」，「労災・雇用」，「公衆衛生」の5分野にわたっている。

2．女性の生活を支える

(1) 雇用保険

　雇用保険は，労働者が仕事を継続しにくくなったり失業した場合に，労働者の生活と雇用の安定を図り，再就職を促進することを目的としたもので，1975年から施行されている。失業等給付・雇用安定事業・能力開発事業・雇用福祉事業が行われている。

・失業等給付

　　正社員労働者は，6ヵ月以上勤務していた場合に離職後，公共職業安定所に出頭し，求職の申込みをして失業の認定を受けると，基本手当（日額1,656～7,780円）がもらえる。期間は年齢・勤務年数・失業理由などで異なる。パートタイム労働者は1年以上の勤務が必要条件。

(2) 生活保護

　生活保護は，戦前の救護法（1929）が前身で，第2次世界大戦後の生活困窮者の最低限度の生活を保障するとともに，その自立を支援することを目的として1950年に制定された生活保護法に基づく制度である。世帯単位の所得保障で，費用は全額公費で負担されている。

　生活保護の保護の種類は，生活扶助・住宅扶助・教育扶助・介護扶助・医療扶助・出産扶助・生業扶助・葬祭扶助の8種類がある。各扶助は基準額が年齢・世帯人員数・生活地域別に設定されていて必要に応じて加算されたものが最低生活費となる。

　生活扶助の基準月額（表9－1）は，東京都内（1級地－1）に住む標準3人世帯（33歳男，29歳女，4歳子）の場合には，16万2,170円が給付されている。

　被保護世帯の動向は，1992年に戦後最低となったが，その後急増し，

第9章　支え合って生きる

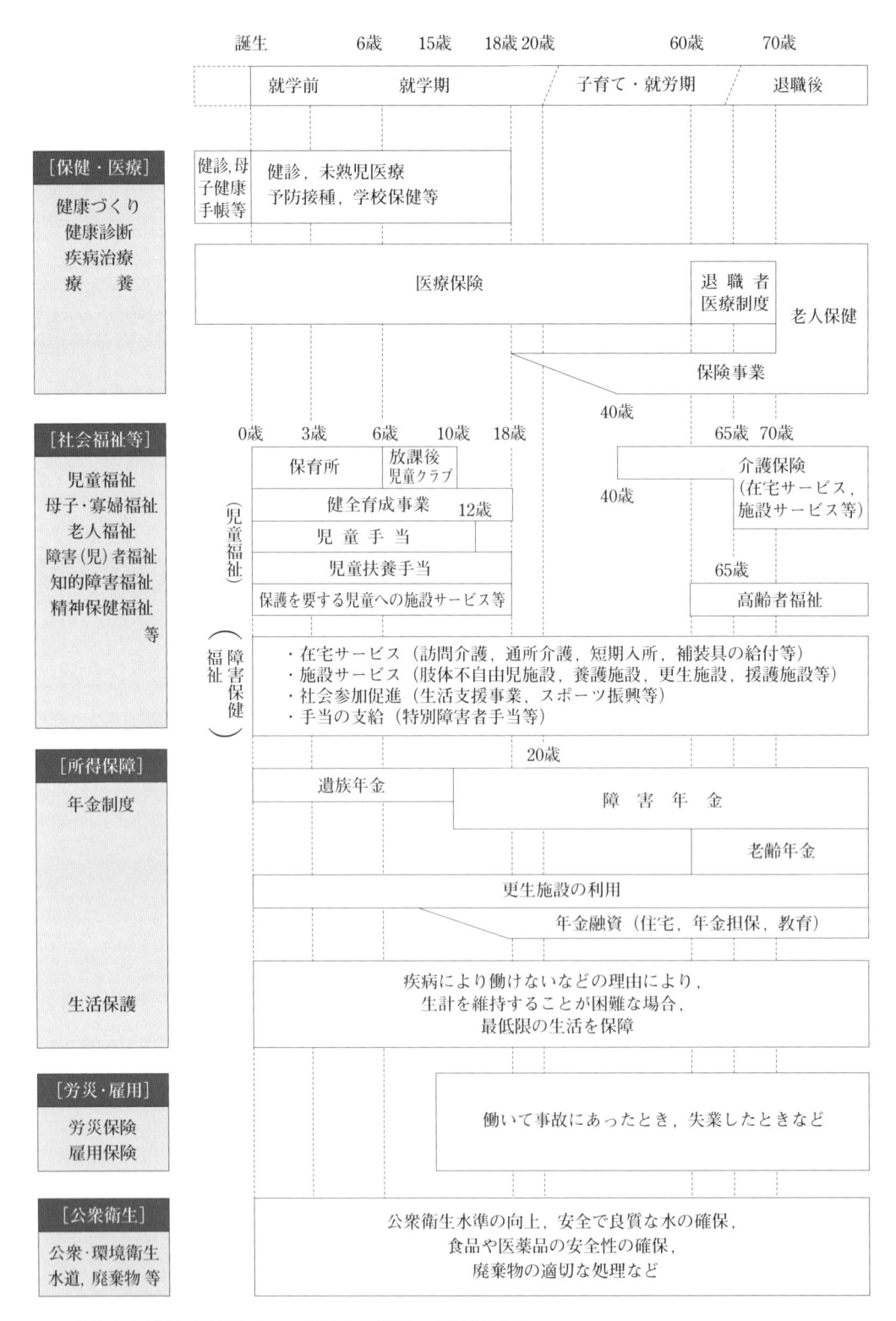

| | 誕生 | 6歳 | 15歳 | 18歳 20歳 | 60歳 | 70歳 |

就学前　　就学期　　　　　　子育て・就労期　　退職後

[保健・医療]
健康づくり
健康診断
疾病治療
療　養

健診,母子健康手帳等｜健診、未熟児医療　予防接種、学校保健等

医療保険　｜退職者医療制度｜老人保健

保険事業　　40歳

[社会福祉等]
児童福祉
母子・寡婦福祉
老人福祉
障害(児)者福祉
知的障害福祉
精神保健福祉
等

0歳　3歳　6歳　10歳　18歳　　　　40歳　　65歳　70歳

（児童福祉）
保育所
放課後児童クラブ
健全育成事業　12歳
児童手当
児童扶養手当
保護を要する児童への施設サービス等

介護保険（在宅サービス，施設サービス等）

65歳
高齢者福祉

（障害保健福祉）
・在宅サービス（訪問介護，通所介護，短期入所，補装具の給付等）
・施設サービス（肢体不自由児施設，養護施設，更生施設，援護施設等）
・社会参加促進（生活支援事業，スポーツ振興等）
・手当の支給（特別障害者手当等）

[所得保障]
年金制度

20歳
遺族年金　　　　　障　害　年　金
老齢年金
更生施設の利用
年金融資（住宅，年金担保，教育）

生活保護

疾病により働けないなどの理由により，
生計を維持することが困難な場合，
最低限の生活を保障

[労災・雇用]
労災保険
雇用保険

働いて事故にあったとき，失業したときなど

[公衆衛生]
公衆・環境衛生
水道，廃棄物　等

公衆衛生水準の向上，安全で良質な水の確保，
食品や医薬品の安全性の確保，
廃棄物の適切な処理など

（注）老人保健と老人福祉は，2000年より介護保険へ再編成された。

図9－1　国民の生活を支える社会保障制度

表9-1　世帯類型別生活扶助基準（2006年度）

(円)

	標準3人世帯 33歳男・29歳女・ 4歳子	高齢単身世帯 68歳女	高齢夫婦世帯 68歳男・65歳女	母子3人世帯 30歳女・9歳子・ 4歳子
1級地-1	162,170	80,820	121,940	155,970
1級地-2	154,870	77,190	116,460	148,950
2級地-1	147,580	73,540	110,960	141,930
2級地-2	140,270	69,910	105,480	134,910
3級地-1	132,980	66,260	99,990	127,900
3級地-2	125,680	62,640	94,500	120,870

(注) 冬季加算（Ⅵ区×5/12）を含む。

2005年では104万世帯が受けている。世帯類型別にみると，高齢者世帯（43.4％），傷病・障害者世帯（37.4％），母子世帯（8.7％），他（1.1％）となっていて高齢者世帯の割合が増えている。

生活保護は，預貯金や資産などあらゆるものを生活費に充てても最低限度の生活ができない者への給付であり，本人の申請があってはじめて支給される。自立支援を目的として最大5年の有期保護制度が検討されている。

（3）母子および寡婦福祉

母子および寡婦福祉は，「母子家庭及び寡婦に対し，その生活の安定と向上のために必要な措置を講じること」を目的として，1964年に制定された母子及び寡婦福祉法に基づく制度であり，その対策の概要を示したのが表9-2である。

母子世帯数は122万世帯（2003年）あり，母子家庭になった理由は，1対6の割合で死別より離婚が多い。年間収入は1世帯当たり212万円（2003年）で経済的な困難を抱えている。そのため，生活保護を受けている母子世帯は多い。

経済的自立を図る強化対策として，母子福祉資金の貸付けの利用が推奨されている。

> **寡婦年金**
> 第1号被保険者として25年以上あった夫が年金を受けないで死亡した場合，10年以上婚姻関係にある妻に対し30歳から65歳に達するまでの期間に支給される。年金額は老齢基礎年金の4分の3の額。

（4）婦人保護事業

婦人保護事業は，売春防止法に基づく「性行又は環境に照して売春を行うおそれのある女子に対する保護更正」を目的とする事業で，相談や保護，社会復帰への生活訓練・職業指導などを行っている。

> **＊父子家庭対策**：父子家庭は，9万世帯ある（2004年）。現在の生活で困っていることは，「子供の教育・進学」「しつけのこと」「食事・栄養」と回答している（日本子ども家庭総合研究所編『日本子ども資料年鑑』2006，KTC中央出版）。
> 　父子家庭を支援するために，相談や子供の保育所への優先入所措置，父親や同居の祖父母が病気の場合の介護人（ヘルパー）派遣，所得控除として寡夫控除が設けられている。

表9-2　母子および寡婦福祉対策の概要

経済的支援	・手当，年金の給付 　｛死別－遺族年金，遺族基礎年金 　　生別－児童扶養手当 ・資金の貸付 　（母子福祉資金，寡婦福祉資金）
就業支援	・母子家庭および寡婦自立促進対象事業 ・売店等の設置の許可 ・たばこ小売人の優先指定
住　宅	・公営住宅への配慮
生活支援	・母子生活支援施設 ・母子福祉センター ・母子休養ホーム ・母子相談員 ・介護人派遣（ホームヘルプサービス）事業
税　制	・寡婦控除 　（所得税27万円，住民税26万円） ・特別加算 　（所得税8万円，住民税4万円） ・非課税限度額（住民税125万円）

出典）『2006　社会保障入門』

表9-3　児童扶養手当制度の概要

目　的	離婚等により父がいない母子家庭等の生活の安定と自立の促進に寄与することにより，児童の福祉の増進を図ること
受給者	父母の離婚等により父と生計を同じくしない児童（18歳に達する日以後の最初の3月31日までの間にある者または20歳未満で一定の障害の状態にある者）を監護養育している母等
手当額（月額）	児童1人の場合　　　　41,720円 児童2人の場合　　　　46,720円 3人以上児童1人の加算額　3,000円 （1999年4月～）
所得制限 （1998年8月～）	受給者の前年の年収130万円未満（2人世帯） 　（130万円以上365万円未満の場合には，31,870円まで支給停止） なお，孤児等を養育する養育者については，前年の年収610万円未満（6人世帯）
支給方法	受給申請者の申請に基づき，都道府県知事が認定し，金融機関を通じて年3回（4月，8月，12月）支払う（ただし，1985年7月以前の認定を受けた受給資格者については，国が郵便局を通じて支払う）
支給状況 （2005年度末）	受給者数　　　　935,966人 支給理由別内訳 　｛離　　婚　　825,747人 　　死　　別　　　9,321人 　　未婚の母子　 70,495人 　　父　障　害　　2,713人 　　遺　　棄　　　5,378人 　　そ　の　他　 22,312人

3．子どもの生活を支える

（1）少子化対策：子ども・子育て応援プラン

わが国の合計特殊出生率はさらに減少し，1.26（2005年）となり，これまでの最低を更新し続けている。現在の人口を維持するには2.08が必要だという。

少子化対策としてこれまでに，「エンゼルプラン（今後の子育て支援のための施策の基本的方向）」（1994年）と，「新エンゼルプラン（重点的に推進すべき少子化対策の具体的実施計画）」を実施し，主に保育関連施設の整備を行ってきた。

2003年に「少子化社会対策基本法」と「次世代育成支援対策推進法」が成立し，少子化は社会におけるさまざまなシステムや人々の価値観と深くかかわっているため長期的な展望と努力が必要との視点から「子ども・子育て応援プラン」を策定した（2004年）。若者の自立と育ち，仕事と家庭の両立支援，生命の大切さと家庭の役割，子育ての新たな支え合いと連帯などを目標としている。

また，子育てに食の大切さが不可欠として「食育基本法」が成立した（2005年）。

（2）児童福祉対策

児童のための福祉政策は，1946年，戦後の混乱期に子供を救済するために制定された児童福祉法に始まり，児童憲章（1951年），児童扶養手当法（1961年），母子保健法（1965年），児童手当法（1971年），母子及び寡婦福祉法（1981年）などがある。児童への暴力・わいせつ行為・放置などの虐待から守るため児童虐待防止法（児童虐待の防止等に関する法律）が成立した（2000年）。

> **児童委員**
> 児童福祉法に基づいて，各市町村に置かれている民間の奉仕者。民生委員が兼務する。保護の必要な児童，妊産婦，母子家庭などの相談活動や関連機関に連絡し問題解決に努める。

（3）母子保健対策

母子保健対策は，母性と乳児及び幼児の健康の保持および増進を図るために，保健指導・保健診査・医療その他の措置を講じることを目的とした母子保健法に基づいた福祉サービスである。保健所や市町村が中心となって実施されている。わが国の新生児や乳児の死亡率は，国際的にみても低水準にある。

身体障害児には早期発見・早期治療のために，医療給付や補装具の給付などが行われている。

（4）児童手当

児童手当（表9－4）は，新エンゼルプランを推進する一環として，子育て家庭の教育にともなう経済的負担を軽減するために，支給されている。支給の年齢が延長され，小学校修了時までとなった。

（5）児童扶養手当

児童扶養手当は，父母の離婚などによって父親がいない18歳未満の児童のいる家庭の生活の安定と自立の促進のために，養育している親に支給される（表9－3）。

表9−4　児童手当制度の概要

支給対象	小学校修了前の児童の養育者
支給額（月額）	第1子5,000円，第2子5,000円，第3子以降10,000円
支給期間	小学校修了前（12歳到達後初めての年度末まで）
所得制限	574.0万円（4人世帯の所得の場合） 児童手当の所得制限により手当を受けられない被用者等については，646.0万円（4人世帯の所得の場合）の所得制限により，児童手当と同額の給付（特例給付）を行う。
費用負担	（3歳未満）　　　　　　　　　　　　　　　　　　　　　　（3歳から小学校修了前） 被用者分　　事業主7/10　国1/10　地方2/10 非被用者分　国1/3　地方2/3　　　　　　　　　　　　　　　　国1/3　地方2/3 特例給付分　事業主10/10 公務員分　　所属庁10/10　　　　　　　　　　　　　　　　　　所属庁10/10

出典）厚生労働省『厚生労働白書 平成18年版』

4．障害者の生活を支える

（1）障害者対策

わが国の障害者の総数は655万人で，身体障害者が351万人，知的障害者が46万人，精神障害者が258万人と推計されている（『厚生労働白書 平成18年版』）。

障害者のための福祉対策は，1949年の障害者福祉法に始まり，精神保健及び精神障害者福祉に関する法律（1950年），知的障害者福祉法（1960年），障害者の自立と社会，経済，文化，その他あらゆる分野の活動への参加を促進することを目的とする障害者基本法が1970年に制定された。国際障害者年（1981年）を経て，障害者対策の長期計画である「障害者プラン」（1995年）と「新障害者プラン」（2002年）がノーマライゼーションとリハビリテーションを理念として実施されている。その後，発達障害者（自閉症，学習障害，注意欠陥・多動性障害）に対する生活全般にわたる支援を促進させるため「発達障害者支援法」が成立した（2004年）。さらに，これまでに障害者は，障害種別ごとの法律に基づいて福祉サービスが提供されていたため不都合があったことから，すべての障害者を対象に「障害者自立支援法」が成立し（2005年），従来の措置制度からサービスを選択する支援費制度へと移行することになった。自己負担（1割）が必要。所得保障は，障害基礎年金（国民年金），障害厚生年金（厚生年金），障害手当金，生活保護に障害者加算金などがある。

ノーマライゼーション
　　　　　（normalization）
通常化の意。障害者などが地域で普通の生活を営むことを当然とする，福祉の基本的考え。

（2）身体障害者の現状と対策

身体障害者の現状は，351万人のうち在宅者が332万人（含む18歳未満8万人），施設入所者は，18万人（含む18歳未満8,000人）となっている。障害の種類別では，肢体不自由が最も多く，内部障害（心臓，腎臓，呼吸器，直腸など），聴覚・言語障害，視覚障害の順だが，重複障害を持っている者は多い。また，高齢化，重度化の傾向にある。

身体障害者には身体障害者手帳が交付される。2002年に，身体障害者

補助犬法が成立し，肢体不自由者は介助犬，視覚障害者は盲導犬，聴覚障害者は聴導犬を同伴してさまざまな施設を利用できるようになった。

身体障害者の福祉施策は，在宅者のためには訪問介護（ホームヘルプサービス）事業，日帰り介護（デイサービス）事業，短期入所（ショートステイ）事業がある。入所施設は，更生施設（日常生活能力の更生訓練が目的），療護施設・福祉ホーム（長期にわたる生活の場），授産施設（仕事や作業の場），福祉センター（地域での活動の場），点字図書館などがある。

（3）知的障害者の現状と対策

知的障害者の現状は，46万人のうち在宅者が33万人（含む18歳未満9万人），施設入所者は12万人（含む18歳未満9,000人）となっている。

障害の程度は4段階に区分されていて，最重度が13.8％，重度が28.1％，中度が23.6％，軽度が22.2％である（『厚生労働白書 平成18年版』）。

18歳未満の知的障害児が減少する一方，18歳以上の知的障害者は増加している。知的障害者には療育手帳が交付される。2005年に，発達障害者支援法の成立により，自閉症児などへの地域での支援が求められ，発達障害者支援センターが各地で開設されている。

福祉施策は，在宅者のためのホームヘルプサービス，デイサービス，ショートステイ事業をはじめとした入所施設や通所施設，数人の知的障害者の共同生活を，食事提供などの生活援助をして地域で支える知的障害者地域生活援助事業（グループホーム）がある。

（4）精神障害者の現状と対策

精神障害者の現状は，258万人のうち在宅者が224.4万人，施設入所（入院）が34万人となっている（『厚生労働白書 平成18年版』）。

精神疾患の種類は，入院では統合失調症，妄想性障害が多く，外来では気分障害（躁うつ病），神経症性障害，ストレス関連障害，身体表現性障害が多い。精神障害者保健福祉手帳が交付される。入院すると長期間になることが多く，社会復帰が進んでいない。家族のあり方の変化や家族の高齢化，単身で生活する精神障害者の増加などにより，生活支援を家族に依存することが難しくなってきており，地域で支援する施策が求められている。電話による「24時間医療相談体制事業」が開始された。

福祉施策は，人権擁護の観点から入院形態に規定があり，任意入院（本人の同意による），措置入院（自傷や他傷のおそれがある場合，知事などが強制的に入院させる），医療保護入院（保護者の同意のみで入院）などがあり，入院時に処遇を本人に告知する義務や本人による退院請求権がある。社会復帰のための生活訓練施設，授産施設，福祉ホーム，福祉工場，地域生活援助事業（グループホーム）などがある。

5. 高齢者の生活を支える

（1）進む高齢化と高齢者対策

わが国は1994年に，65歳以上人口の比率が14％に達し「高齢社会」となった。65歳以上の高齢者のいる世帯が1,853万2,000世帯で，全世帯の3分の1を占めている（2005年）。高齢者のための福祉対策は，1963年に「老人に対し，その心身の健康の保持及び生活の安定のために必要な措置を講じ，もって老人の福祉を図ること」を目的とする老人福祉法が制定された。

その後，増える老人医療費に対応するため，「老後における疾病予防，治療，機能訓練などの保健事業を総合的に実施すること」を目的とした老人保健法が制定され（1982年），各医療保険制度が拠出を行って老人保健制度が創設された。

さらに高齢化が進む中，「ゴールドプラン（高齢者保健福祉推進10ヵ年戦略）」が策定され（1989年），「新ゴールドプラン」（1994年），「ゴールドプラン21」（1999年）を経て高齢者の自立支援のために地域や介護サービスの充実が図られている。その後高齢者福祉と老人保険事業が統合され2000年に介護保険制度が施行された。2006年，高齢者虐待防止法（高齢者虐待の防止，高齢者の養護者に対する支援等に関する法律）が成立し，今後急速な増加が避けられない認知症高齢者支援のあり方が検討されている。

（2）介護保険制度

介護保険制度（図9－2）は，自助と家族の相互扶助による日本型福祉が見直され，わが国よりも高齢化が進んだ北欧などを参考につくられた。

ねらいは，高齢者が介護を必要としたとき自立した生活が送れるように国民皆で支えるしくみである。費用は社会保険方式で，給付と負担を明確にし，利用者が選択し，契約することによって，医療や福祉サービスが受けられるようになっている。自己責任を重視した新しい制度で，福祉の社会化といわれている。財源は安定的に確保するために保険料と公費を半分ずつでまかなうことにしている。

2006年に，利用者の増加に伴い制度の改正が行われ，軽度者への予防支援・入居費や食費の自己負担増・地域生活の支援・介護サービスの質の確保と向上，ケアマネジメントの見直し・保険料やサービス負担や運営の見直し・第2号被保険者（40～64歳）の老化に伴う疾病の範囲の見直しなどが盛り込まれた。

1）保険者

保険者とは介護保険を運営する者のことで，市町村・特別区が実施し，国や都道府県などにより支えられる。

2）被保険者と保険料

40歳以上の者すべてが対象で，第1号と第2号被保険者にわかれる。第1号被保険者の保険料は，所得段階に応じて市町村ごとに設定されてお

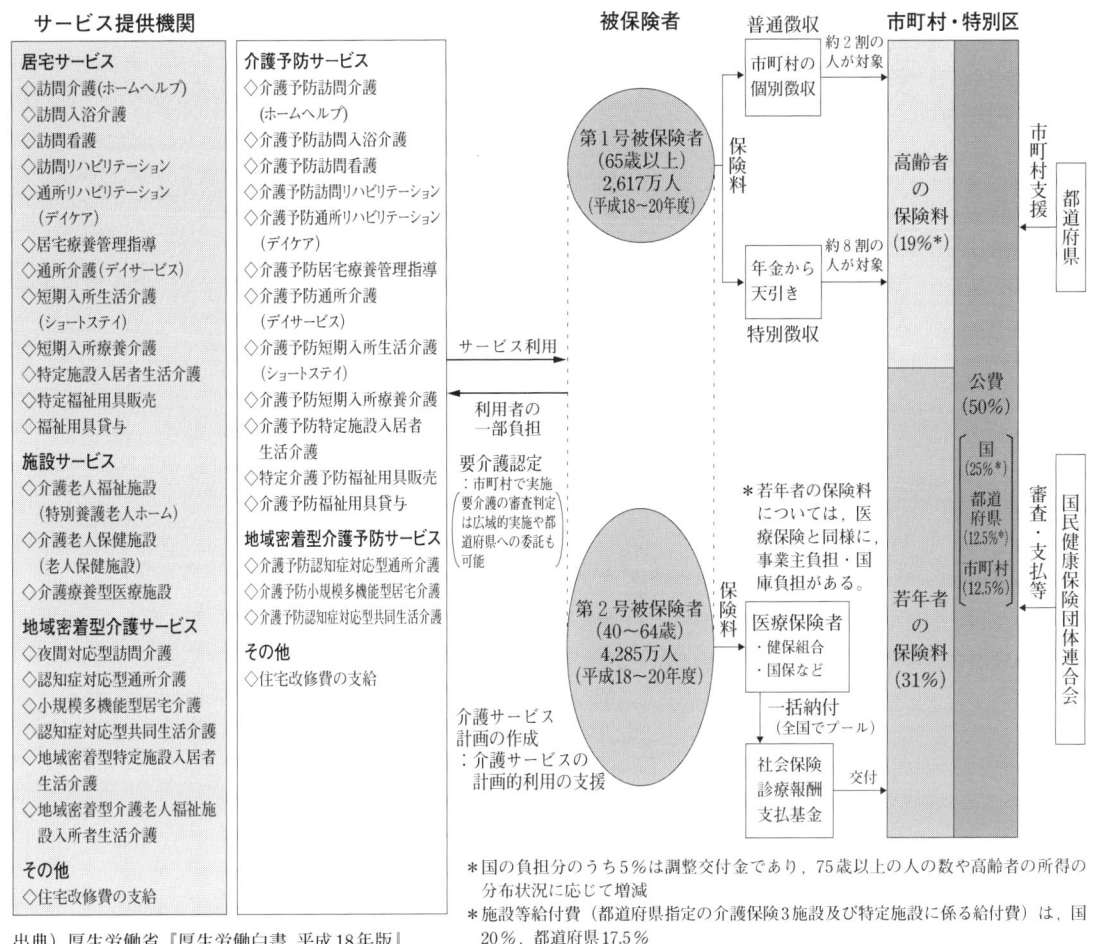

5．高齢者の生活を支える

図9－2　介護保険制度

出典）厚生労働省『厚生労働白書　平成18年版』

＊国の負担分のうち5％は調整交付金であり，75歳以上の人の数や高齢者の所得の分布状況に応じて増減
＊施設等給付費（都道府県指定の介護保険3施設及び特定施設に係る給付費）は，国20％，都道府県17.5％

り，全国平均は月額4,090円（2006年から）。第2号被保険者の保険料は，加入している医療保険者ごとの算定方法により算定される（表9－5参照）。

3）利用手続き

市町村に要介護認定の申請をすると，介護認定審査会の判定結果により認定（7段階に区分）を受け，介護支援専門員（ケアマネジャー）が介護サービス計画（ケアプラン）を作成する。各人に適した総合的なサービスが受けられる。要介護認定は，3～6ヵ月ごとに

表9－5　介護保険の被保険者と保険料

	第1号被保険者	第2号被保険者
対象者	65歳以上の者	40歳以上65歳未満の医療保険加入者
受給権者	・要介護者（寝たきり・認知症） ・要支援者	左のうち，初老期認知症，脳血管障害などの老化に起因する病気によるもの
保険料負担	市町村が徴収	医療保険者が医療保険料として徴収し，納付金として一括して納付
賦課・徴収方法	・所得段階別定額保険料 ・老齢退職年金給付18万円以上は年金天引，それ以外は普通徴収	・健保：標準報酬及び標準賞与×介護保険料率（事業主負担あり） ・国保：所得割，均等割等に按分（国庫負担あり）

出典）厚生労働省『厚生労働白書　平成18年版』

表9－6　在宅サービスの支給限度額

要介護度	支給限度額
要支援1	4,970単位／月
要支援2	10,400単位／月
要介護1	16,580単位／月
要介護2	19,480単位／月
要介護3	26,750単位／月
要介護4	30,600単位／月
要介護5	35,830単位／月

(注) 1単位：10～10.72円（地域やサービスにより異なる）
出典）厚生労働省『厚生労働白書 平成18年版』

再審査を行い，状態の変化により再申請もできる（表9－6参照）。

4）保険給付の内容

図9－2のサービス提供機関を参照。

5）利用料

費用の1割を自己負担する。入院・施設入所の食費は医療保険と同様の利用者負担となる。低所得者のための減額制度がある。

6．健やかな生活を支える

(1) 国民健康の実態と健康対策

わが国では，「糖尿病が強く疑われる人」は740万人，「その可能性を否定できない人」を含めると1,620万人に達しており，食習慣や運動習慣などの改善による予防が重要な課題になっている（『厚生労働白書 平成14年版』）。これまでの日本人の主な疾病は結核などの感染症だったが，慢性化しやすい生活習慣病（がん，心臓病，脳血管障害）が急増している。

医療の高度化，人口の高齢化による医療費の高い老人の増加などにより国民医療費が膨大な額となっている。2005年には，国民1人当たり額にすると25万6,000円で前年より8,000円増になった。

厚生省（現厚生労働省）は，健やかな生活を支えるために，健康づくりの3要素として栄養・運動・休養に重点をおいた「国民健康づくり対策」を1978年から開始し，10年ごとの第1次，第2次に続いて2000年から予防のための生活の質の向上や地域活動を重視した「健康日本21（21世紀における国民健康づくり運動）」を実施している。

その他に，エボラ出血熱・エイズ・結核などの感染症予防対策，難病対策，原子爆弾被爆者対策，臓器移植への理解などの活動に努めている。

(2) 医療保険制度

わが国の医療保険制度は1922年に制定された健康保険法をもとに，旧国民健康保険法（1938），職員健康保険，船員保険の創設などを経て，1961年に，すべての国民はいずれかの医療保険に加入することとする国民皆保険制度が実現した。

現在の医療保険制度の概要（表9－7）は，中小企業のサラリーマンを対象とする政府管掌健康保険，大企業のサラリーマンを対象とする組合管掌健康保険，船員を対象とした船員保険，教職員や国家・地方公務員のような特定の職業に就く人を対象とした共済組合保険，そして農業者や自営業者を対象とする国民健康保険で構成されている。財源は，被保険者，事業主，国庫負担である。

表 9－7　医療保険制度の概要

(平成 18 年 4 月現在)

制度名		保険者 (平成17年3月末)	加入者数 (平成17年3月末) 本人 [家族] (千人)	保険給付 医療給付 一部負担	保険給付 医療給付 高額療養費	保険給付 入院時食事療養費	保険給付 現金給付	財源 保険料率	財源 国庫負担・補助	老人保健医療対象者の割合 (%) (平成17年3月末)
健康保険	一般被用者 政管	国	35,616 [18,931 / 16,686]	3割 ただし，3歳未満 2割 70歳以上 1割 (一定以上所得者は2割)	自己負担限度額 (上位所得者) 139,800円＋(医療費−466,000円)×1% (一般) 72,300円＋(医療費−241,000円)×1% (低所得者) 35,400円 世帯合算基準額 同一月に21,000円以上の負担が複数の場合はこれを合算して支給 多数該当の負担軽減 12月に3回以上該当の場合の4回目からの自己負担限度額 (上位所得者) 77,700円 (一般) 40,200円 (低所得者) 24,600円 長期高額疾病患者の負担軽減 血友病，人工透析を行う慢性腎不全の患者等の自己負担限度額 10,000円 70〜74歳 老人保健と同じ	(標準負担額) ・一般 1日 260円 ・低所得者は 90日目まで 1日 210円 ・低所得者は 91日目から 1日 160円 70〜74歳 老人保健と同じ	・傷病手当金 ・出産育児一時金 等	8.2%	給付費の13.0% (老健拠出金分16.4%)	4.6
健康保険	一般被用者 組合	健康保険組合 1,584	29,990 [14,787 / 15,203]				同上 (附加給付あり)	―	定額 (予算補助)	2.1
健康保険	健康保険法 第3条第2項 被保険者	国	28 [17 / 11]				・傷病手当金 ・出産育児一時金 等	1級日額 150円 13級 3,010円	給付費の13.0% (老健拠出金分16.4%)	4.9
船員保険		国	175 [66 / 109]				同上	9.1%	定額	6.9
各種共済	国家公務員	21共済組合	9,711 [4,449 / 5,262]				同上 (附加給付あり)	―	なし	3.8
各種共済	地方公務員等	54共済組合								
各種共済	私学教職員	1事業団								
国民健康保険	農業者 自営業者 等	市町村 2,531 国保組合 166	51,579 市町村 47,609 国保組合 3,970				・出産育児一時金 ・葬祭費 等 (ただし任意給付)	世帯ごとに応益割(定額)と応能割(負担能力に応じて)を賦課 保険者によって賦課算定方式は多少異なる	給付費等の43% 給付費等の32〜55% なし	22.9
国民健康保険	被用者保険の退職者	市町村 2,531								

制度名	[実施主体]	加入者数	一部負担	高額療養費	入院時食事療養費	現金給付	費用負担	老人保健医療対象者の割合
老人保健	市町村	(平成17年2月末) 14,532 被用者保険 2,676 国民健康保険 11,857	1割 (一定以上所得者は2割)	自己負担限度額　　外来(個人ごと) (一定以上所得者) 72,300円＋(医療費−361,500円)×1% (多数該当の場合) 40,200円 (一般) 40,200円　12,000円 (低所得者) 24,600円　8,000円 (低所得者のうち特に所得の低い者) 15,000円　8,000円	同上 ただし，低所得者のうち特に所得の低い者 1食300円	各医療保険 保険者から支給	[費用負担] ・各制度の保険者 54% ・公費 46% (公費の内訳) 国：都道府県：市町村 4：1：1 (平成17年10月から平成18年9月末まで)	総人口に占める老人保健医療対象者の割合 (%) (平成17年2月末) 11.4 [保険局調]

(注) 1．老人保健制度の対象者は，各医療保険制度加入の75歳以上（ただし，平成14年9月30日までに70歳以上となった者を含む）の者及び65歳以上75歳未満の寝たきり等の状態にある者。
　　 2．国保組合の定率国庫補助については，健保の適用除外承認を受けて，平成9年9月1日以降新規に加入する者及びその家族については政管健保並とする。
　　 3．低所得者：市町村民税非課税世帯に属する者等。
　　 4．組合，共済，国民健康保険と老人保健の加入者数は速報値である。

出典）厚生労働省『厚生労働白書　平成18年版』

医療を受ける場合は，病院や診療所の医療機関で被保険者証などを提示すると，一部負担金を払うだけで医療が受けられる。一部負担金は，本人の場合かかった費用の3割額，国民健康保険の場合も3割額である。

(3) 医療制度の構造改革の概要

わが国の医療制度は，世界最長の平均寿命や高い保健医療水準を実現してきた。しかし，高齢化が進んで医療費が増え続け，医療制度が成り立たなくなるおそれがある。高齢者の「社会的入院」の解消の必要から高齢患者の自己負担の改正，保健医療システムや医療保険制度など総合的な改革が進められている。

- **生活習慣病予防**
  糖尿病・高血圧症・高脂血症の予防のための検診および保健指導の充実。
- **医療計画制度の見直し**
  総治療期間（在院日数も含む）の短縮を図る。
- **高齢者の患者負担の見直し**
  現役並みの所得を有する70歳以上の患者負担は3割とする。前期高齢者（65～74歳）の患者負担は2割とする。ただし，現役並みの所得を有する者は3割負担とする。後期高齢者（75歳以上）の患者負担は現行どおり1割負担とする。療養病床に入院する高齢者の食事および居住費の負担を見直す。
- **新たな高齢者医療制度の創設**
  75歳以上の後期高齢者の医療のあり方に配慮した独立保険の創設。

> **社会的入院**
> 治療が済み，入院の必要がないにもかかわらず，介護者がいないなどの理由で，家族が退院させたがらず，入院し続けていることをいう。
> 老人病院に入院中の高齢者や，精神病院に入院中の精神障害者の多くが社会的入院であるといわれる。

7. 高齢期の生活を支える

(1) 高齢者の所得保障

高齢者世帯の所得状況を見ると，所得全体（296.1万円）のうち，公的年金・恩給が占める割合は約7割（206万円）で，公的年金・恩給を受けている高齢者世帯の約6割は年金収入だけで生活しており，公的年金制度はまさしく高齢者の生活の基本的部分を支える役割を果たしている。（『厚生労働白書　平成18年度版』）。一方では，年金を受け取る資格が得られない65歳以上の高齢者（無年金者）が約40万人（男性17万人，女性23万人）いるという。

(2) 公的年金制度の概要

わが国の公的年金制度は，男性労働者の福祉充実や生産力を高めることなどを目的として労働者年金保険法（1941年）が制定されたことにより始まる。その後，厚生年金保険法（1944年）に改められ，ホワイトカラー労働者や女性の加入が認められるようになった。さらに，自営業者や農林漁業で働く労働者のために国民年金法（1959年）が制定され，1961年から国民皆年金が実現した。以後，物価スライド制，賃金スライド制（1973年），基礎年金（1985年），厚生年金の定額部分の支給開始年齢引き

上げ（1994年），厚生年金の報酬比例部分の支給開始年齢引き上げ（2000年）保険料の段階的引き上げ（2004年），離婚時の厚生年金の分割支給開始（2007年）などが導入され制度の充実が図られている。

現在の公的年金制度の体系（図9－3）は，①国民年金制度，②厚生年金制度，③共済年金制度の3つにわかれている。20歳以上60歳未満のすべての国民が職業の有無を問わず，いずれか1つに加入しなければならない。世代と世代が助け合うという考えに基づいた制度であるため，現在の現役世代が保険料を納めることで高齢者の年金を支えることになる。

公的年金制度は2階建てのしくみになっている。年金は，高齢期になった時（現在の若者は65歳から），すべての国民が加入する国民年金から1階部分として老齢基礎年金を受給し，就職して会社員になった場合は厚生年金保険から，公務員になった場合は共済年金組合から，2階部分を上乗せして老齢年金を受け取ることができる。本人が病気や障害者になった時や死亡した時は，規定に応じて障害年金・遺族年金を受け取ることができる。

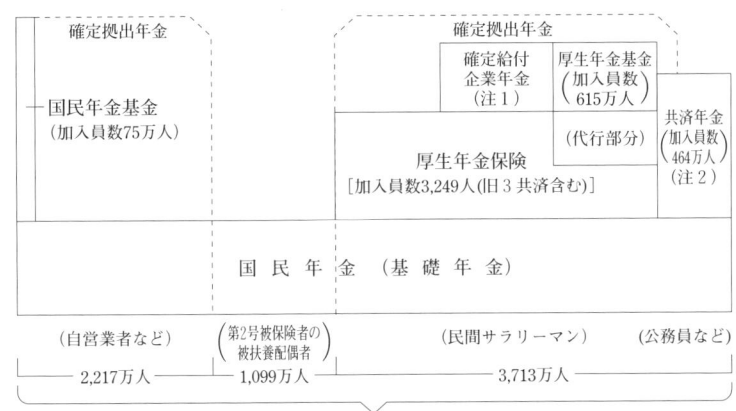

確定拠出年金		確定拠出年金			
国民年金基金 （加入員数75万人）		確定給付 企業年金 （注1）	厚生年金基金 （加入員数） 615万人		共済年金 （加入員数） 464万人 （注2）
		厚生年金保険 ［加入員数3,249人(旧3共済含む)］		（代行部分）	
国 民 年 金 （基 礎 年 金）					
（自営業者など）	（第2号被保険者の 被扶養配偶者）	（民間サラリーマン）			（公務員など）
2,217万人	1,099万人	3,713万人			
7,029万人					

注1）確定給付企業年金は，平成14年4月から実施。適格退職年金については，平成24年3月までに他の企業年金などに移行。
注2）農林共済は平成14年4月から厚生年金に統合。

出典）厚生労働省『厚生労働白書 平成18年版』
図9－3　年金制度の体系

1）国民年金制度

20歳以上60歳未満のすべての人が加入することになっている制度。第1号被保険者となる。

保険料：定額で月額1万4,100円（2007年以降2017年まで毎年280円増し）
　　　　を各自で納める。
受　給：原則として25年間保険料を納めた場合受け取ることができる。
　　　　40年間の場合は満額の年額79万2,100円。現在の若者は原則として65歳から受け取ることができる（2007年）。

2）厚生年金制度

厚生年金保険に加入している事業所に勤める70歳未満の従業員が加入する制度。公的年金制度の2階部分の報酬比例部分をまかなう。国民年金

の第2号被保険者となる。

保険料：年収の14.642％（2007年以降2017年まで毎年0.354％増し）を企業と折半で，天引きで納める。

受　給：保険料を1ヵ月以上納めた場合。年金額は加入期間が長く，給与の高い人ほど多くなる。現在は約60％だが，今後は現役サラリーマン世帯の平均所得の50％以上の額を目指している。現在の若者は原則として65歳から受け取ることができる。

3）共済年金制度

国家公務員，地方公務員，私立学校教職員などが加入する共済組合の年金制度。国民年金の第2号被保険者となる。公的年金一元化に向けて，将来，厚生年金に組み込まれる予定。

※**女性の年金**：20歳以降にアルバイトや家事手伝いをしている女性は国民年金に加入し第1号被保険者になる。就職し，厚生年金に加入している企業の場合は第2号被保険者になり，厚生年金に加入していない事業所の場合は第1号被保険者として国民年金の保険料を納める。結婚して専業主婦になった場合は第3号被保険者となり（届出が必要），保険料は免除される。夫が自営業などサラリーマンでない場合は，第1号被保険者として国民年金の保険料を自分で納めなければならない。女性は，生涯に加入する年金制度が変わることがあり，その場合に届出を忘れると将来の年金受給に不利が起きるので注意が必要である。パートタイム労働者の厚生年金加入が本格的に検討されている。

※**学生の年金**：学生は20歳になると，国民年金の第1号被保険者となり定額の保険料（2007年現在，1万4,140円）を納めなければならない。保険料を親が払っていることが多いため，本人所得が年収約227万円以下の場合は，本人の申請により保険料が免除される。10年間は追納できる。

※**離婚時の年金分割制度**：2007年4月以降に離婚をした場合は，任意分割制度が適用される。妻は離婚するまでの年数分について，夫の厚生年金または共済年金の2階建部分（報酬比例部分）を話し合いで決め，最大50％まで分割して受け取ることができる。ただし，受給は妻が老齢に達してからとなる。専業主婦の場合は2008年4月以降，強制分割制度が適用されるため，報酬比例部分は強制的に折半になるが，それ以前の年数分は話し合いが必要である。

8．支え合って生きる

国民の生活を支援する社会保障制度は，誕生前から生涯にわたってさまざまな対策を講じている。近年の社会保障費は漸増し20兆円を超え，一般歳費の4分の1を占めている。

21世紀に入り，社会保障制度の構造改革が進められてきた。キーワードは「少子高齢社会」「福祉の社会化」「世代間扶養から自己負担へ」「行政による措置から自己責任によるサービスの選択と契約へ」「個人のニーズに合わせた地域福祉」などだった。その一方で，「人口減少」「景気拡大」「ワーキングプアー」「ナショナル・ミニマム」という言葉を耳にする。

　平成17年の人口動態統計によると，年間出生数が約106万人に対して死亡数が約108万人であり，自然増加数が約2万人減となり，人口減少に入ったということができる。大手企業は，戦後最大の収益を上げて話題となったが，これはリストラにより正社員をパートタイム労働者や派遣社員に切り替えて人件費を抑えていることも要因になっている。ワーキングプアーとは，フルタイムで働いているのに所得が生活保護水準を下回っている世帯のことで，現在400万世帯あるという。ナショナル・ミニマムとは，憲法第25条の生存権を保障するための最低生活保障制度で生活保護を意味する。本章の冒頭に記した北九州市で孤独死した56歳の男性や努力しているのに低所得から抜け出せない大卒の若者たちはその中に入るといえよう。わが国は世界第2位の経済大国である。高齢者や将来のある若者たちを生活苦が原因で絶望，自殺，孤独死に追いやってはならないのではないだろうか。社会保障制度は所得の再分配でもある。財源確保の方法と再分配の方法をさらに考え直さなければならないのではないだろうか。

　一方で，「東海銀行の会長が，経営課題への対応に区切りがついたので，病床にいる妻の看護に専念したいと述べて相談役に退くことを明らかにした（朝日新聞2000.3.29）」という例もある。また，地域のセンターを利用したり，自宅を開放して，お茶会を始め，高齢者や障害者が家に閉じこもり孤独な生活を送ることにならないように，手づくりデイサービスで一緒に楽しんでいるという例も各地で広がっている。このように心のこもった手当が福祉の原点であるようだ。できる人が，できる時に，できる限りで支え合う。人という字は，1本ずつが支え合って成り立つ文字であるゆえんであろうか。

〈参考文献〉
　社会保障入門編集委員会 『2006　社会保障入門』中央法規出版，2006
　厚生労働省『厚生労働白書　平成18年版』ぎょうせい，2006
　内閣府編『平成18年版　障害者白書』東京コロニー，2006
　健康保険組合連合会編『社会保障年鑑　2006年版』東洋経済新報社，2006
　日本子ども家庭総合研究所編『日本子ども資料年鑑2006』KTC中央出版，2006
　厚生統計協会『国民の福祉の動向　2006年版』厚生統計協会，2006

第10章

地域でふれあう
―― コミュニティとボランティア ――

1. 人と人とのつながり方の変化

（1）ITによる新しいつながり方

　インターネットの普及は私たちの人とのつながり方を劇的に変化させている。パソコンを立ち上げさえすれば，自分の好きなアーティストについてコミュニティで会話ができる。ネット上で，直に対面したことがない相手と，共通の関心を持つものどうしとして情報交換することがめずらしくなくなってきている。英語を使えば，地球レベルでの交流が可能になり，現実社会ではどこの誰だかわからない相手に対し，親近感や嫌悪感を持つことも増えている。

　現代の社会では，あるウェブサイト上では，「気さくなキャラクター」で通っている人が，実際の居住地の住人としては，近隣の人々に挨拶もせず，隣の家の人とも話したことがないという現象が起きている。世代や価値観の違う近隣の人々に気を遣いながらかかわるよりも，いっそ無視する方が楽なのだと考えてしまう傾向は，社会の都市化とともに強まってきた。それは，人間として「寂しい」状態ととらえられてきたが，現在では，対面的な接触がわずらわしい人でも，IT上のネットワークを通じ，自分と趣味や嗜好を同じくする多くの人々と交流できるようになり，一概に「寂しい」状態とは言えなくなってきている（もちろん，人と対面的にかかわるのが苦手なままでいることの問題は別に存在するのだが）。

（2）地域との交流が個人の生活に果たす機能

　あなたとあなた自身が暮らしている地域のかかわり方はどうだろうか。自宅と学校を忙しく行き来している人にとっては，ただ素通りしていくだけの場所かもしれない。進学してひとり暮らしを始めた人には，まだその地域に暮らしているという実感がわかない人も多いだろう。生まれ育った地域に暮らす人でも，小さい頃は道端でよく遊んでいたのに，いまは近所の人に声をかけられるのもわずらわしく，よそよそしく通り抜けていってしまうこともあるだろう。愛着のあるなしの問題以前に，成長して行動範囲を拡大させている若者たちには，自分の生活を背後で支えている地域社会に目を向けることがなかなかできないのではないだろうか。

　しかし現在，日本社会の大きな動きの中では，身近な地域社会と生活環境を見つめ直す動きが進んでいる。その背景には，①家族の少人数化やも

> 資料10-1　近所とうまく付き合う法　　　　　　（毎日新聞「毎日の知恵」 2000.8.29夕刊）
> ―隣室の夫婦と連絡先交換―
> 　都内にあるアパートの1階にひとり暮らしです。あまり安全とは思えない昨今ですが、安心して毎日を送っています。それは、隣室のご夫婦とあいさつをかわしたのがきっかけです。別の日、いただき物の野菜か何かを持ってあいさつに行き、「何かあったときに（緊急時に）お電話させてもらってもいいでしょうか。女1人なもので」と申し出たのです。快く応じてもらい、連絡先を交換してからは、互いに物のやりとりや声を交わすなど、いい交流が続いています。
> 　　　　　　　　　　　　　　　　　　　　　　　　　　　　　　　　　　（東京都、29歳女性）
>
> 　女性のひとり暮らしは、不安なことが多い。近所にいざというときに頼りにできる人をつくることは大切である。しかし、ひとり暮らしであることを近所の誰に告げるのが適当かをよく見極める必要があることはいうまでもない。あわてず、慎重に良い人間関係を形成していこう。

はや4世帯に1世帯がひとり暮らしという状況の中で、日常生活において地域での助け合いが必要不可欠になっていること、②阪神大震災の教訓から、災害時における対応は行政だけでは不可能であり地域の連帯の重要性が認識されたことや、犯罪被害の防止のためにも地域における情報交換が必要であること（資料10-1）、また、③心理的な面で職場や学校などの"競争社会"の原理を超えた人間関係を人々が求めるようになってきたこと、つまり、肩書きのない自分に戻って人と人として尊重し合う共生型社会に近づきたいと願う人々が増えてきていることがあげられる。

　ここでは、それらの中から従来の町内会活動などとはやや異なった新しい地域参加について紹介しよう。

2. 生活価値観の変化とコミュニティ

(1) コミュニティの登場

　コミュニティとは、日本語で言えば地域社会（あるいは共同体）のことである。日本における伝統的な地域社会は、懐かしく心安らぐ「ふるさと」というイメージがある反面、閉鎖的で息苦しいイメージをもたれているのも事実である。かつては、いわゆる「ムラ社会」的な、何世代にもわたる地縁的な濃い人間関係で結ばれた共同体があったからである。戦後の産業構造の変化と人口移動により、「ムラ社会」は都市部を中心に衰退した。そして、地域における連帯感や生活の共同性は失われていった。

　このように伝統的地域社会が失われていく一方で、1970年代以降、新しい価値観に基づいて地域社会を形成しようという住民たちが都市部から登場してきた。自分たちの身近な生活環境を守り、いつまでも住み続けられるような「まちづくり」を共同して行おう。また、疎外された人間関係を回復し、互いに交流し助け合おう。このような共通の意志のもとに個人が自発的に参加し、自由に意見を言い合って形成される新しい地域社会がコミュニティである。

　今日、一般にコミュニティということばを使う場合、前述の伝統的な地域社会をさすのではなく、まったく新しい自由で平等な人間関係のうえに、

自発的に生まれた住民相互の連帯と共同性により形成される地域社会のことをさしていることが多い。本章でも，そのような意味合いでこのことばを用いていくことにする。

（2）物の豊かさ，心の豊かさ

　日本人の生活に対する考え方は，高度経済成長期が終わるころから次第に変わり始めた。日常的に必要な物資を，一応不足なく購入できる人々が世の中の大半を占める「高度大衆消費社会」が到来した。家庭内の電化も進み，物質的な豊富さに加え，生活の便利さも享受できるようになったとき，人々は本当の豊かさとは何かを問い直すようになった。とりわけバブル景気と阪神・淡路大震災という衝撃的な出来事が，人々の生活価値観に与えた影響は大きいといえよう。

　1987年から1990年までの，いわゆるバブル景気では，企業は金もうけに狂乱した。空前の好景気とその破綻というプロセスをみて，いかに企業が高収益を上げようとも，そこで働く人々の多くにとっては，一向に生活の豊かさが実感できないことが鮮明になってきた。得られたのは，過労死する人が出るほどの長時間労働，そして欧米からは「ウサギ小屋」と揶揄される狭い住宅か，広い住宅を求めれば長時間込み合う電車に揺られる通勤地獄という有り様であった。

　1995年の阪神・淡路大震災という大惨事は，地震の脅威を日本人の心に刻み込む一方で，改めて生命の重さとはかなさ，人と人が支え合うことの大切さを実感させ，人として生きることの意味を問い直す機会となった。

　図10－1は，高度経済成長期が終わったとされる1972年（昭和47年）以降，自らの生活において，心の豊かさを重視するか物の豊かさを重視す

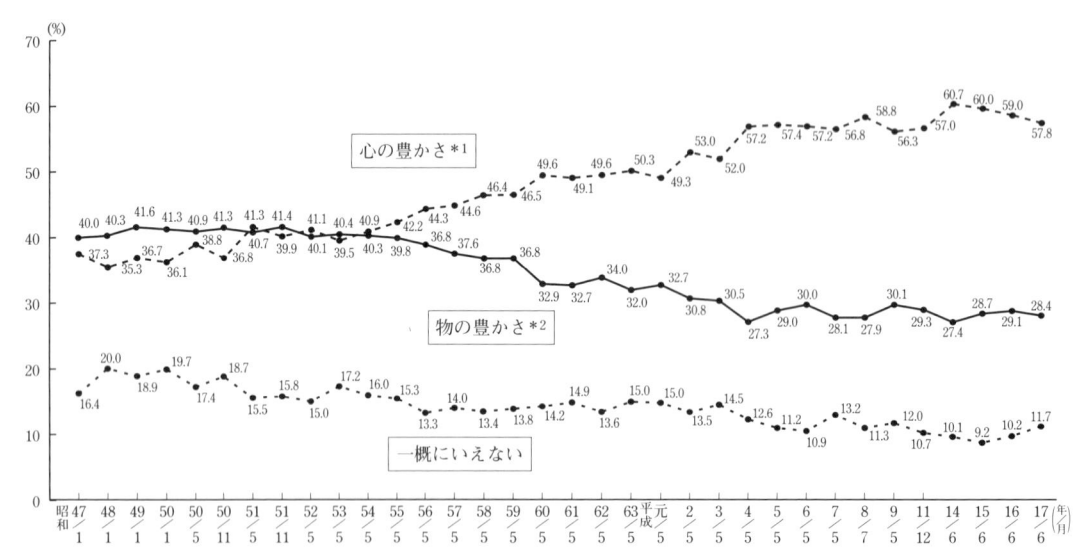

＊1　物質的にある程度豊かになったので，これからは心の豊かさやゆとりのある生活をすることに重きをおきたい
＊2　まだまだ物質的な面で生活を豊かにすることに重きをおきたい
　注）平成10年は調査なし。
資料）総理府「国民生活に関する世論調査」

図10－1　心の豊かさか，物の豊かさか

るかをたずねた結果の推移である。次第に，心の豊かさを重視する人々が増えている傾向がわかるだろう。

では，心の豊かさの得られる生活とはどのようなものであろうか。もちろんそれは内面的な問題であり，人により求める方向はちがうはずである。

しかしながら，心の豊かさを得るための重要な前提条件として多くの人に共通するのは，まず時間のゆとりを得る必要があるということであろう。日本では近年，経済摩擦の問題もあって，欧米諸国にならう形で，労働時間の短縮（いわゆる時短）が進み，週休２日制も多くの事業体で定着した（1990年代後半は，不況下の企業のリストラ策の一環として時短が進んだとも考えられる）。長期の夏休みをとる企業が増え，勤続年数によりリフレッシュ休暇や自己啓発のための休暇を認めるところも出てきた。

また，混み合うラッシュアワーを避け，ゆとりをもって勤務することが可能なフレックスタイム制，本社から離れた郊外のオフィスに勤務するサテライトオフィス，通勤時間のいらない在宅勤務など，新しい制度の導入が試みられている。

その結果，仕事や家事の時間以外に，これまで日本人があまり重視してこなかった余暇時間が注目されるようになってきた。会社人間から脱却し心の豊かさを求められるような時間的ゆとりがほしいという国民の意識の変化も生じている。各種世論調査をみても，少しくらい収入が増えるよりも時間的なゆとりを求め，仕事以外の生きがいを持ちたがる傾向は年々強まり，若い世代になるほどこの傾向は顕著なのである。

（３）コミュニティを見つめ直す気運の高まり

こうしてできた余暇時間をどのように過ごすかが，現代日本人の新たな課題として浮かび上がってきた。スポーツ・レジャーに加えて，新たな余暇のすごし方のひとつに，自分の住む地域を見つめ直し，コミュニティを形成するさまざまな活動に参加することがある。

家庭は疲れ果てて帰る"ねぐら"でしかなく，毎日を職場と家との往復に明け暮れていたかつての猛烈企業戦士たちには，とても地域をみつめる余裕などなかったであろう。1970年代頃までなら，働き盛りの男性でコミュニティにかかわる活動をするのは，他に定職を持たない人で，その運動に人生を捧げているような活動家が中心であった。さらにその頃の"活動"というのは，公害や環境破壊に反対するような闘争型の運動が目立っていた。したがって，大企業に属するサラリーマンなどにとっては，かかわりにくい面が多かったのである。ところが，今日のコミュニティ活動にかかわる人々の多くは，かつてとは異なり肩の力の抜けた普通の人々である。自分の生涯を通してそこに気持ちよく住み続けたい——そんな平凡な願いが動機となって，まちづくりや人々との交流が始まるのである。職場を離れた一個人として，さまざまな活動に参加することにより，心の豊かさが感じられる生活を，主体的に切り拓いていけるであろう。

平成５年度の国民生活白書では，このような生活スタイルの変化を，「会社人間から社会人間へ」というタイトルで紹介している。現実に，「社会人間」との自覚を持って，活動に携わっている人の割合はまだ少ないで

第10章 地域でふれあう

あろう。しかし終身雇用制度や年功序列制度などの雇用慣行が衰退した現在，企業と社員の距離は開き，社員はいやおうなしに自立を迫られている。雇用不安の広まりは懸念されるが，一方で，これまでの企業中心の社会のあり方がドラスティックに変わる契機となる可能性もみえてきた。これまでは主婦や高齢者，学生中心だった地域活動に，働き盛りの男性たちも参加する環境が徐々に整いつつあるのである。

（4）コミュニティ形成のネットワークとNPO

小西玲子さんは，「玉川まちづくりハウス」を拠点に，住民主体のまちづくりのネットワークを拡大する活動をしている。小西さんの住む東京都世田谷区では住民主体の「まちづくり」を支援するため，「世田谷まちづくりセンター」という住民・区・専門家による中立的な第3セクターを1992年に設立している。そして，一級建築士である小西さんは，住民の中の専門家によって自主的につくられる非営利のまちづくり活動支援組織「まちづくりハウス」を，自宅の一室を提供して運営している。

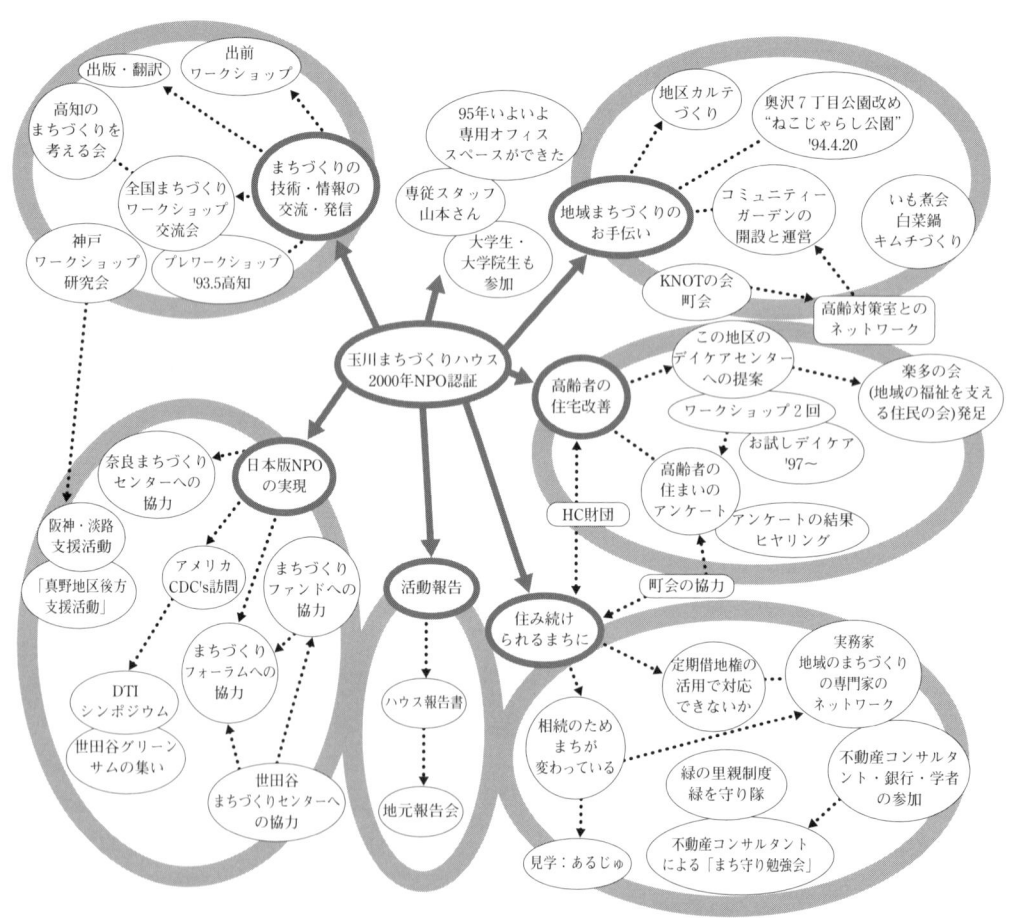

ネットワーク
直訳すれば関係網。人と人，グループとグループにも適用される。参加者の自発性・主体性を重んじ，平等で強制し合わないゆるやかな関係の構築をめざす。既存の組織ではできない活動を実現するためさまざまなネットワークが生まれている。

資料提供）玉川まちづくりハウス

図10－2　玉川まちづくりハウスの活動

2．生活価値観の変化とコミュニティ

　都市では，地域に空き地があれば，誰でも「いったい何ができるのだろう」と思うだろう。そう思いながら，何かができるのを待つのが普通かもしれない。ところが，自治体に問い合わせ，もし公的な施設ができるのなら，その計画に自分たちも参加させてほしい，と要望することも可能なのである。「玉川まちづくりハウス」はそんな住民たちを支援するネットワークの拠点である。

　従来自治体が，住宅地の中につくってきた公園は，きれいではあるがどこをとっても画一的なおもしろみのないものだった。そこで，小西さんらは公園整備計画への住民参加を提案。公園づくりのワークショップを実施することになった。それに当たって，小西さんは専門家としての提案は一切行わず，あくまで住民の意見を集約する立場に徹したそうである。

　「結論の出方は誰にもわからないのです。私は，ワークショップを企画し，見守るだけです」と，小西さんは言う。そして，ワークショップは結実し，昔の"はらっぱ"を再現した"ねこじゃらし公園"をオープンするに至った。計画の間に，グループ"ねこじゃらし"が発足し，草取りなどをして公園を自主管理することになった。

　公園づくりのようなハード面だけではなく，図10－2のようにまちづ

資料10－2　NPOとNGO

　NPOは，Nonprofit Organization（非営利組織）の略。政府や自治体管轄の組織は含まないので，一般に民間非営利組織と呼ばれる。具体的には，医療・福祉，環境，文化・芸術，スポーツ，まちづくり，教育などあらゆる分野の組織が含まれる。2003年に施行された改正特定非営利活動促進法（改正NPO法）では，法律で定める17分野の活動（下記参照）をするNPOは申請して認証されれば法人格が与えられる。この背景にはNPOを公に認知し，多様な活動の便宜を図り，社会に貢献することが期待されるようになったことがある。

　法人格を持った団体になれば外部との交渉もしやすくなり，専従スタッフを雇用しやすくなるなど有利な面もあるが，年度ごとの事業報告や決算書の公開など事務上の負担も増える。地域に密着した多様なサービスを提供し続けるために，あえて法人格を求めずに任意団体として活動を続ける場合も多い。

　なお，NPOと似たものにNGO（Non-governmental Organization　非政府組織）がある。国際的には，NPOとNGOはほぼ同義に使われているが，日本ではNPOは国内，NGOは国際的な活動をする団体という意味合いで使われることが多い。

特定非営利活動促進法（NPO法）に定められた17分野

1　保健・医療または福祉の増進を図る活動　　2　社会教育の推進を図る活動
3　まちづくりの推進を図る活動　　　　　　　4　学術，文化，芸術またはスポーツの振興を図る活動
5　環境の保全を図る活動　　　　　　　　　　6　災害救援活動
7　地域安全活動　　　　　　　　　　　　　　8　人権の擁護または平和の推進を図る活動
9　国際協力の活動　　　　　　　　　　　　　10　男女共同参画社会の形成の促進を図る活動
11　子どもの健全育成を図る活動　　　　　　　12　情報化社会の発展を図る活動
13　科学技術の振興を図る活動　　　　　　　　14　経済活動の活性化を図る活動
15　職業能力の開発または雇用機会の拡充を支援する活動
16　消費者の保護を図る活動
17　前各号に掲げる活動を行う団体の運営または活動に関する連絡，助言または援助の活動

くりハウスの活動は、住民相互の交流と助け合いに関わるソフト面にも広がっている。「まちづくりのプロセスを通じて人と人とのつながりが広がっていくのです」阪神・淡路大震災の被災地域への支援など、地域以外との交流も、まちづくりハウスを通じて行ってきたという。活動が自由に広げられて、状況に迅速にフレキシブルに対応できるのが、ネットワークの長所であろう。

玉川まちづくりハウスは、2000年にＮＰＯ法に基づく認証を受け、法人格を持つＮＰＯになった（資料10－2）。ＮＰＯは文字通り非営利の組織であって利潤追求を目的としていない。しかし今後は、事務所や専従スタッフの雇用を維持し活動を継続するための収入が必要となる。善意による寄付に依存するばかりではなく、地域のニーズに応じた事業により収入を得る公益事業体としての基盤づくりが進められている。

3. ボランティアで支え合う社会

（1）ボランティアへの関心の高まりと実践

人々の意識が、心の豊かさを求める傾向が強くなる中で、社会のあり方に目を向け、何か社会のために役に立ちたいと考える人たちが増えてきている（図10－3）。そして、社会への貢献の方法のひとつとして、ボランティア活動が注目を浴び、近年急速にその数が増加している（図10－4）。

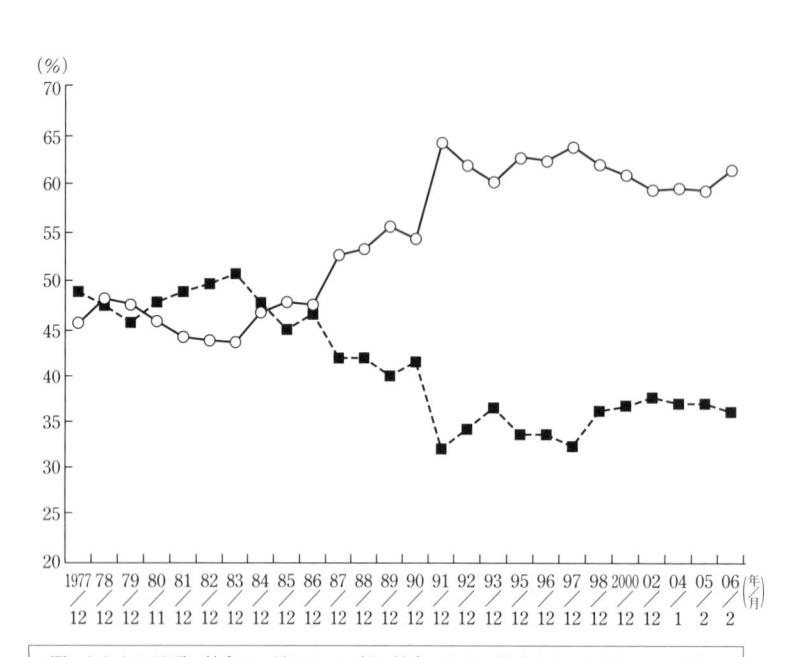

ボランティアとは、一般に無償で自発的に他人や社会のために、自分の労力、技能、時間などを提供する人々のことをいう。阪神・淡路大震災の被災地でのボランティアの活動の様子は、マスコミを通じて全国に報道され、一般の人々にその意義を大いに知らしめることになった。何とかして被災者の役に立ちたいという彼らの真摯な行動には私たちの心を打つものがあった。

しかし、災害時に無我夢中で飛び込んでいくならともかく、平穏な日常の中では、ボランティアに関心があっても実際に行動するのをためらって

図10－3　高まる社会への関心

資料）内閣府「社会意識に関する世論調査」
出典）厚生労働省『平成18年版　厚生労働白書』

3．ボランティアで支え合う社会

しまう人が多いのではないだろうか。そのためらいの原因のひとつは，何のかかわりもない他人のために無償で行動すること，すなわち誰からも「立派だ」といわれるような行為をあえてすることに対する気恥ずかしさや偽善者だと思われないかという心配があるのではないだろうか。また，特別な技能を持たない自分に何ができるのか，中途半端な気持ちでかかわってはかえって迷惑ではないかなどと考えてしまうのも，実践に踏み切れない原因であろう。

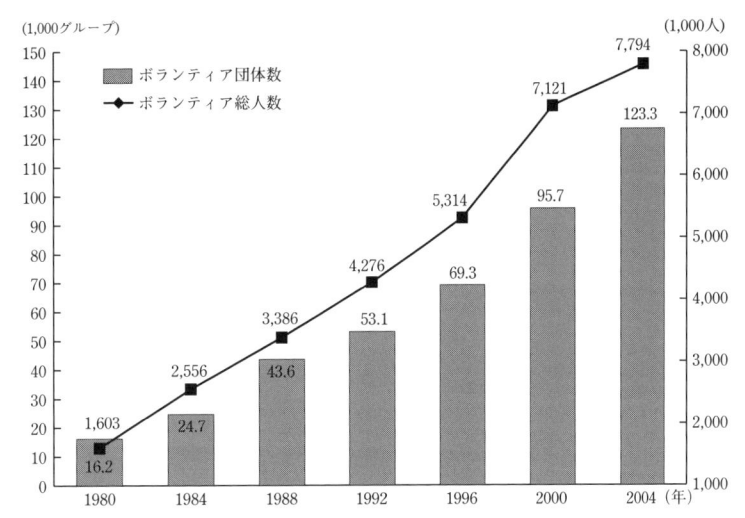

ある女子学生はレポートの中で，ボランティアとして活動する自分の心情を次のように綴っている。「……すべての問題を解決する原点は，"助け合いの心"を皆が持つことだと思いました。小学校の時から，思いやりや助け合いの心は大切だ，と教えられてきたにもかかわらず，皆このことを忘れがちなのではないでしょうか。ボランティアをしている，と言うと『えら

（注）都道府県・指定都市および市町村社会福祉協議会のボランティアセンターが把握している数値である。

出典）社会福祉法人　全国社会福祉協議会・全国ボランティア活動振興センター編『ボランティア活動年報2005年（ボランティアセンター事業年報）』

図10－4　ボランティア数の推移

資料10－3　少しの気持ちと少しの時間があれば誰にでもできるボランティア

A君は大学3年生。3年になって，授業の空き時間が多くなったとき，路上で自治体の掲示板のポスターを見て，在宅福祉のボランティア活動に参加してみようと思った。福祉や介護に関する特別な知識や技能を持たないA君だが，ボランティア登録者が受講することになっている簡単な講習で車椅子の押し方などを習った後，活動を始めた。

A君がすることになったのは，脳梗塞で車椅子を使用している老人Bさんの散歩と話し相手。「そんなことだけでいいのだろうか……」と最初は戸惑ったA君だが，通い始めて自分の仕事の大切さを知った。

Bさんは奥さんとふたり暮らし。介護援助のヘルパーも訪れているが，高齢の奥さんには，家庭内でのBさんの世話が精一杯で，車椅子を押して散歩に連れ出すほどの余力はない。また脳梗塞の発作後Bさんは同じ話を何度も繰り返すようになって，毎日一緒にいる奥さんにとってそれは負担だったし，真剣に聞いてもらえないBさんもイライラすることがあった。そんなBさん夫妻にとって，A君が週1回2時間でも訪問してBさんを散歩に連れ出してくれることは，とてもいい気分転換になるのだ。BさんはA君が来るのを心待ちにしているのである。

A君は「Bさんは，ゆっくりと同じ話を繰り返してますけど，できるだけ耳を傾けるよう努力しています。同じ話ばかりだとちょっと辛くなることもあるので，最近は一緒に絵を描きながら話を広げるよう工夫しています。リハビリにもなるので。Bさんは若い人と話せてうれしい，と心から喜んでくれているようです。僕は最初は単純な仕事だと思っていたのだけれど，意外に忍耐や工夫がいることに気がつきました。ボランティアをすることにより，いろいろな発見がありました。週にたった2時間の活動ですが，僕にとってもBさん夫妻にとっても大切で意義深い時間になっていると思います」と語っている。

いね』と言う人が多いのです。私はそんなことを言ってもらうためにボランティアをしているのではありません。『えらいね』なんて言われるのは変な気持ちです。そういうことを言う，というのはまだ特別なことだと思っているからでしょう。……」

　ボランティアとして行動する人に話を聞いてみると，一方的に他人に奉仕しているという感覚を持っていない人が多い。むしろ人と触れ合い，感謝を示されることで，これまで知らなかった世界が広がり，学び，自分の持つ力の可能性を知ることになるという。「世のため，人のため」と頑張りすぎずに，楽しんでいるのである。

（2）ボランティアの活動内容

　ボランティア活動は，あらかじめ活動の仕方が決められているわけではない。現在は，高齢者・障害者に対する福祉活動が盛んである（表10－1）。しかし，図10－5に示したように，自ら社会とどうかかわりたいかを考え，主体的に行動すればよいのである。活動

表10－1　ボランティアの主な活動内容

(1) 人に対する活動を行うボランティア

活動対象者	(%)
高齢者や介護者	55.2
障害児・障害者やその家族	52.5
子ども	18.8
子育て中の人	9.1
難病患者やその家族	4.3
在日外国人・留学生	1.4
海外の人々	1.1
ホームレス	0.3
その他	6.3
活動の対象は特に限定していない	5.8

(2) テーマに沿った活動を行うボランティア

活動内容	(%)
まちづくり	20.8
環境保全・自然保護	15.1
伝統文化の継承や芸術の普及	12.0
国際的な支援活動	3.1
防災・災害・安全	2.9
その他	38.9

注）(1), (2)ともに全国社会福祉協議会の把握するボランティア団体（2001年4月で97,648団体）を母数とする複数回答結果。
資料）全国社会福祉協議会「全国ボランティア活動者実態調査」2001
『平成18年度版　厚生労働白書』

誰に（対象）	どこで（場所）		誰と	どんな活動をするのか
人｛老人 障害児・者 子供（幼児～青少年） 外国人 その他一般｝ 社会｛地域 環境 海外｝	自宅，個人の家 居住地域 社会福祉施設 病院 社会教育施設 　公民館，コミュニティセンター， 　図書館，美術館，博物館， 　体育施設，郷土資料館　等	街 　道路，公園， 　商店街， 　デパート， 　駅，電車　等 観光地 災害地 へき地 海外　等	個人で 仲間と｛居住地域の人 団体 グループ，サークル 職場の仲間 友達 家族 学校の仲間｝	ボランティア難易度一覧表参照（表10－2）

図10－5　さまざまなボランティア活動

配食サービス
　在宅の虚弱老人に対して，食事を届ける在宅福祉サービス。老人の健康状態により，普通食，糖尿病食，刻み食などが提供されることも多い。食生活の援助のほか，老人の安否の確認，配り手との交流による社会的孤立の防止，家族の負担の軽減など副次的なメリットも多い。事業体により異なるが，費用は比較的安価であり老人が自己負担する場合が多い。

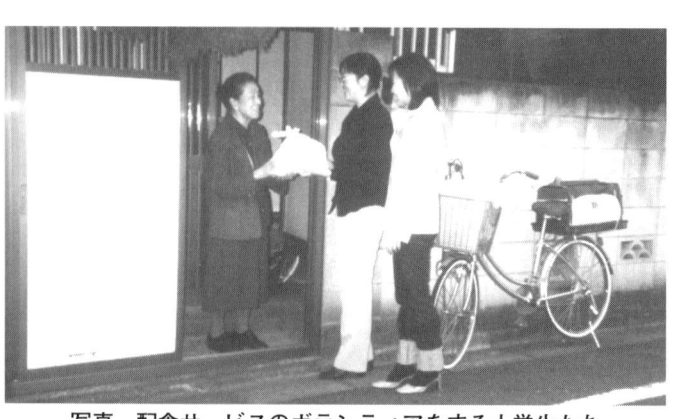

写真　配食サービスのボランティアをする大学生たち

3．ボランティアで支え合う社会

表10−2　ボランティア難易度一覧表

♥：実行するのに必要なもの

難易度		思い	根気	時間	お金	技術	+α	活動の例
1	気持ちがあればすぐにできる	♥						●ごみ拾い（道端のごみを拾う）
		♥						●資源リサイクル（飲料缶，牛乳パック，トレイ，古紙），フリーマーケット
		♥						●収集活動（古切手，ベルマーク，書き損じ葉書，運動具，文房具）
		♥						●困っている人への手助け（席をゆずる，道案内をする，降車ボタンを押す，駅員に知らせる）
		♥						●被災地への物資の提供，手伝い
		♥						●献血
2	気持ちを支えるものがあれば幅が広がる	♥	♥					●環境家計簿（水道電気ガス使用料通知から水量や二酸化炭素排出量を計算）
		♥	♥					●身近な自然・命の保護（森林の草刈り，動物愛護）
		♥	♥					●環境美化（緑化植樹，花いっぱい運動），公園ボランティア（花壇の手入れ，草取り，清掃）
		♥		♥				●地域活動（犯罪防止，交通安全，車いすマップづくり，放置自転車の整理，自治会，消防団，PTA）
		♥		♥				●伝統，文化の伝承（お祭り，遊び，芸能，生活用具，郷土料理）
		♥		♥				●手話・点訳・音訳・読み聞かせ
		♥		♥				●図書館ボランティア（機関誌発行，おはなし会，本の修復や整理）
		♥		♥				●相談・交流（話し相手，助言，文通）
		♥		♥				●ひとり暮らしのお年寄り訪問（声かけ）
		♥		♥				●給食・配食サービス
		♥		♥				●保育ボランティア（子育て支援）
		♥			♥			●募金（助け合い，福祉施設寄付，奨学金，自然環境保護，国際ボランティア貯金，ユネスコ）
		♥				♥		●選挙ボランティア（福祉・環境行政の改善）
		♥				♥		●ボランティアホームページ（ボランティア情報の発信，広報活動）
3	生きがいを与えてくれる	♥	♥	♥				●介護（食事，排泄，入浴，車いすでの移動，洗濯物たたみなど，生活すべての場面での手助け），訪問看護
			♥	♥	♥			●パピーウォーカー（盲導犬等飼育）
		♥	♥	♥		♥		●写真撮影
		♥	♥	♥		♥		●通訳
		♥	♥			♥		●ハンディスポーツ（伴走，指導，手助け）
		♥	♥			♥		●ガイド（博物館，美術館，動植物園，水族館での案内・説明）
		♥	♥			♥		●遺跡・古墳の発掘作業
		♥	♥			♥		●料理指導，栄養改善
		♥	♥			♥		●趣味活動の指導（音楽，美術，書道，茶道，華道，文芸，舞踏，園芸，服飾，手工芸，囲碁将棋）
		♥	♥			♥		●スポーツ・レクリエーションの指導（少年野球，サッカー，ゲートボール，ダンス，ゲーム，ハイキング登山，キャンプ）
		♥	♥			♥		●演芸活動（チャリティーショー，映画会，人形劇），談話，法話
		♥	♥			♥		●制作・創作・貸出（拡大写本，手でさわる本，介護福祉用具，遊具，紙芝居，家庭文庫）
		♥	♥				♥	●市民オンブズマン（行政の問題点を指摘し，改善を要求）
		♥	♥				♥	●フォスターペアレント（教育里親として経済的・精神的支援）
		♥	♥				♥	●ホストファミリー（留学生のホームステイ受け入れ）
4	人生観を変える	♥	♥	♥			♥	●臓器提供（ドナー登録），献体，献眼
		♥	♥	♥			♥	●里親（事情のある子どもを引き取って養育）
		♥	♥	♥		♥		●医療・病院ボランティア（患者，事務，リハビリ等，医療現場のあらゆる場面での手助け）
		♥	♥	♥		♥		●ライフセービング（水難事故防止・人命救助）
		♥	♥	♥		♥		●難民支援（飢餓貧困への国際的支援，NGO，難民の自立支援，教育技術支援）
		♥	♥	♥		♥		●青年海外協力隊（途上国への技術提供支援），シルバーボランティア（途上国への中高年技術者派遣）

（こどもくらぶ編『はじめてのボランティア15　あなたにできるボランティア・ハンドブック』同友館，1999，経済企画庁『国民生活白書　平成5年版』をもとに作成）

内容は非常に多様である。「こんなことでもボランティア活動なのか」とか「これなら私もしたことがある」と思う人も少なくないだろう。ボランティアを始めるほんの少しの勇気さえあれば，自分が社会のために役立つ存在であることを実感できるのである。

では，どうしたら活動を始められるのだろうか。自分の住む地域で活動したければ，市町村役場など自治体に問い合わせて情報を入手することができるだろう。地域にとらわれずさまざまな活動を知りたい場合は，インターネットで探してみるのもよいだろう。実際に活動をしている人に出会ったら，声をかけてみることもできるのだ。その方法の選び方も，自分自身の活動参加へのプロセスとして，楽しみながら始めればよいのである。

4. 閉ざされた家庭から開かれたネットワークへ

ネットワークには，前述したコミュニティ形成のネットワークやボランティア活動のように困っている人を手助けすることを目的に集まったもの以外に，自主保育グループや生協などの共同購入グループのようにメンバーが集まることにより相互に助け合うことを目的としているものも多い。目的はさまざまであるが，ネットワークに共通するのは，一個人や家庭では手に負えず，行政の手が差し伸べられていない，かつ企業がしたのではコストがかかりすぎる，といった性質の活動である。社会構造が複雑化し人々の欲求が多様化する中で，既存の組織では解決できない生活問題が次々に生じてくる。そのため，このような活動が今や都市部だけではなく，地方にも広がりをみせている。

現在，地域のボランティアによる福祉活動の中心となる担い手は，子育てを終了した中高年女性たちである。彼女たちのおかげで社会全体の福祉のコストを下げる効果が期待されているのが現状である。しかし，これにより介護労働の社会的評価が低く抑えられ，また労働者としての女性の地位の向上を阻害することも懸念される。

今後は，老若男女を問わず意志のある人すべてが地域活動に参加しやすい社会的環境の整備を進め，地域における"安価な労働力"として女性を固定しない方策が必要と考えられる。そのひとつとして社会全体でワークシェアリングを推進する方法もあるだろう。

さて，ネットワークやボランティアを通じて地域において形成される人間関係は，家族や職場の人間関係とは異なった，いわば"第三の人間関係"である。家族や職場とかかわることは，私たちの生活を成り立たせるうえで，不可欠なことである。多くの人の生活にとっての，必要性という点では，この"第三の人間関係"ははるかに劣っているのが現状であろう。別に生活していくうえで必要がない，お金にもならないことをするのに，喜びが見いだせるだろうか。答えは"ノー"と首を振る人も多いだろう。しかし，生活上の必要性やしがらみに縛られていないからこそ，この関係において人はのびのびと自分を表現し，自分の存在を確認できるのである。利益や見返りを求めないからこそ，純粋に人と人とが触れ合うことの喜び

ワークシェアリング
　仕事の分け合いのこと。一般には，企業の雇用調整の一手段と理解される。労働力が過剰な場合に，解雇するのではなく一人当たりの労働量を減らすこと。ここでは，それを社会的レベルで実現し，ゆとりと生きがいある生活を享受できる人々を増加させる手段として紹介している。

を実感できるのである。妻や母，夫や父としてではなく，社会的な地位や肩書も関係ない"本当の個人"として，人と触れ合い，自分の新たな面を発見する可能性がこの関係にはあるのである。

　家族・親族の絆を強調し，どのような犠牲をはらっても助け合うのは当然という意識の強いのが日本人である。その一方で，困っている他人には構わなくても，別に非難はされない。親族に対する温かさと他人に対する冷たさが極端な人が多いのである。一族が同一地域に集まって住んでいた時代なら，それでよかったかもしれないが，バラバラに住むことの多い今日では，それではすまされない。核家族化と家族の小規模化が進行しその機能が脆弱化しているといわれる家族にとって，ちょっとした近所づきあいのわずらわしさから，地域社会の中で孤立してしまうことは危険である。"遠くの親族よりも近くの他人"と，気楽に助け合えるように人の輪を広げておきたいものである。

＜参考文献＞
　藤崎宏子『高齢者・家族・社会的ネットワーク』培風館，1998
　堀田力『堀田力の生きがい天国』日本経済新聞社，2000
　金子郁容『ボランティア　もうひとつの情報社会』岩波新書，1992
　経済企画庁『国民生活白書　平成5年版』大蔵省印刷局，1993
　こどもクラブ編『あなたにできるボランティア・ハンドブック』同友館，1999
　倉沢進編『現代のエスプリNo.328　地域社会を生きる』至文堂，1994
　三重野卓・平岡公一編『福祉政策の理論と実際』東信堂，2000
　宮本孝二・森下伸也・君塚大学編『組織とネットワークの社会学』新曜社，1994
　日本家政学会生活経営学部会編『福祉環境と生活経営』朝倉書店，2000
　ＮＰＯとまちづくり研究会編著『ＮＰＯとまちづくり──明日へジャンプ！まちをささえる市民事業体』
　　風土社，1997
　岡沢憲夫・宮本太郎編『比較福祉国家論──揺らぎとオルタナティブ』法律文化社，1997
　小澤千穂子「地域社会とＮＰＯ」袖井孝子編著『少子化社会の家族と福祉』ミネルヴァ書房，2004
　「ボランティア白書1999」編集委員会編『ボランティア白書1999』社団法人日本青年奉仕協会，1999

終章

自分流ライフスタイルの構築
―― 21世紀の生活経営 ――

1. 豊かさのもたらしたもの

　20世紀は人間が人間のために考え作り出したモノが続々とあらわれた時代だった。大量生産の家電製品が家庭に入り込んで暮らしを便利にし，新しい交通手段はより早く，より遠くへという人々の欲求に応えていく。

　20世紀ほどモノにあふれた社会はない。モノを搭載したトラックが行きかい，百貨店やスーパーには，モノがあふれ，テレビをつければあらゆるモノが宣伝され，私たちの購買欲を刺激している。大量生産，大量流通，大量消費されたモノたちは，狭い家からあふれ出し，捨てても捨ててもいっこうに家は片づかない。大量廃棄されたモノたちで埋め立て地は満杯だというのに，私たちは何かにとりつかれたかのように，モノを買い，そして飽きれば惜しげもなく捨てている。

　20世紀に発明されたモノをみてみよう。1903年には，ライト兄弟による初飛行が成功し，1907年にはアメリカでプラスチックが発明された。1925年にテレビに関する初の公開実験が行われ，1928年にはペニシリンが発見された。1935年にはドイツで磁気テープによる録音機が発明され，1938年，蛍光灯がアメリカで実用化された。1945年には，広島と長崎に原爆が投下され翌1946年には初のエレクトロニックコンピュータがアメリカで開発された。1957年にはソ連が人工衛星打ち上げに成功し，1958年には，インスタント食品の「チキンラーメン」が発売された。1964年にはIBMが初のワードプロセッサーを開発し，1968年には，初のレトルト食品「ボンカレー」が発売された。1975年にはカラオケが普及し，1979年にはソニーから「ウォークマン」が発売され，1982年にはコンパクトディスクが日本でも発売されるようになった。1983年には任天堂からファミコンが発売され，1997年には対人地雷全面禁止条約が採択され，遺伝子組換え食品が登場した。2000年には携帯などの移動電話の加入台数が固定電話を抜いている。

　抗生物質の発明は，多くの人の命を救い，人類の平均寿命を大幅に延ばすことに貢献した。飛行機や自動車などの交通機関の発達は，私たちの空間的距離を縮め行動半径を飛躍的に拡大した。

　コンピュータ，電話，洗濯機，掃除機，冷蔵庫の普及は，時間と労力を軽減し家庭生活にゆとりを生み出した。映画，ラジオ，テレビの普及によって，娯楽の機会は拡大した。特に，テレビの登場によって，私たちのラ

遺伝子組換え食品
(genetically manipulated food)
　遺伝子操作技術を利用して，除草剤に対する耐性や，害虫を駆除する毒素を生産する能力，日持ちをよくする性質をそなえた作物を原料として製造された食品。GM食品ともいう。現在，大豆，ナタネ，ジャガイモ，トウモロコシ，綿などの農作物（76品種）および添加物（13品目）が，主としてアメリカから輸入されている。バイオ技術の結晶と考えられるが，人体への安全性をめぐっての議論が続いている。

イフスタイルは一変した。多くの情報を手に入れることができるようになり，知識も飛躍的に増大した。

しかし，その一方で，私たちはとてつもないものを私たちの生活の中へ登場させてしまっている。核，化学兵器，地雷，ドラッグ，ミサイル，生物・化学兵器，環境ホルモン，銃器など，私たちがつくり出したものが，私たち自身の生活，生命，精神を破壊していくのである。

そして，功罪相ともなうものとして，携帯電話，インスタント食品，農薬，プラスチックなどの石油化学製品がある。これらは，私たちの生活を便利なものとしたが，その反面，問題も数多く生み出したのだ。

さらに，お茶の間にテレビが据えられることにより，家族そろっての団らんがテレビ中心の団らんへと変化した。家族が誰ひとり，一言も口をきかなくても，その沈黙を埋め合わせてくれるテレビの存在は，見かけ上の一家団らんを可能とする。

これまでアメリカ型のライフスタイルを理想とした日本人は，豊かな生活を求め，家庭電化製品，自動車と，次々に手に入れてきた。しかし，何もかも手に入れた今，次に何がほしいのかと聞かれて，はたと答えに詰まってしまう。

アメリカ型の豊かさが本当の豊かさではないことに人々は気づき始めている。そして，「それでは何が本当の豊かさなのか」ということについて，私たちはまだ答えを出していない。

> **環境ホルモン**
> 内分泌攪乱化学物質。環境ホルモンが体内に入ると，本来のホルモンの作用（性の分化，生殖器や脳の形成）が妨害される。ダイオキシン，ＰＣＢ，ＤＤＴ，有機スズ，ビスフェノールＡ，フタル酸化合物など。

2．情報化のもたらすもの

急速な勢いで展開されるＩＴ革命は，私たちの生活を一変させている。全国民がＩＴ機器利用の基礎的技能を取得することをめざし，全国3,000以上の郵便局や，市町村役場，商工会議所などにＩＴ講習施設が開設され，パソコン講習などが実施されるという施策が公表された。

「ＩＴ機器の利用技能は，読み書きと同様，生活に必要な基礎技能」であるとの認識に基づいて，国民のデジタル・デバイド解消に向けて，内閣の中心施策として位置づけられることとなり，おそらく，ここ数年の間に，ＩＴ関連の施策が次々と立ち上げられ，毎日のように新聞やテレビをにぎわすであろう。

テレビが私たちの生活を一変させたように，ＩＴ革命が私たちの生活へ及ぼす影響ははかり知れないものとなると予想される。

しかし，私たちはＩＴ革命の恩恵を果たして享受しているのだろうか。通勤途中に携帯電話で打ち合わせをし，新幹線や飛行機の中でパソコンを取り出し一心不乱に仕事をしているビジネスマンの姿はもはやありふれた光景である。不思議なことに，モバイル機器やインターネットの普及により時間が節約されると，その結果，さらに労働時間が長くなっている。片づけても片づけても膨大な仕事がどこからともなく湧いてくる。

インターネットの普及は情報通信コストの劇的な低下を招き世界中をネットワーク化した。時間的距離も空間的距離も解消された今日，一日24

時間，一年365日，休みない経済活動が可能となった。そして，そこにどっぷり浸かってしまうと夜の安らぎや休日はこないのである。

また，携帯電話をかたときも離さず，メールのやりとりをする人の姿は街中の至る所でお目にかかる。しかし，考えてほしい。用もないのに，他愛ないことを友人の携帯にかけていないだろうか。また，友人から1件も電話やメールがかかってこないと不安な気持ちにおそわれることはないだろうか。

人との距離を縮めるはずの道具が，かえっていいしれぬ孤独感や疎外感を強める事態を招いている気がしてならない。家族との団らんに背中を向けて，携帯という関係によって，友人との閉ざされた世界に身を置こうとしているその姿は，情報化社会のひずみを象徴しているようにすら感じられる。

3．パラダイムの転換へ

カレル・チャペック
（1890～1938）
14, 5歳頃から散文や詩の創作を発表し，プラハの大学で哲学を学ぶ。第1次世界大戦後，文壇で活躍し，チェコ当代の文化の第一人者として世界的に知られる。

カレル・チャペックは，国際的に広く名を知られたチェコの作家である。第1次世界大戦後，チェコスロバキア（当時）が独立した頃に『園芸家12ヵ月』は著されている。労使闘争で世の中が騒然としているにもかかわらず，そうした社会情勢に目を背け，一見，のんびりした園芸家の暮らしを淡々と叙述しているかのようにみえるが，この書には資本主義と軍国主義のうえに建てられた物質万能主義の世の中を批判的にながめる姿勢が貫かれている。

全世界に広く翻訳されたこの書には，自然の生命の美しさ，生きる喜び，生活を営むことへの惜しみない愛情が満ちあふれている。

そして，そこには，時空を超えた視点，すなわち「現在（いま）を生きるということは，未来（あす）を生きることにつながる」という，メッセージが込められている。そして，この視座を，私たちはややもすれば，「忙しい」という語を免罪符のようにして，つい見過ごしてしまいがちなのである。

> 「土の下のかたい，太い芽，球根の頭のてっぺんの瘤，ひとかたまりになって干からびている葉の下の奇妙なふくらみ，これは，このなかから春の花がぱっと跳びだす爆弾だ。
> 　春は芽を吹く時だとわたしたちは言っている。ところが，じっさいは秋だ。なるほど，自然をながめていると，まさしく一年は秋で終わる。しかし，一年の始めは秋だと言ったほうが，むしろほんとうに近い。ふつう，だれでも，秋は葉が落ちる，と考える。それは，わたしも，じっさい否定することはできない。わたしの言っているのはただ，一歩掘りさげて考えた場合，秋は本来，葉の育つ時だというにすぎない。
> 　冬になるから葉は枯れる。しかし，それと同時に，春がはじまるから葉は枯れるのだ。爆音とともにそのなかから春がおどり出る。かんしゃく玉のように小さな新しい芽が，はやくもつくられているからだ。木や灌木が秋に裸になるのは，視覚上のイリュージョンにすぎない。木も灌木，翌春

ひろげて伸ばすものを，枝という枝にぎっしりばらまいているからだ。花が秋に枯れるのは，視覚上のイリュージョンにすぎない。じっさいには花が生まれるのだから。

　自然が休養する，とわたしたちは言う。そのじつ，自然は死にもの狂いで突貫しているのだ。ただ，自然は店をしめて鎧戸をおろしただけなのだ。しかし，そのなかでは，新たに仕入れた商品の荷をほどいて，抽斗ははちきれそうにいっぱいになっている。これこそほんとうの春だ。いまのうちに支度をしておかないと，春になっても支度はできない。未来はわたしたちの前にあるのではなく，もうここにあるのだ。未来は芽の姿で，わたしたちといっしょにいる。いま，わたしたちといっしょにいないものは，将来もいない。芽がわたしたちに見えないのは，土の下にあるからだ。未来がわたしたちに見えないのは，いっしょにいるからだ。

　ときどきわたしたちは，水気のなくなった，いろんな過去の思い出につつまれて，すえた匂いをはなっているように思われることがある。わたしたちが現在とよぶ古い作り土のなかに，どんなにたくさんの太った白い芽がぐんぐん伸びているか，どんなにたくさんの種がこっそり芽を吹き，どんなにたくさんの古い挿木苗が，いつかはかがやかしい生命に燃え上がる一つの芽となって，生きているか，もしもわたしたちがそれを見ることができたとしたら，秘められた将来の繁栄をわたしたちのなかにながめることができたとしたら，おそらくわたしたちは言うだろう。～おれたちのさびしさや，おれたちのうたがいなんてものは，まったくナンセンスだ。いちばん肝心なのは生きた人間であるということ，つまり育つ人間であるということだ，と」

（カレル・チャペック　小松太郎訳『園芸家12カ月』中公文庫　pp.173-175より）

4．サスティナブルな生活へ

　長い歴史の中でも，20世紀の100年ほど，日本人の暮らしが大きく変わった時代はないであろう。絶え間ない戦争の時代でありながら，生活のうえでは1923年の関東大震災，1960年代からの高度経済成長期を経て，大きな変革の波をくぐってきた。都市と田舎，中央と地方の垣根はなくなり，日本全体が均一化してきた。

　どこの駅に降り立っても，その街の匂いが感じられなくなりつつある。同じような風景，同じような店が建ち並び，街の個性が失われている。個性化や多様性を人々が必死になって模索した結果が，逆に同質化を招いたとは何とも皮肉な結果である。

　そして，21世紀を迎え，私たちはどのような課題に直面しているのだろうか。

　「サスティナブル（sustainable）」とは，「持続可能な」という意味を持つ語である。大量生産，大量消費，そして大量廃棄というこれまでの生活様式を見直し，環境と調和した生活を次世代に継続させる循環型社会のキ

終章　自分流ライフスタイルの構築

ーワードである。リサイクルを行うことはもちろん，自然分解されることを考えた素材の利用，長期間使用を想定してモデルチェンジをせずに部品交換で対応するなど，廃棄物を出さないという考えに基づいている。

サスティナブルな姿勢とは，破壊されてしまった地球環境を「治療」するのではなく，環境破壊を「予防」することにある。チャペックの文章の根底に流れている，変わらないものへの愛おしみと慈しみの気持ちが，これからの生活経営の根幹をなすのではないだろうか。

私たちが創り出したさまざまなモノが，この世の中にあふれている。何を次世代に伝えるべきか，そして何を伝えてはいけないのか，改めて考えてみよう。

> **ダニエル・レビンソン**
> （1920〜）
> ハーバード大学などを経て，エール大学医学の心理学教授となる。単行本は『人生の四季』として講談社から刊行されたが，文庫として収められるにあたって，『ライフサイクルの心理学』に改題されている。

> **人生の四季**
> 人間の一生（誕生から死亡まで）を「季節」という一連の時期または段階に分けてとらえる。人生は連続した一定不変の流れではなく，質的に異なる季節から成り，それぞれの季節は独自の性格を持つという考え方。

人生にはさまざまなステージがある。レビンソンの『人生の四季』というライフサイクル論によれば，季節と同じように人間にも四季があり，体はどんどん衰えていくけれども，心はむしろ豊かになって，周りの環境とお互いに交流し合うようになると説いている。20歳になってもパーソナリティはまだ完全に成長していない。「春」というひとつの季節から，次の季節へ移行しつつある段階にすぎないのである。根本的な変化を求める次の機会は人生の正午である40歳に始まる。

人の一生は，出発点（誕生，始まり）から終了点（死亡，終わり）までの旅なのであろう。生まれてから老いるまでの旅は，人によって，文化によって，そして時代によって，際限なくさまざまな形で進む。途中で数々の影響を受けてそれがその旅の内容を決める。途中で別のルートをとることになったり，回り道をすることになるかもしれない。しかし，それが新しい人生のステージを創り出すのである。そのときに必要なのは，インディペンデンス，自分たちが自分で生きられる，つまり自立の精神を持つことではないだろうか。

確固とした自分の信念に基づく生活，流行や他者にいたずらに流されることなく，自分らしく生きること，それが21世紀の生活経営である。

＜参考文献＞
ダニエル　J．レビンソン『人生の四季──中年をいかに生きるか』講談社，1980

附章 I　生活の生命学
——性・生命・死——

　生活するとは一人ひとりの価値ある生命を活かすことである。表面的には何げなく生活を送っているようでも，色も形も匂いもある"生活"の根底には，一見とらえどころのない生命の質が存在している。その生命の根元をみつめることで，本当の意味で生きることを取り戻すことが，今の私たちには求められている。

　かつて多くの人々が食べることすら十分でなかったような時代には，「生存」状態からいかにして豊かな「生活」へと導くかが生活科学の課題であった。しかし現代は生存の意味自体が変化し，一方，生活が空虚なものにみえてきている。それにはいくつかの背景が考えられる。

　第一に，現在の地球が抱える生態系の危機は，既に人間が解決できる領域を越えてしまったのではないかという生存の危機に瀕しているということである。今私たちには，それを知ったらあきらめて無気力に生きることを選ぶのか，解決不可能かもしれないものに向かってそれでも最終的には人類が命の道を選択するのを信じて，自分から意識を変えて生活しようとするのか，ということが問われている。

　第二に，私たちの豊かさを支えている経済が，物資とサービスの流通による総額とは桁違いの額の金融経済（株・証券・通貨取引など）によって動いているという現実である。IT（インフォメーション・テクノロジー）による電子商取引の効率化で，人と物を離れて暴走する怪物になりかねない世界の経済と，人類に初めて登場した世界帝国になりかねないグローバリズムのあやうさは，世界的な貧富の差の拡大など人類社会に微妙な影を落としている。そのなかで，人々が積極的に肯定的な社会のあり方を描きながら，機械的ではない人間の悟性によって生活を再構築する努力と変革が求められている。

　第三に，生存から生活へ向かった成果の果てに，私たちはとうとう生きることの意味に関する生存の危機に直面しているのかもしれないということである。平和で豊かな暮らしを楽しみつつも，社会に対する徹底的な違和感を感じる若者は少なくない。私たちの多くはそこそこに幸福な人生を送っている。欲求を満たすことで幸福になることが生きる目的だとすれば，欲求には終わりがないのであるから，何も目的がないのとたいして変わりのない人生を送っていることに，うすうす気づいているのかもしれない。本当は何を見，何を愛したいのか。何のために生きているのか。私たちは今，大きな意識の転換点にいるのかもしれない。

　では，私たちはどう生きればいいのか。性や死をみつめることで生命についてともに考え，現実の問いにも触れながら，みてみよう。

1. 性を考える

(1) 生殖と性

　性を持つ生物は，個体の死を迎えるが，生殖によって遺伝情報を交換することで新しい生命を生み出し，種全体にとっての蘇りを可能にしている。他の生物同様，人間もまた生殖における男性と女性に大きな違いがみられる。生殖細胞である精子は数ヵ月で作られるのに対して，卵細胞に成熟する可能性のある卵原細胞は，胎児の時から選別されつつ約40万個が女性の体の中に初めからある。また，卵子の直径は約110～120μm（マイクロメートル）であるのに対し，精子は尾の部分を除けばわずか4～6μmである（図附1－1）。体積では約2,000倍もの差がある。新しい胎児の遺伝子DNAを含む

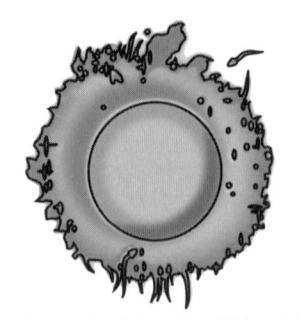

図附1-1　卵子とそれを取り囲む顆粒細胞群と精子

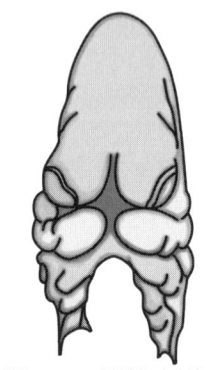

図附1-2　受胎32日の頭部（古代魚類の時期）

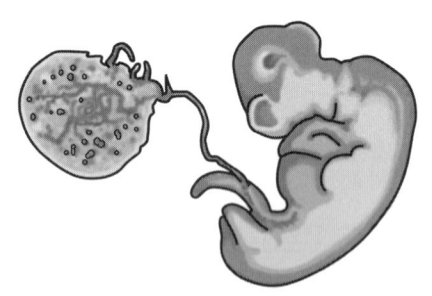

図附1-3　受胎34日
（鼻がすぐ口に抜ける両生類のおもかげ）

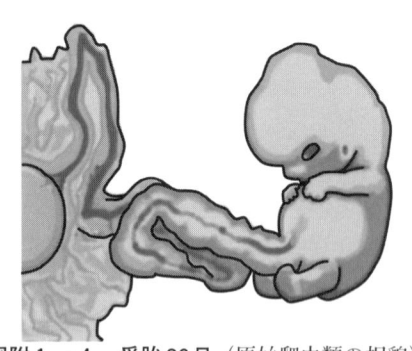

図附1-4　受胎36日（原始爬虫類の相貌）

出典：図附1-1：NHK取材班『驚異の小宇宙
　　　　　人体　1』日本放送出版協会，p.38，1989
　　　図附1-2〜4：三木成夫『胎児の世界』
　　　　　中央公論社，691，p.108，111，113，1983

染色体は，男女双方から同数受け継ぐが，細胞内のミトコンドリアDNAは女性のみから引き継ぐ（私たちの細胞を調べれば母系をたどってゆくことができる）。また，胎児がそれぞれの性に分化していく際，男児に成長していくには性ホルモンの分泌の助けを借りる必要があるが，そのままの発達をとげれば女児に成長する。聖書ではアダムからエヴァが造られたとされているが，生物学的には女性の方が原型なのである。

（2）受精と胎児の成長

　1つの卵子へ向けて放たれた約2〜5億個の精子が受精へと向かうドラマは，たった1個の勝者を生み出す競争の原理そのものと思われているが，精子の約3分の1は初めから他の精子の侵入を防ぐ役割を持つことがわかっている。一方，運良く卵子にたどりついた数十個の精子群も，卵子の周りを取り囲む顆粒細胞群のバリアーを通過するために，協同するという。また，卵子の側でも精子を取り込む動きが起こる。

　受精の瞬間をスローモーションで見てみると，受精波と呼ばれる電気的な波が精子の入った極から反対の極へと流れてゆくのがわかる。その時卵子は受精卵という，新しい生命体として生まれ変わり，ゆっくりと回転運動を始める。

　受精卵が分裂を繰り返すと，やがて魚のような形に成長し，次第にカエルのような水かきを持つ手が成長する。受精からわずか数十日の間に，38億年ともいわれる生命の進化の歴史をまるで夢見るかのように，古代魚類，両生類，原始爬虫類，原始哺乳類のおもかげをたどっていくという（図附1-2〜4）。人は誕生するまでに，地球上の生命の記憶を引き継いでいるかのようだ。

　胎内に伝わる母親の呼吸のリズムは，ちょうど生命を育んできた海の波のようである。胎児には，母親の心臓の音がよく聞こえるという。心拍数の他，筋肉の緊張・弛緩，胎盤を通ってくるホルモンなどによって，胎児は母親の心理状態の影響をストレートに受ける。妊婦と胎児の関係は，24時間続いているのである。

　5〜6ヵ月目にもなると，胎児が外界の音に反応するのが妊婦にもはっきりわかるようになる。胎児は指しゃぶりをしたり，やがては目を開けられるようになる。7ヵ月をすぎると，お腹を蹴って呼びかけに反応したりする。

　胎児は産まれてすぐ母親の声を聞き分けるだけでなく，出生前数ヵ月間に繰り返し聞かせた物語のフレーズや音楽を認識していることが研究によってわかっている。

（3）恋愛と性

　性とは，性行為に限定されない人間が生きることの表現そのものといえるかもしれない。性があるゆえに，生命は豊かな多様性や変容を生み，また一なるものへ向かう力を生み出している。性行為それ自体も，太古においては生命の聖なる営みのひとつとして捉えていたことが，世界各地の信仰にみられる。上古の日本においても，部屋の中の周囲をしめ縄で張りめぐらし，神事のひとつとして性行為が行われていたという。

　諸宗教は性をどう考えていただろうか。性行為にともなう快楽について，イスラム教（7世紀～）は欲情の追求を現世の楽しみとして否定はしないが（注1），それに対してキリスト教（1世紀～）では，パウロが人々に独身であることをすすめ，自制できなければ結婚しなさいといっているように（注2），性を歓ぶ教えはみられない。一方，インドの「カーマ・スートラ」（3～4世紀に成立）は性愛に関する経典で，礼節と術（どうすれば性の歓びを与えられるか）を男女ともに学ぶべきものとして書かれ，貴族の堕落を防いだ。日本では，近代に入っても一部で夜這いの風習が残っていたように，性に関してはオープンな国民性を持っていたと考えられている。世界最古の長編恋愛小説は日本女性の手によって書かれ，自然を詠んでは逢瀬を歌に託すという磨かれた恋愛文化を創り出した。

　現代の日本人はどのような恋愛をしているだろう。感情も感性も十分に成長できなかった男性と，男性を気にしてばかりいる女性との間によい恋愛ができるだろうか。古今東西を問わず多くの人は愛ではなく，必要性から恋人に近づいてはいないか。甘えられることを愛と勘違いしては不安をかかえこみ，犠牲を愛だと勘違いしてはその裏で見返りを期待していることに気づかず，相手に執着していないだろうか。恋愛が本物ならば，双方のめざましい精神的成長が起き，その成長は互いを思いやる心を育む喜びとなって返ってくる。男女双方とも，女性性と男性性の2つのセクシャリティーを内に持つが，女性性が統合や尊いものへ向かうものであるとすれば，男性性は多様で現実的な対象へ向かうものと特徴づけることができよう。双方の内なるこの2つの精神性が，感覚・感性を通してスピリチュアルに解放されるところに恋愛の醍醐味があるのかもしれない。人にはそれぞれふさわしい，相手の性質や関心の傾向というものがある。自己本来の生き方に気づき，思い込みをはずさなければ，その相手を識別する目は育たない。

　日本における性情報の氾濫は，そのほとんどが男性の性衝動の視点のみから発信されていて，男女が本来の愛を育むのを困難にしている（注3）。ポルノが日常的に目に入る社会は偏った社会である。男性の中にも不快に思う人がいる。男性は情動を愛と誤解しやすい一方で，女性は主体性のない性としてふるまいがちである。生命の質からみれば，常に無数の卵子を抱えて生きる女性は，産む性としての優位の自尊心を持つ責任すらある。胎児と母，親と子の触れ合いのように，触れ合うとは，かけがえのない相手との菌やウイルスなどを共有するリスクを伴う行為なのだ。女性が自分の望む恋愛を自覚し，相手に伝えなければ男性は精神的に成長しない。女性の考えを知ろうともせず，健康を思いやれない男性に愛はない。性行為に関して男女が対等に話のできる関係を持つことは，むしろ相互の理解と献身を育み，創造的な知性を分かち合う本物の愛を育てる糸口になる。

（注）　1　『コーラン』イムラーン一家，第12，13節など。現世の楽しみよりも本当の素晴らしさは天上にあると説き，善良な信徒（男性）が神のもとで清浄な妻を何人も与えられる様を描いている。コーランは男性を主体として書かれたため，善良な女性信徒がどうなるのかは描かれていない。

　　　　2　『聖書』コリントの信徒への手紙一，第7章第8，9節など。続く第33，34節で，結婚すると主の事よりも世の事に心を遣うためとされている。情欲に身を焦がすよりは結婚する方がましだともいっている。

　　　　3　歪んだマスメディアの影響と希薄な人間関係の中で，昨今の男子高校生は，セックスをしていない者は遅れていると強迫的に考える者が多い。いじめなど子どもどうしの人権が抑圧された状況の中で，誤った性情報にせかされて，早く性交渉を持って大人になろうとしても，新たに社会構

造の歪みと危険を引き受けることになる。「イカなかった」「感じなかった」と，初期にありがちな悩みから，思春期の男女が自信を失ったり，人間関係を築けぬまま「間がもたない」と他の相手を求めたりするのは，本人にとっても社会にとっても不幸なことである。

> **ワークショップ**
> 何をすばらしいと思い，何に喜びを感じるか，人それぞれ違うように，恋愛への思いも異なる。自分にふさわしいのはどんな相手か，どんな心の触れ合いがうれしいか，どんなつき合い方にしたいか，グループで発表し合ってみよう。人の考えを聞いている間は，尊重してうなずく，もっと聞き出す。その後で，あなたは恋愛に何を求めていたか，自分を客観的にみてみよう。気づいていなかった自分を発見しよう。あなたがありのままの自分を受けとめて輝いていることの方が，世の中にとっても貴重なことなのだ。

（4）セックス（sex：生物学的性）とジェンダー（gender：社会文化的性）

私たちはふだん何げなくあの人は女であるとか男であるとか思っているが，その場合は見かけ上の性を自分の枠組みで解釈し，それを押しつけているだけなのかもしれない。きわめて稀なことであるが，染色体は男性であるのに女性として発達した人は，その後適切な処置を施すことで，社会的には女性として育っていくことも不可能ではない。私たちはしつけや教育の過程で，その社会の規範にあった形に順応するよう社会化（socialization）され，「女」や「男」として作られていくが，何が女らしさで何が男らしさかということには，文化によって非常に幅があることがわかっている。

自分が女性または男性であるという，その人の内的確信のことをジェンダー・アイデンティティーというが，この形成には生物学的性とジェンダーの両方がかかわっている。性別に違和感を持った人（性同一性障害）の中には，性転換手術を望む人がいる一方，性器に関係なく自分が認めた性にアイデンティティーを持って生きる人もいる。

> **ワークショップ**
> あなたはどのように女の子として育てられてきたか，あなたの母親の中のどんな「女らしさ」を自分は同じように身につけてきたか（もしくは拒否してきたか），周囲の友人たちと話し合ってみよう。

（5）リプロダクティブ・ヘルス，リプロダクティブ・ライツ

リプロダクティブ・ヘルス／ライツ（reproductive health and rights）は，「性と生殖に関する健康と権利」と訳され，幅広く世界の女性の健康と権利を扱う言葉として定着してきた。具体的には，いつ，誰と，セックスをするかしないかを決定する権利，男性から性感染症を感染されない権利，子どもを産むか産まないか，いつ，何人産むかを選択できる健康の保障を意味する。そこで取り扱われるテーマは，避妊・人工妊娠中絶・性暴力・売春・妊娠・出産・不妊などである。世界的にみれば，避妊の知識の普及が困難なところもあれば，妊産婦死亡率（注1）を下げるための努力が欠かせないところもある。また，貧困をなくすことこそが少女売春を防ぐための解決策ともいわれている。

日本では年間約30万件という中絶の総数自体は減り続けているものの，10代，20代の中絶だけは横ばいである（注2）。中絶を最も選択する年代は19〜24歳である。低容量ピルが入手可能になったとはいえ，望まない妊娠を避ける手段は整っていない（注3）。近年10代，20代の性行動は大きく変化した。性交開始年齢の若年化のみならず，短絡的で長続きせずに相手を替えていく傾向が顕著である（注4）。さらにはコンドームを毎回使用するという人はわずかに30％程度という無防備な性関係で（注5），性感染症の急激な増加を引き起こし，特に若い女性の健康を脅かしている（図附1－5）。主な性感染症にクラミジアと淋病があるが，女性では圧倒的にクラミジアが多い。若者を中心に90

万人以上の感染者がいると推定されているが，女性では80％が無症状のため，知らぬ間に感染が拡大している。女性は射精液を体内に留めるため，コンドームをつけない1回のセックスでクラミジアにかかる危険度は，女性が40％と男性の倍である。コンドームへの誤解から出荷量が下がってきた時期と，性感染症や中絶が若い女性に増えてきた時期とが一致する（図附1-6）。HIV（エイズウイルス）感染は，15〜24歳では男性より女性の方が多い。女性が男性からHIVを感染させられる率は，男性から女性の17.5倍とされる（注6）。判明しただけで1万人を超え，日本人男性の間に毎年確実な勢いで増え続けるHIV感染者数，10代，20代の女性に顕著に増え続けるクラミジア感染者，いつでも起こりうるアジアでのHIVの流行，これらの重なる危機的状況を今や目前にしている。

強かん・強制わいせつに関して日本は比較的安全な国とされているが，現実には顔見知りによる犯行が多いため，告訴される件数が少ないだけである。また，提訴しても相手が恋人であった場合や脅迫に屈した場合は，多くのケースが不起訴となるなど，実態と犯罪件数との間に開きがあるうえ，強かんされた女性をケアする態勢となると極めて不十分である。また，主に夫から妻への暴力（ドメスティック・バイオレンス，DV）についてはようやく社会的に認識されてきたが，デートDVについても注意が必要である。売春については，ひところ「援助交際」という名のもとに10代の売春（犯罪）が行われていた。「人に迷惑をかけていないのになぜ悪いの？」という少女たちは，実は自分自身が意識の深いところで最も傷ついていることに気づいていない。心理学者河合隼雄氏は，それは心ではなくたましいに悪いのだという。大人が行動の核たる信条を持とうとせず，人が迷惑と思うか否かを判断基準にし，簡単にメディアに操作されてしまう，今の日本の社会自体が不健康な状態にあるといえる。

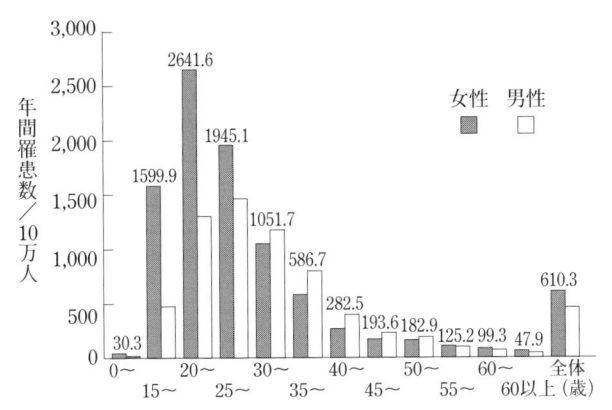

出典）井上輝子・江原由美子編『女性のデータブック 第4版』有斐閣，p.45，2005，浅野千恵作成。原資料は，厚生省性感染症センチナル・サーベイランス研究班「日本における性感染症（STD）流行の実態調査」『日本性感染症学会誌』vol.11, No.1, p.80, 2000

図附1-5　全性感染症の年齢別罹患率（1999年）

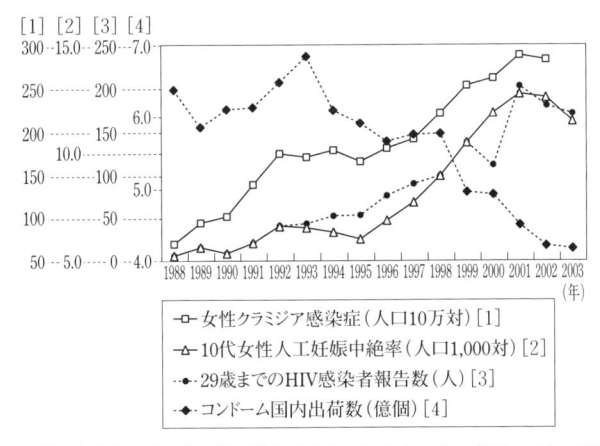

出典）木村雅子『10代の性行動と日本社会』ミネルヴァ書房，p.50, 2006

図附1-6　日本におけるHIV，クラミジア，人工妊娠中絶，コンドーム出荷量の変化

（注）1　サハラ以南の南アフリカでは16人に1人の割合で死亡（2003年WHO，ユニセフ等共同発表）。
　　　2　日本では，人工妊娠中絶と生命倫理をめぐる議論は少ないが，アメリカにおいては今でも激しい政治的議論の的になる。
　　　3　低用量ピルは国によっては数十％が利用しているが，免疫が下がるため性感染症にかかりやすく，副作用もあり，日本での使用率は1％前後である。医師の処方も必要。
　　　4　2000年前後に行われたさまざまな調査で，高校生の性経験率は2〜3割を超え，つき合ったらセックスをすることに肯定的な高校生も8割に達していた。1999年度の国民性行動調査（厚生省

HIV疫学研究班）によると，現在の相手とつき合ってから1ヵ月以内に性関係を持った者の割合は18〜24歳で男性62.7%，女性51.0%で，他の世代の男女を圧倒して多かった。また，生涯で性的パートナーが5人以上いた者は，親の世代の45〜54歳で男性45.5%，女性はわずかに4.6%に対し，18〜24歳では，既に男性の43.5%，女性の37.9%が5人以上の相手と性関係を持っていた。親たちは自分の地域には関係ないことと考えているが，こうした性行動に都市と地方の差はみられなかった。

5 2001年度地方高校生調査（厚生省HIV社会疫学研究班）はじめ，あらゆる調査で普遍的な傾向として，それまでの相手の数が多い男性ほどコンドームの使用率が下がるという驚くべき結果になった。性感染症を予防するという意識が欠如したまま，多くのパートナーに病気をうつす可能性があるということは極めて憂慮すべきことである。

6 性感染症によって性器に潰瘍ができていると，男性で10〜50倍，女性では50〜300倍もHIVに感染しやすく，潰瘍がない場合でも2〜5倍も感染しやすくなるといわれている。

ワークショップ

拒否したい時にどうしたら男性に嫌だといえるだろう？気持ちは理解しても，イヤなものはイヤということから，信頼できる人間関係は築かれる。場面ごとに，自分なりの言葉・表現で答えてみよう。

"愛しているならしてほしい"
　→「どちらが嫌なら，やろうとするのは強引」「それってわがままじゃない？」
"それじゃ愛して（信じて）いないのか"
　→「健康の問題と愛（信じる）は別」
"早く男（恋人）と思われたい"
　→「やったから男（恋人）だと女性（私）は思っていない」
"溜まってくるから出したい"
　→「精子はつくられても壊されるから溜まらない。出さなくても平気」
"ゴムをつけずにやりたい"
　→「危険なのは女性の方」「安心してやった方が気持ちいい」「感染症の可能性が否定できないなら犯罪同然」
"それなら他の女性とつき合う"
　→「私は私の体を大事にしてくれる人の方がいい」
　（つなぎとめようとしたら負け。つらくてもふんばる。あなたの良さをわかってくれる女友達を増やそう。彼ナシも決して悪くない。自分自身を大切にしている女性を追いかける男性は必ずいる）

Let's Check !

パートナーができ，性関係を持つ選択をしたのなら，その前に2人で保健所へ！保健所は若者からの相談を待っている。検査も採血・自己採取などいたって簡単である。万一感染がわかっても完治するまで励まし合うことを初めに誓おう。つき合いはさておいて。都市部の多くの保健所では，数種類の性感染症の検査が可能だが，それもすべてではない。性感染症の中には，免疫の低下によって自然に発症するものもある。お互いの健康のためにも以下のチェックを守ろう。

①妊娠の危険日にはデートを避ける（コンドームにも失敗がある）。
②避妊のためだけでなく，性感染症から身を守るライフガードとして，デートの時はいつでもコンドームを準備する。女性も！
③男女とも，口と性器をじかに接触させない。性感染症は，性器から口，口から性器にもうつる。外来の多くは口からの感染である。
④射精の時だけでなく，はじめからコンドームをつける。中絶の多くの原因は，コンドームをつけない膣外射精である。
⑤協力しない相手とはつき合いを中止する。

(6) 子づくりのために

　"子は天からの授かりもの"というように，いくら計画的に子どもをつくろうとしてもうまくいくとは限らない。しかし妊娠を成りゆきまかせにする方が良いという科学的理由はまったくない。

　受精卵の約半数は，実は妊娠に気づかれないうちに自然死しているという。また自然流産というかたちで死んでゆくものもある。これらは，排卵後数時間たって老化を始めた卵子や，射精後2日以上たって老化した精子が受精することによる要因が大きい。ユダヤ教の教典タルムードには，月経中と月経後7日間は禁欲するニッダーという戒律があり，解禁日はだいたい排卵日の前日か前々日に相当し，性交をすると排卵したばかりの卵子に新鮮な精子が出会う（精子の受精能獲得に数時間かかる）。かつてユダヤ教徒の異常児出生率はカトリック教徒の3.6倍も少ないことが統計によって示されていた（1930～1965，ボストン市の全数調査）（注）。

　妊娠が計画的である方が良い理由は，他にもたくさんある。男性は子づくりの4ヵ月前から，女性は特に性交の日から20週まで遺伝毒物の疑いのあるもの（タバコ，医薬品，食品添加物など）やX線照射をできる限り避ける必要がある。子どもをつくる日に女性がアルコールを飲むと，卵子の減数分裂に作用して染色体異常を起こしやすい。飲酒の害は妊娠が判明する前の4週頃にとりわけ危険であるとする報告もある。計画的であれば，初めから気をつけて生活することができる。タバコは飲酒同様どの時期でも胎児に悪影響を及ぼし，特に後期の喫煙は，出生後の子どもの発育にも影響を与える。妊娠中は自らの喫煙はもとより間接的にも煙を吸わない注意が必要である。

（注）この当時アメリカでどれほどの人がニッダーを実施していたかは明らかでないが，1979年ヘブライ大学のハルラップ博士の調査ではユダヤ女性の約37%がニッダーを実施していたという。

Let's try！
- 自分の性器を見たことがある？　たった一度でいいから，見ると見ないでは大違い。
- 自分の卵巣の位置を知っている？　足のつけねに沿って斜めに両手の薬指か小指を沿わせて手を当て，手のひらの中に繭玉のように収まるものを探すと，ポッと熱を発するかのような存在がわかるかもしれない。卵巣から手に向かって息を吐くように感じていると，生理痛にも効果ありとか。あなたの卵の気持ちになってみよう。
- 生理用布ナプキンを試したことがある？　紙ナプキンは紙オムツと同様，吸水シートはダイオキシンを発生させる燃えないゴミだということを知っているだろうか。皮膚がかぶれやすい人は特に，一度使ったら止められない快適さである。市販されているものも数種類あるが，まずは軽い日にタオルハンカチで試してみよう。ネル生地でウィングをつけてホックで止めるように手作りしてもよい。洗う時には浸した水（私たちは血を汚いものと思い込まされていたかもしれないが，血は意外と美しい！）を庭やプランターに撒いて，あなたの生命力を大地に循環させてみよう。
- 体と心のリズムをつかんでいる？　地球が太陽の周りを1年で1周する間に，月は地球の周りを13周する。月の公転周期は27.32日，月の満ち欠けは29.53日，すべての生物は月の影響下にあって約28日のリズムをもって生きている。太陽の自転も平均して28日である。13の月の暦で生命の28日の周期を自分のものにしよう（13の月の暦はマヤでは7月26日，インカやケルトでは各々の冬至から始まる）。

---

(7) 自分らしい出産

　不必要な陣痛誘発剤・陣痛促進剤（注1），剃毛・浣腸，手術室のような孤独な空間に，苦しい陣痛監視装置のベルト，ナースコールで叫んでも「まだですよ」と声が聞こえるだけ，医師が来ると誰なのかわからないその他の人々にも囲まれて会陰を切開されて（注2），赤ちゃんを吸引され無理や

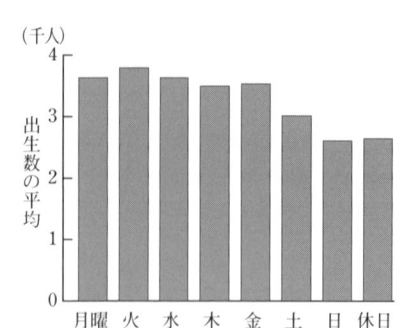

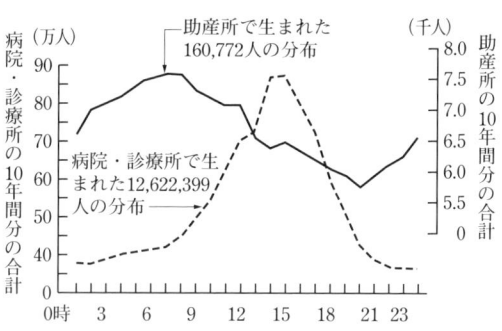

1994年の曜日別出生数（病院・診療所）　　1985〜94年の時間別出生数

(注) 厚生省「人口動態統計」より勝村久司氏が作成。上の表の「休日」には年末年始（12月30日〜1月3日）を含む。
資料) 井上輝子・江原由美子編『女性のデータブック 第3版』有斐閣, p.39, 1999

図附1－7　曜日別・時間別出生数

り産まされる，もしくは生命の危険がなくても医師にとって都合の良いスケジュールで帝王切開をすすめられる。極端ではあるが病院での出産には似たような光景がみられる。出生を曜日・時間ごとに調べると奇妙なことに平日の午後2時がピークになる（図附1－7）。自然な出産であれば曜日に関係なく，また夜の出産が多くなるはずである。

出産は極めてプライベートで性的な体験である。M・オダン博士の分娩室「野性の部屋」は自由に叫び声を上げたり本能的にふるまえ，自然に出産できるとエクスタシーすら感じるものだという。産婦が膝をゆるめて立った状態で後ろからパートナーが腕を抱きかかえ，助産師が赤ちゃんを下で受け取るなど，情緒的にも解放された出産を提案している。産婦をくつろがせる，お湯のプールもある。病院では一般的な仰向けの姿勢は，母子双方にとって好ましくないといわれている。

日本においても自分らしい出産を試みる人たちがいる。もしリラックスして産みたいならば，助産師などの指導のもとに自宅のふとんの上や，風呂場でしゃがんで出産することをすすめる経験者もいる。現在は衛生上問題のある家庭はほとんどない。夫や上の子どもに励まされながら，呼吸法で楽にして会陰がよく伸びるまで待つと，出血もほとんどなく産むことは可能である。出産は産婦が赤ちゃんを押し出すのではなく，赤ちゃんが自然に回旋しながら出てくるのを助けるという発想である。自然なお産を願う人たちは，自身の精神的な成熟やお腹の赤ちゃんとの会話を大切にしている。出産は怖いものではなく子どもが主人公であると知ることが，よいお産につながっているようである。また，出産直後に乳をふくませることはホルモンのバランスのために母子双方に有益であるが，病院によっては不可能なところも多い。

自宅出産が無理なら，助産院という方法がある。異常出産になりそうな場合には，病院に搬送する判断を助産師は心得ている。重い持病があり病院でなければという場合もあるだろうが，病院の中にもさまざまな対応が可能なところもあり，少しでもよい医師を探して自分らしいお産に近づける努力をする価値はある。

(注) 1　陣痛促進剤：子宮内の極度な収縮によって胎児を押し出す。効き目に個人差が大きく死産や子宮破裂を招くこともある。病院で安易に使われすぎている。ほとんどのケースには不必要である。
　　 2　会陰切開：自然に会陰が切れる場合には伸びきった薄い皮膚が切れるので回復も早いが，厚みのあるうちにメスで切られる場合には縫合部の痛みに1年以上苦しむ人もいる。切られるほど，縫合の医療費もかさむ。病院では一般的であるが，批判的な医師もいる。立ったりしゃがんだりの姿勢で出産し，適切な会陰保護を行えば自然に切れたとしてもわずかですむ。

（8）生殖をめぐる生命倫理
1）不妊治療

　子どもをつくる努力をしてから2年たっても子どもができないことが不妊と定義されてきた。そのようなカップルは約10組に1組といわれている。不妊の原因のひとつとして環境ホルモンの影響を懸念する声も高く，今後はさらに不妊カップルが増える可能性もある。生殖技術の進歩は，不妊であることを病気とみなし，治療できるものかのように扱うようになってきた。現在，不妊の原因は男女半々とされるが，不妊に悩むのも治療によって苦痛を受けるのも，圧倒的に女性である。

　日本で可能な不妊治療としてよく知られている人工授精と，体外受精や顕微授精はかなり特徴が異なる。人工授精は精子を膣または子宮に注入するもので，比較的簡単な技術である。これに対し体外受精（いわゆる試験官ベビー）やより精密な顕微授精は，副作用の強い排卵誘発剤によって卵子を複数排出させ，外科的処置によって卵子を取り出すという女性の側の苦痛と危険性が高い方法である。しかもこれらの費用は高いうえに成功率は低い。医師は体外受精の成功率を20～30％と発表するが，流産や死産などを含めた妊娠率であり，生児分娩率は15～20％でこの十数年変化がない。それなのになぜ，多くの女性は体外受精・顕微授精に踏み切るのか。ひとつにはこうした危険性や実質的な成功率の低さ，治療が長期化することがあまり知られていないことがある。そして治療を受けないことが努力を怠っているように思い込まされている（注1）。またなんとかして子どもを持ちたいという気持ちから，失敗が続いても一方的に医師を頼らざるをえない構図になりがちである。また，子どもを産まない生き方への周囲からの圧力，離婚の可能性や，不妊であると一人前の女性ではないという意識を女性が内面化して，あえて危険に駆り立てられている場合もあろう。ほとんどの女性は子どもを産んだ女性（母親）によって育てられ，自分も子どもを持つものと想定し，時には子どものない女性の生き方に対し批判的な意見を聞いてそのことを内面化しているかもしれない。そうしたことが子どもを産まない生き方を肯定しにくくしている。

　不妊治療について，生命倫理の視点から議論になることがある（注2）。日本でも諸外国同様，条件つきで精子を配偶者以外の男性から提供を受け人工受精することは長年行われてきており，新たに体外受精も可能になった。夫はその子を自分の子として育てるわけである。また，配偶者以外の女性から卵子や胚の提供を受け，体外受精し出産することも認められた（2003年4月厚生科学審議会）。英米では代理母出産も認められており，これには夫の精子を代理母（サロゲート・マザー）に人工授精するものと，夫婦の体外受精卵を代理母（ホスト・マザー）に移植するものとがある。サロゲート・マザーが他人であった場合，後から自分の子どもとして認めたいと裁判になった事例もある。

（注）1　実は体外受精が必要とされている場合でも，治療せずに妊娠する確率は，治療した場合とそう変わらないという調査もある（1980年代のこの調査より，現在は若干の改善がみられる）。
　　　2　ローマ法皇庁は体外受精そのものに反対している。

資料附1－1　不妊が絆を強める機会に

　不妊に悩む男性からいい話を聞いた。積極的な治療はしないことに決めたうえで，病院に行って不妊の原因を調べてもらおうと決めたという。彼は，もし自分が原因でも彼女が原因でも自分の両親には自分が原因であったと報告するつもりだと言った。すると彼女の方でも，たとえどちらの原因でも彼女の両親には彼女が原因であったと伝えると答えたという。まだかまだかと不妊夫婦を悩ます周囲の声は，逆にストレスにさえなる。双方の両親は微妙な力関係で夫婦に影響を及ぼす。不妊という現実はどう対処するかで，パートナーシップを強める機会にすることさえできるものだ。

2）出生前診断

　超音波診断についてどこかで見聞きしたことがあるだろう。かわいい胎児の成長を画像に見ることで妊婦も喜びを感じることができるが，医師にとってはあくまでも異常発見の手段である。結果的にはこの検査によって異常が発見されると，圧倒的に中絶を選ぶ人が多いという。

　医療技術の進展は，それまで悩む必要のなかった問いを女性に突きつけてくる。出生前診断にはこの他に，母体血清マーカー検査と羊水検査が主なものとしてあげられる。母体血清マーカー検査は妊婦の血液を調べることで主に胎児のダウン症や脊髄破裂の可能性を確率で示すもので，確定的なものではない。そのため産むか否か悩むだけでなく，産もうと決めてからもかえって不安を抱かされることにもなる。羊水検査では代謝異常と染色体異常を知ることができるが，検査には流産の危険もともない，費用もかかる。少しでも異常の可能性があれば産みたくない意思がはっきりしている者や，あらかじめ異常を知って心の準備をしてから産みたいという人には選択のひとつであろう。しかしほとんどの妊婦はそうした覚悟が初めからあるわけではないため，出生前診断については，受けるかどうか熟慮したうえで決める必要がある。こうした問題が指摘され，現在では母体血清マーカー検査や羊水検査について慎重な対応をする医師もいる。

ワークショップ

　仮に，夫婦の遺伝子には遺伝的障害（白目が黄色であると仮定しよう）を持って産まれてくる子の可能性が50％あったとする。あなたならば次のうちどの選択をとるか。
　1．出生前診断で異常がわかれば堕ろし，次の子に賭ける。
　2．検査は受けずに，授かった子を産んで育てる。
　3．子どもをつくることはあきらめて，ほしければ養子をもらう。
　まず，直感で答えてみよう。クラスで意見を交換してみよう。
　生命倫理とは正解のない問いである。考える過程を大事にしよう。1を選んだ人へ，子どもにとって産まれてくる権利はないのだろうか。2を選んだ人へ，たとえ無事に産まれても同じ悩みを将来子どもに背負わせることではないのか，また異常があって産まれ親としては頑張っているつもりでも，子どもの方から，辛い思いをするのは自分のほうだと言われたらどうだろうか。話し合っていくうちにだんだん3を選ぶ人が増えるかもしれないが，それは解決策なのか。また，障害の程度がより重いものであったら，答えはどう変わるだろうか。
　また，体外受精によって障害のでない受精卵だけを選んで着床させることも可能になった（着床前診断）。1の場合と同じく障害のあるなしで命を選別することでもあり，2の場合と同じく子どもに遺伝子は伝わる。新たな選択肢としてあなたはどう考えるだろうか。

（9）インフォームド・コンセント

　不妊治療や出生前診断，後述する終末期医療や脳死臓器移植など，医療技術の進展にともない，医師と患者・家族の関係においてより緊密な情報提供と意思の伝達が必要になってきた。インフォームド・コンセント（informed consent）は「説明に基づく同意」と訳され，簡単な治療行為および検査の場合でも，医師と患者の関係を問うものである。医師の側には患者に対し，すすめる治療法や検査について詳しく説明する責任がある。治療ならば，副作用，痛み，治療効果はどのくらい期待できるか，薬は止められるのか増えていくのか，費用，入院・通院期間，他の治療法との比較，治療をしなかった場合との比較などである。検査ならば，それによって何がわかり，何はわからないのか，検査の信頼性はどの程度か，検査結果の対処法に何があり，検査をする意義は何か，といったことである。患者の側は，詳しく聞く権利とともに，自分の生き方の選択の幅を考えて自問する過程が必要である。そして受けるか受けないかの挑戦または希望をもち，納得して決断を伝える。選択したことについては自分と自分の体に責任を持つことになる。

日本の医師―患者関係は長い間，すべて医師にお任せして「できる限りのことをしてほしい」という関係が続いたが，現在は医療が進歩したことで尽くせる手立てが豊富にあることと，生命倫理が絡む問題もあり，患者・家族の側にしっかりとした判断が迫られることになった。いったんインフォームド・コンセントがとられると患者の決定には責任があるため，安易な気持ちで答えないよう注意が必要である。医師にもまたそれを誤用しない配慮が求められる。

2．死について考える

（1）Death Education，死への準備教育

それまで身近であった愛する家族の死や，震災などの大きな自然災害によって一度に友人や家など多くを失う体験にあった時，死とは何か，生とは何か，生きて生活するとは何か，といった根底からの問いに直面する。それまで，これが生活だ，こうありたいと目標にしていたものが崩れるようなリアリティ（現実）の中で生きる時，私たちはふだんものごとを見ているようで見ていなかったことに気づく。死への準備教育はそうした意識の旅を始めることでもある。

> **ワークショップ**
> あなたが今までに体験したもの，家族の死，ペットの死，失恋，受験の失敗，進路の変更，友達との別れなど思いつく限りの喪失体験を書き出してみよう。その時あなたはどう感じたか。もしまだ十分に泣いていなかったと感じたら思いっきり泣こう。それから，今はどう感じているか，今その人に何と言いたいか，生に対するどんな気づきを得たか，考えてみよう。

（2）死を自分のものとする

死とは本当に生の延長線上にあるのだろうか。誰がそのような生を生きたいと望むだろう。アインシュタインが時空の概念を発表したのは20世紀の初頭であるのに，私たちはまだ19世紀のように時間はまっすぐに伸びていると考えている。道元も生滅は一瞬であり，現在の中に過去も未来もあると言った。生命は時間と空間という逆向きのベクトルのぶつかるところにのみ，息づいているのかもしれない。その一点を垣間見た時，臨死体験者や死を間近にした人が見るという光を体験するのだろうか。

では，死はすべての終わりなのだろうか。今，日本人ほどあの世の存在を否定する文化に生きている人類はいないというのも誇張ではない。そのことで，どれほどの人が知らず知らずに苦しみの中にいるだろう。生の価値は，死を無価値なものとするところからは生まれないのではないか。

いったい私たちは死についてどれほどのことを知っているのだろう。ルルドの泉を発見した聖女ベルナデッタの遺体はなぜ今も腐らないのか。数日から数ヵ月もの間呼吸と心臓を止めた後に，なぜヨガの聖者は蘇ることができるのか。

チベット密教ニンマ派では，死の中間状態でおきる現象への対処法を僧侶などが死者の耳もとで伝授する。どのように死を迎えるかは解脱と来世を決定する人生最大の一大事なのである。かつて日本にも浄土に向かうための枕経があった。現代日本の医療も，最期になって蘇生術に医師は多大な労力をかけるが，それはより良い死を迎えるためではなくて，1分でも長く生きさせるためである。私たちは医療に頼るばかりで，天寿をまっとうしようという姿勢の方をおろそかにしてしまっていいものだろうか。死を自分のものにするとは，死によって生きる意味を明らかにすることでもある。

> **ワークショップ**
> あなたはどんな最期を迎えたいと考えるか，あなたの家族はどうだろう。
> 意識不明の状態から蘇る人の中には，好きだったスポーツの音や家族の呼びかけに応えることがある。臨死体験者が病室の様子をありありと描写できるのも，最後まで残った聴覚によって映像化しているためとも考えられている。あなたは最期にどんな言葉や音を聞きたいと思うか，家族にも聞いてみよう。

（3）終末期医療（ターミナルケア）

1）死をわかち合う

日本の高齢者にどのような死に方を望むかと問うと，家族にあまり迷惑をかけずにポックリ逝きたいという人が多い。いきなりが良いという人もいれば，少し患って家族や知り合いに別れを告げてからが良い，などとも答える。高齢者の答え方をよく分析すると，本人の死生観というよりは家族関係が決め手になっていることが多い。

現代人は死に直面することを避ける文化に生きている。実際に死ぬ人のほとんどは高齢である（図附1－8，9）。若い人達が死を身近に感じられないのも無理はない。そのため死を受容しつつある家族に向かって「頑張って」としか言えない人も多い。実際そうした言葉ほど末期の患者には孤絶感をもたらす。

『死ぬ瞬間』の著者E・キューブラー・ロスは，近親者の中でも死にゆく人のそばにいることが耐えきれない人と，最期まで快く一緒にいられる力と愛をもった人とがいることを述べている。患者にとって，そうした死を乗り越えたさわやかな意識を持つ人がそばにいることが，いかなる励ましや説法よりも大切なのである。あなたは死にゆく家族のかけがえのない支えになれるだろうか。

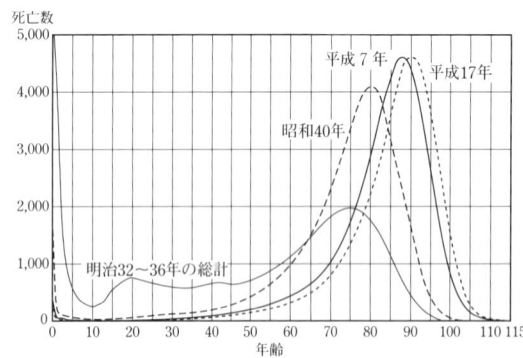

（資料）厚生省生命表・厚生労働省生命表
図附1－8　生命表による年齢別死亡者数（女性）

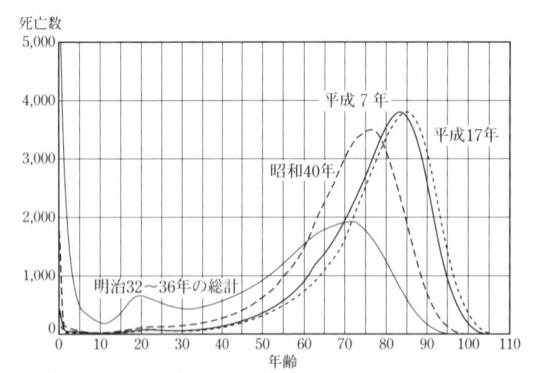

（資料）厚生省生命表・厚生労働省生命表
図附1－9　生命表による年齢別死亡者数（男性）

2）告知をめぐる人間関係

がんといわれても治る可能性が多くあることが知られるようになって，がんの告知を行いながら患者に納得させた治療法をとる例が増えてきた。またたとえ末期であっても，告知をして本人にとってやり残したことを完遂させたり整理させる方が，心残りなく死を迎えられる場合も多いと理解されるようになってきた。また，告知をして治療の方針を延命重視から痛みをコントロールする医療に変える例も増えている。

アメリカでは告知が当たり前のように行われてきたが，日本は告知をためらってきた社会であり，告知における人間関係は，その後の生のあり方に大きな影響をもたらす。末期の場合は特に，告知する以上，それは患者にとってのみならず，医師にとっても家族にとっても，希望を持ちつつ最期まで患者とともにわかち合う覚悟を互いに表明することでなければならない。そうした人間関係を築けることが告知の前提でもあり，また良さでもある。

3）死にゆくプロセス

　E・キューブラー・ロスは末期患者がたどる心理的プロセスを明らかにした。今や古典的名著となっている『死ぬ瞬間』から，患者を看取る家族はどうあるべきか考えてみよう（図附1－10）。告知をするか否かは患者の性格・精神状態にもよるが，告知されると誰でも衝撃を受ける。その後に否認の時期がやってくる。それがどんなに荒唐無稽であっても，患者にとって否認は常に必要なことなのである。家族はその否認を許し，孤絶感を与えないよう患者を信頼し続ける必要がある。否認はその後何度もあらわれては消える。否認の後に怒り，憤り，羨望，恨みの段階がやってくる。「どうして自分がこんなめにあわねばならないのか」，何を見ても聞いても，不満のタネになる。家族は患者に反発せず，むしろ怒りの対象になってあげるとよい。自分が尊敬され，理解される存在だと知ることで，怒りは乗り越えることができる。次の取り引きの時期は一般には短い。よいふるまいをすればそれだけの報償（延命など）がくると考えて行動する時期である。無理な約束や申し出をしてきた時，家族は無視せずにその願いがどこからきたのかを知る必要がある。第四の段階の抑鬱とは，身体の変化への反応的抑鬱と死への準備的悲嘆をさし，前者は相手の自尊心を取り戻せるようほめたり自信をつけさせるべきだが，後者の抑鬱ではむしろ十分に悲しませることが大切である。この時はことばはあまりいらない。心から心へ悲しみが表出され交流できることが，より良い受容へつながってゆく。第五の受容は幸福とは異なる。患者は眠ることが多くなり，家族からも離れてゆく準備を始めている。1人でいることを望み，訪問者は制限される。家族も別離を受容しなければならない。この時期の家族に対して周囲は理解を持って支える必要がある。希望はあらゆる段階で患者にとって必要だが，死を迎える直前にはそれも捨ててゆく。

　必ずしもすべての人がこのようなプロセスをたどれるわけではなく，ある時期が長く続いたり，2つの時期が重なったりする。それぞれの段階がすさまじい変化を患者と家族にもたらすが，その段階の特徴を知って対処することで，順に一つひとつのプロセスをしっかり踏んでゆくことができ，静かで平安な死の受容が可能になるのである。

　またこのプロセスは，死にゆく本人にとってのみならず，家族の突然の死に遭遇した遺族にとっての悲嘆のプロセスや，失恋などその他の悲嘆のプロセスとしても応用できることがわかっている。

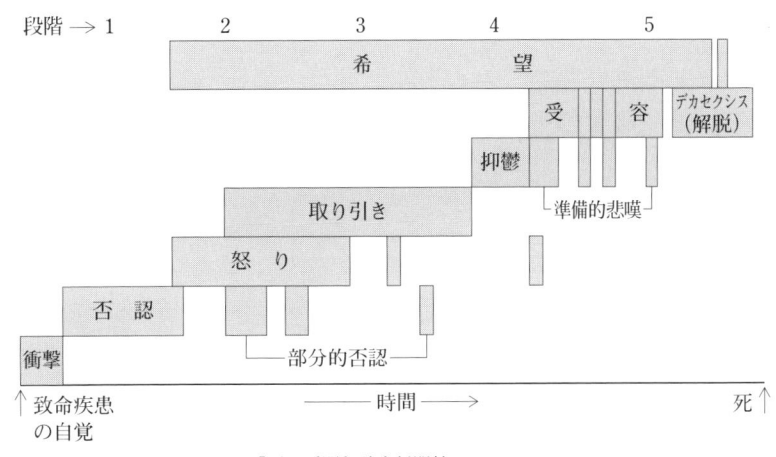

出典）キューブラー・ロス『死ぬ瞬間』読売新聞社，p.290，1971

図附1－10　死にゆく過程のチャート

4）ホスピス医療

　体に器械を取りつけて延命治療をするのは，本人にも苦痛のうえ，看ている家族にとってもつらいものだろう。そうやって死を待たれるくらいなら，もっと人間らしい死に方をしたい，ただ痛みだけは何とかして欲しい，そう思う人は多いのではないか。そうした主に末期がんの患者や家族を支援するのがホスピス医療である。モルヒネを適量投与していくことで，痛みのためにそれまで寝たきりであった人が歩くこともある。必ずしも本人が末期であることを知らなくても入所できる所もある。

ただ知っていることでホスピスならではの気持ちの交流が可能になる。医師や看護師は患者や家族との会話を重視する。もし望めば延命治療も行う。病室というよりは家庭の延長であるように部屋にも柔らかさが心がけられている。通院によるホスピス・ケアもある。ここでの主人公は患者であり，最大限の意思が尊重され，やりたいことを楽しめるように周りが支援する。患者が望めば宗教的な支援もなされる（注1）。

ホスピス病棟は，まだ数が少ない（注2）。高額の医療をするわけではないので，採算が合わないと思う病院もある。実際，ホスピスは多くのボランティアによって支えられている。しかし，ホスピス医療を正しく知り，そうした医療を望む人や支援する人が増え，優れた人格をそなえた医師がホスピス医療に踏み切っていくことで，日本における終末期医療の現状は変わっていく可能性もある。

> （注）1　ホスピスはキリスト教を母体とした施設としてスタートし，日本に導入されたもので，クリスチャンである必要があると思われがちだが，どんな宗教にもこだわらず，また押しつけもない。お坊さんを呼びたければ，呼んで話を聴くこともできる。後に，同様のケアを行う仏教を母体とした施設もできた（新潟県長岡市）。
> 2　厚生労働省はホスピス医療を行う緩和ケア病棟として2005年1月1日現在，全国に140施設2,649床を承認している。

5）尊厳死・安楽死（注1）

病院で死を迎える場合はどうなるのだろう。死が避けられずいよいよ死期が迫り，耐え難い苦痛をともなう場合，延命治療を止めて苦痛を取り除くモルヒネ投与などに切りかえることは行われている。間接的安楽死である。本人の直接の意思表示の必要はなく，家族が本人の意思を代弁できる（注2）。現在は，ひどい苦痛がなくとも（いわゆる植物状態の持続的意識障害の時）本人が事前に文書などによる意思表示（リビング・ウィル living will：生前遺書）が明確にされていれば，現場ではそれを重視する傾向になってきた。しかし長期の植物状態から意識が回復した例もあり，家族がその意思をどう判断するか，決断が迫られる。安楽死を法制化することには，生命の質によって生存を決定される危険性が当初から指摘され，反対運動があり，これを特に容認する法律はない。

> （注）1　尊厳死ということばは，安楽死の中のひとつの分類である。
> 2　ただし，患者と家族の関係に疑いしきところが少しでもあれば，医師は延命治療を続けることになっている。1991年の東海大安楽死事件の後，積極的な安楽死の場合を含め安楽死の要件が判決で示された（1995年横浜地裁）。

（4）脳死・臓器移植

『夜と霧』の著者でもあるV・E・フランクルは，「医者は，病人の生命に利用価値があると考えてはならない」と述べ，病理解剖のために死体を科学にとって価値があると考えることすら，否定している。大学病院などの大病院で死を迎えると，多くの場合医師から病理解剖を依頼される。突然の申し出に仕方なく家族が応じると臓器のすべてを摘出され，軽くなった遺体に遺族があらためて悲しみを抱えることがある。医学の進歩の名のもとに，人の生き方・死に方がなおざりにされたのでは本末転倒と思うかもしれない。医学は科学的追求はしても，もはや人を癒すことからは離れているのかもしれない。

脳死・臓器移植では，心臓が動いていて体温もあたたかい脳死患者から新鮮な臓器が摘出される。脳死と植物状態は異なる（注1）。ドナー（臓器提供者）としてふさわしいのは数時間から数十時間前までピンピンしていた若者である。臓器の提供によって命の助かる人がいるということで，問題の焦点がずらされている（注2）。この医療によってかえって不幸になった人達がどれほどいることだろう。日本の場合現在は，臓器を提供する人は生前その意思を明らかにしている場合に限られている

（注3）。移植に同意した家族（特に親）は，死の受容が難しくその後も本当にこれでよかったのか悩み続ける。一方，医師から心臓移植をすすめられることは死が近いという宣告を受けるだけでなく，以後他人の死を待ち続けるのかというさらなる悩みを背負うことである。そしてほとんどの人は移植を受けられずに亡くなっていく。脳死・臓器移植の先進国アメリカにおいてすら，圧倒的に臓器提供者が足りないのである。一方，運良く移植を受けられても，体と臓器の拒絶反応や感染症に一生苦しむことになるうえ，何年か後には新たな移植が必要であったりする。

　脳死とは正確には脳不全であり，死という言葉を用いることはふさわしくないと考える専門家もいる。私たちの生命は脳だけではなく，免疫系というもうひとつの働きで支えられている。脳死でも細胞の"心"ともいうべき免疫反応は生きている。脳死女性からの出産も可能なのはそのためである。現在でも脳死の判定は難しく，必ず複数の医師が繰り返し行う。脳血流の検査は，最も重要な条件だが，厚生労働省の基準からはずされた（注4）。いつ脳死になったかを正確に判定する方法はない。判定基準も国によって異なる。脳死と診断された後，蘇生した例もある。1997年臓器移植法が成立し，移植の例も数を増してきたが，脳死をめぐる問いに答えが出たわけではない。

（注）1　植物状態では脳幹部が生きているので自発的な呼吸ができるが，大脳は機能廃絶かそれに近い。脳死では人工呼吸器が必要であるが，全脳が不可逆的に機能停止の状態になる。人工呼吸器が開発される以前にはありえなかった一時的な微妙な生の状態である。
　　　2　医療がめざすべきことは，適切な蘇生術を施せば助かったような脳死患者を減らすことと，人工臓器やその他の有効な治療法の開発に力を注ぐことであろう。
　　　3　臓器移植法改正案（与党案）では，脳死を一律に人の死とし，ドナーカードを持っていない場合，家族の承諾によって移植ができ，15歳未満の場合は本人の意志にかかわらず親権者の承諾のみで移植ができる。他に意志表示を12歳からに下げる案や，対案も出て議論が続いている。
　　　4　わずかでも脳血流があれば微弱な意識が残る可能性は否定できない。実際の例でもメスを入れた際に血圧の上昇がみられた。また，重要な聴性脳幹反応テストもはずされた。

3．生命と生活

（1）自然・不自然・超自然と私たちの生活

　日本人は自然の中に八百万の神を見い出し，自ら然（しか）しむる自然（じねん）を精神の基盤にしているといわれてきた。しかし科学技術の発展はこの地球上で起こりうる化学反応のレベル（火山の噴火の時の熱やガスの発生など）をはるかに越えた，桁違いのエネルギーである宇宙の反応レベル（太陽内の核融合反応など）の技術を生み出してきた。原子力エネルギーがまさにそれである。日本人は相変わらず自然には敬意と畏れの念を持ちながらも，手に余る超自然の力に対しては想像力が働かず，いまだにふさわしい作法を身につけられずにいるようにみえる。もし日本人にとって，神が自然の中に息づいているものならば，地球の自然では起こりえない原爆の被害にあったことは，この自然＝神に本質的な亀裂が入ったことではないだろうか。その意味で，その後の日本人の精神性に取り返しのつかないダメージを与えたといえるだろう。

　とはいえ自然＝神は，今も私たちの生活を潤し恵みを与えてくれるがゆえに私たちはその力を過信している。昨今話題になっている遺伝子組換え技術も，原子力と同じくいわば絶対の領域に踏み込んでいる技術である。自然では起こりえない新しい生命であり，万一重大な事故が起きれば生態系は修復不可能になるという意味では，自然＝神を殺すことに等しい。R・シェルドレイクは形成的因果作用の仮説において，私たちは生物から鉱物に至るまで，生命体の記憶とでもいうべき，種全体の共通の記憶を持って互いに影響しあいながら生きていると述べている。もしそうした絶対的な記憶の領域において人為的に変化を起こせば，それはやがて生命体全体へと影響を及ぼすことだろう。

昨今の生殖技術や臓器移植に反対する理由として，不自然であるという表現がよく使われている。上に述べたような超自然のレベルの技術に比べれば，現在日本で認められている生殖技術や臓器移植は，まだ不自然という自然の領域内にあるといえるかもしれない。しかしこれからますます進展するであろう生殖や死をめぐる医療技術への対応については，生命を扱う絶対的基準の探究を怠らない一方で，私たちが何を精神的基盤として生きているのか，それゆえに何に規制を与えてゆくべきなのか，私たちの精神性を明らかにするところから始めなければならないだろう。

（2）再び，物に出会う

私たちの生命が食物によって維持されているように，私たちの生活はさまざまな物質とのかかわりを通して成り立っている。あらゆる物は，経済的には誰かの所有物かもしれないが，その本来の所有者は地球かもしれない。あるいは神の意志が物質を支えているという人もいるだろう。

「今，ここ」にある生命を尊ぶように，物との関係にも生き方が反映する。なじんだ服が捨てがたいように，個人の部屋にはその人独特の雰囲気があるように，茶の間にはその家庭の匂いがあるように，物と場との関係を通して私たちは確かに何かを作り上げている。物との良い関係を築くことは，生命ある人間が物に命を見出すことなのかもしれない。

食べる物，着る物一つひとつがどこでどう作られたもので，どう消費されていくのか，生命に合った暮らし方をしているだろうか。身の回りを見直してみよう。物がどうみえていたかは，私たちの考え方が物をどうみていたかによる。地球に生かされていると考え方を変えることで，もう一度物と出会ってみよう。

かつて日本人は手間を厭うよりも，自然を愛でることの愉しさと尊さの中に生きていた。

　　　朝顔に釣瓶とられてもらひ水　　　　加賀千代

＜美的＞とは結び合わせるパターンに敏感であること，とG・ベイトソンはいう。この敏感な意識を再び育むことによって，物質主義から逃れることも不可能ではないだろう。

Let's try！
- 穀物菜食にチャレンジしてみよう。　医食同源ともいい，正しい食事は医療に勝るとも劣らない。肉よりは魚，大きい魚よりは小魚や貝，動物性よりは植物性，人間から遠い生物ほど体に負担が少ない。身土不二（体と環境はひとつ，住んでいる場所の近くでとれたものが一番），一物全体（丸ごと全部をいただくことでバランスがとれる）の精神で材料を選んで使う。本来の味覚を取り戻し，体が喜ぶ食事で素肌もきれいになる（『川内翔保子ナチュラル・レシピ集　あったかいきもちいっぱい』飛鳥新社発売，ファーブル館発行，1998，鶴田静『マザーアース・キッチン』柴田書店，1990など）。
- 炭と塩で洗濯してみよう。　化学洗剤よりは洗濯石けん，しかし石けんでも河は汚染される。そこで備長炭（どっしりしたもの）をかまぼこ板などと一緒に靴下に入れ，端をゴムで結んで洗濯機に浮かせる。60リットルの洗濯機なら3～4本，塩は小さじ1～2杯，そのまま脱水まで入れて，炭も干す。油汚れは落ちないのであらかじめ石けんで下洗いが必要（よくすすぐこと）だが，ふだんの洗濯なら充分きれいになる。柔軟剤の替わりには食酢を大さじ1杯，これでウールも洗える（牧野裕子『楽して徳して得して楽しく暮らそう1』ひだまり出版（京都），1999，この小冊子にはこの他にも環境を考えた生活の提案がたくさんある）。

3．生命と生活

> **資料附1－2　思わぬ収穫**
> 1997年地球温暖化防止京都会議へ向けてＣＯ₂削減のモニターとなった主婦が，エアコンを使わないことに決めて，夏に汗びっしょりで掃除をし，シャワーを浴びて夕涼みをしていると，それまで気づかずにいた風の匂いや虫の声，風鈴の心地良さに敏感になり，すがすがしい思いをしたという。待機電力を減らす目的でコンセントを家中はずしまくったおかげもあり，電気代は例年より30％以上減り，驚いた上に収穫は大きかったという。

あなたには聴こえていますか？
雨上がりのしずくが葉から葉へと落ちる音
カエルの声はどこまで旅をするのだろうか
虫の音はあなたの内なるどの場所で震えているのか
星のまたたきに耳をすましてみよう
あまねく太陽の光が降りそそぐように
あなたにも宇宙の音は届いている
すべての命の始まるところ
初まりの音が起こるところ
闇の，その闇の先で反転する光へ！
まだ自分が女神であることを知らない女神たちよ，目醒めよう

＜参考文献＞

青木新門『納棺夫日記』文春文庫，1996（桂書房刊1993）
市川茂孝『タイミング妊娠法』農山漁村文化協会，1991
井上輝子・江原由美子編『女性のデータブック 第4版』有斐閣，2005
梅原猛編『「脳死」と臓器移植』朝日文庫，2000
大野明子『分娩台よ，さようなら』メディカ出版，1999
ミシェル・オダン『バース・リボーン』現代書館，1991
河合隼雄「『援助交際』というムーブメント」（特集＜生きにくさ＞という問題）『世界』第632号，岩波書店，1997年3月号
木原雅子『10代の性行動と日本社会』ミネルヴァ書房，2006
エリザベス・キューブラー・ロス『死ぬ瞬間』読売新聞社，1971
レナーテ・クライン編『不妊　いま何が行なわれているのか』晶文社，1991
ルパート・シェルドレイク『生命のニューサイエンス』工作舎，1981
ヴィクトル・E・フランクル『それでも人生にイエスと言う』春秋社，1993
グレゴリー・ベイトソン『精神と自然』新思索社，1982
ジョン・マネー＆パトリシア・タッカー『性の署名』人文書院，1980
三木成夫『胎児の世界』中公新書691，1983
山崎章郎『病院で死ぬということ』文春文庫，1996（主婦の友社刊1990）
『AERAMOOK　死生学がわかる』朝日新聞社，2000
「今日のエイズ・性感染症」季刊『セクシュアリティ』No.7 エイデル研究所，2002

附章 II　生活・女性と法
──知っておきたいこの法律──

1．家族の法律

(1) 親　族

法律（「民法」）上，「親族」とは，6親等内の血族，配偶者，3親等内の姻族をいうものとされている。「親等」とは，親族関係の遠近を示す単位であり，以下のようになる。

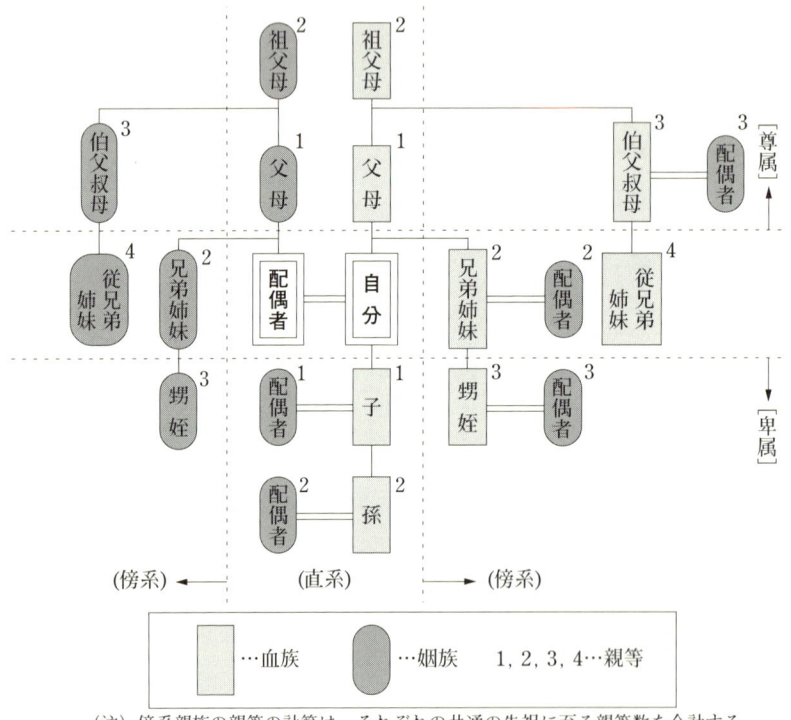

(注) 傍系親族の親等の計算は，それぞれの共通の先祖に至る親等数を合計する。

(2) 結　婚

1) 婚　約
① 婚約とは，男女間の将来結婚（法律上は，「婚姻」）しようという合意のことであり，婚約は，口頭の合意のみでも成立する。
② 婚約をしたとしても，当事者は，その約束にしたがって婚姻することを法律上強制されることはない。ただし，正当な理由もなく婚約を破棄された場合には，相手方に対して，損害賠償を請求することができる。

2) 婚姻の要件
① 当事者間に婚姻する意思があること
② 男は満18歳，女は満16歳に達していること

③ 婚姻しようとする者に現在配偶者がいないこと（重婚の禁止）
④ 相手方が，直系血族，直系姻族，3親等内の傍系血族でないこと
　　（→例・おじ・めい間は不可。いとこどうしは可能。近親婚の禁止）
⑤ 女性に婚姻歴があるときは，前の婚姻の解消・取消しから6ヵ月が経過していること（再婚禁止期間）
⑥ 未成年者（満20歳未満）の婚姻の場合は，その父母の同意があること
⑦ 婚姻の届出が受理されること
　　→結婚式をあげただけでは，法律上夫婦にはならない。
（注）養親子関係者間の婚姻も禁止される。

3）結婚の効果

① 夫婦は，婚姻の届出の際に定めた同じ氏を称する。
② 夫婦間に同居，協力，扶助の義務が生じる。
　　→夫婦の生活に必要な費用はそれぞれの負担能力に応じて負担する義務が生じる。たとえば，配偶者が必要な生活費を入れないときは，家庭裁判所は，その負担を命ずる審判をすることができる。
③ 夫婦は互いに貞操を守る義務がある
　　→たとえば，夫と不倫関係を結んだ女性は，夫の貞操義務違反に加担した者として，妻から慰謝料の請求を受けることがある。

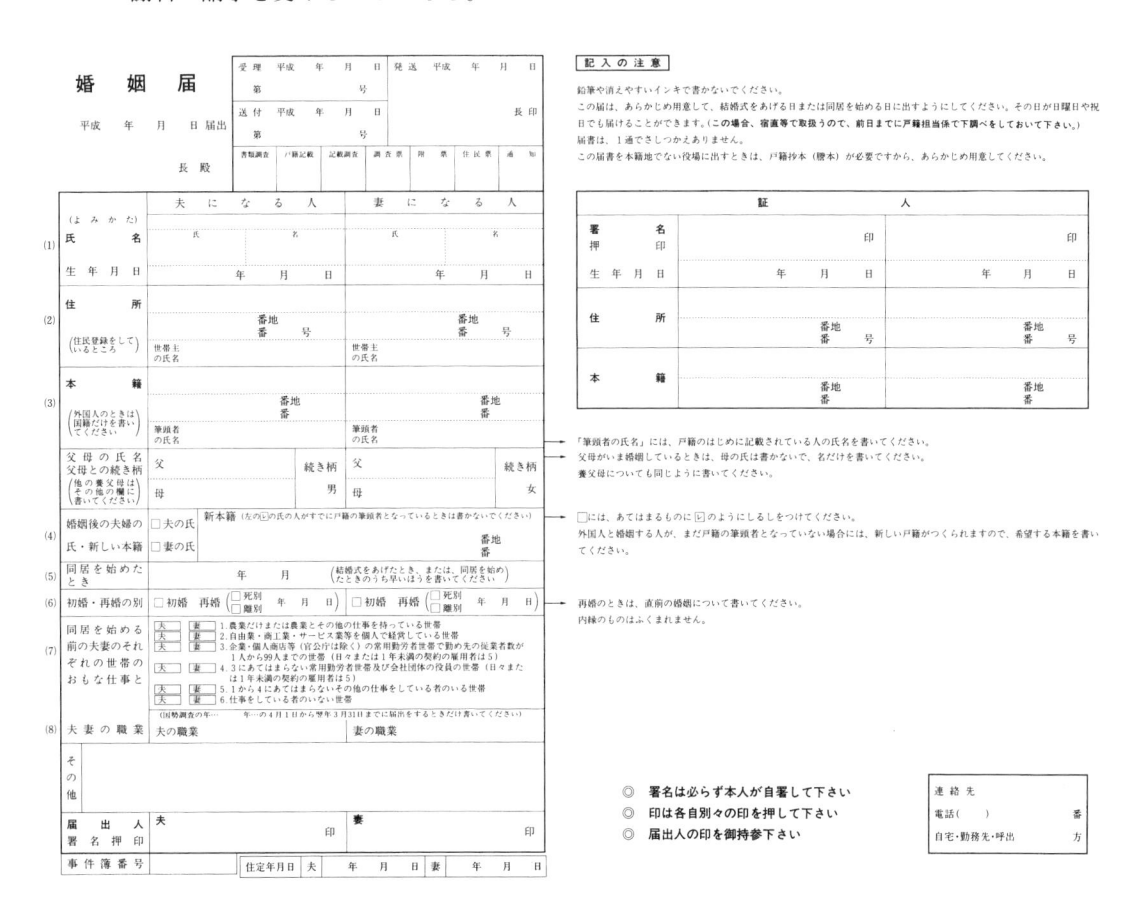

177

④ 未成年者が婚姻したときは、成年に達したものとみなされる（成年擬制）
⑤ 夫婦間の財産関係
　ア　夫婦の一方が婚姻前から有する財産
　　　婚姻中自分の名義で取得した財産（注）
　　　　→その者の所有
　イ　夫婦いずれに属するか不明な財産
　　　　→夫婦共有
⑥ 夫婦の一方が日常の家事に関して取引をしたときは、他の一方も、その取引上の債務について責任を負う。
　（注）たとえば、婚姻中に夫名義で取得したマイホームである不動産は、夫の所有物となる。ただし、夫婦が離婚したときは、妻のその財産形成に対する貢献度を考慮して、財産分与が行われることになる。

（3）親子関係

1）親子関係の成立
① 実　子
ア　嫡出子
　嫡出子であれば、その子は、夫の子と扱われる。ただし、嫡出子とされる子であっても、夫の長期外国出張中に懐胎した等、客観的に夫の子でないことが明らかな事情があれば、家庭裁判所の審判、判決によって、父子関係を否定することができる。
イ　非嫡出子
　夫婦の婚姻から出生した子でない子は、父からの認知があって初めて法律上の父子関係が生じる。認知は父からの届出によってされるが、父が任意に認知しないときは、家庭裁判所に認知の審判、判決を求めることができる。父子関係が成立すれば、法的にも父に対し、子の養育費を請求することもできるようになる。
② 養　子
ア　普通養子
　ⅰ　手　続
　　養親になろうとする者と養子になろうとする者（15歳未満のときは、その法定代理人、たとえば親権者）との届出による。養子になろうとする者が未成年者であるときは、家庭裁判所の許可が必要（ただし、夫婦の一方が他方の子を養子にするときは、許可は不要）。
　ⅱ　効　果
　　未成年の子の親権者は、養親となる。実の親との間の親子関係は存続する（したがって、実親の遺産について相続権もある）。
イ　特別養子
　ⅰ　要　件
　　・養親は、原則として、25歳以上の夫婦
　　・養子は、原則として、6歳未満
　　・実父母の同意がある
　　・子の利益のために縁組が特に必要である
　　・家庭裁判所の成立審判がなされる
　（注）家庭裁判所は、養親候補者の子の養育（試験養育）の結果を踏まえ、子の利益のために特に必要があると認めたときに縁組を認める審判をする。

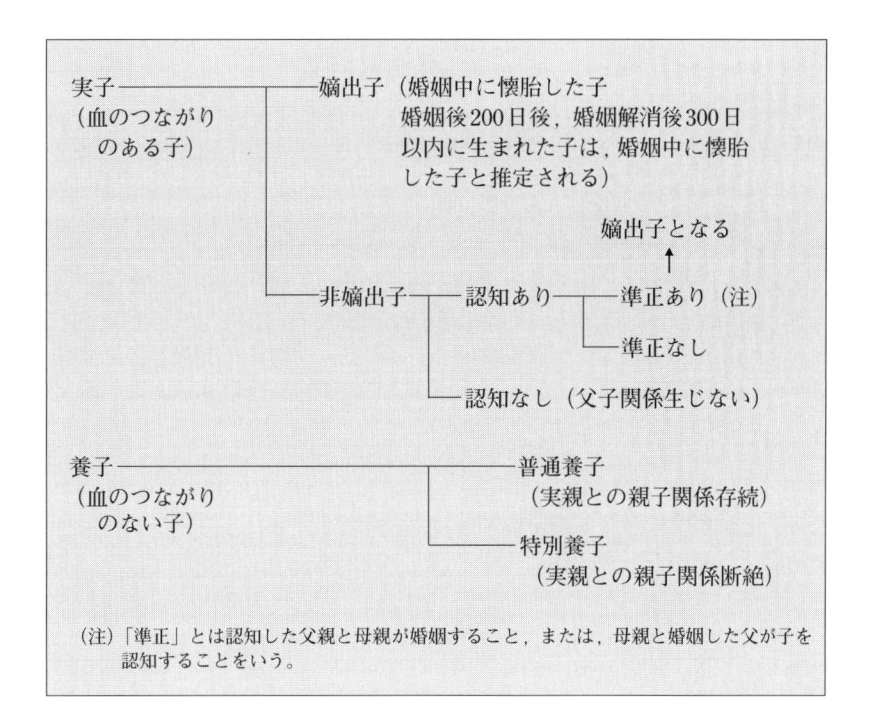

```
実子────────┬──嫡出子（婚姻中に懐胎した子
（血のつながり　　　　　　　婚姻後200日後，婚姻解消後300日
のある子）　　　　　　　　　以内に生まれた子は，婚姻中に懐胎
　　　　　　　　　　　　　　した子と推定される）
　　　　　　│　　　　　　　　　　　　　嫡出子となる
　　　　　　│　　　　　　　　　　　　　　　↑
　　　　　　├──非嫡出子──┬─認知あり──┬─準正あり（注）
　　　　　　│　　　　　　　│　　　　　　└─準正なし
　　　　　　│　　　　　　　└─認知なし（父子関係生じない）

養子────────┬──普通養子
（血のつながり　　　　　（実親との親子関係存続）
のない子）　　└──特別養子
　　　　　　　　　　　（実親との親子関係断絶）
```
（注）「準正」とは認知した父親と母親が婚姻すること，または，母親と婚姻した父が子を認知することをいう。

　ⅱ　効　果

　　養親が親権者となる。実の親との間の親子関係は断絶する。

2）親　権

① 親権の内容

未成年の子は親の親権に服する。その内容は，以下のとおりである。

- 監護・教育の権利および義務
- 居所指定権
- 懲戒権
- 職業許可権
- 身分上の行為の代理権（例・認知の訴え，相続の承諾・放棄等）
- 財産管理権

② 親 権 者

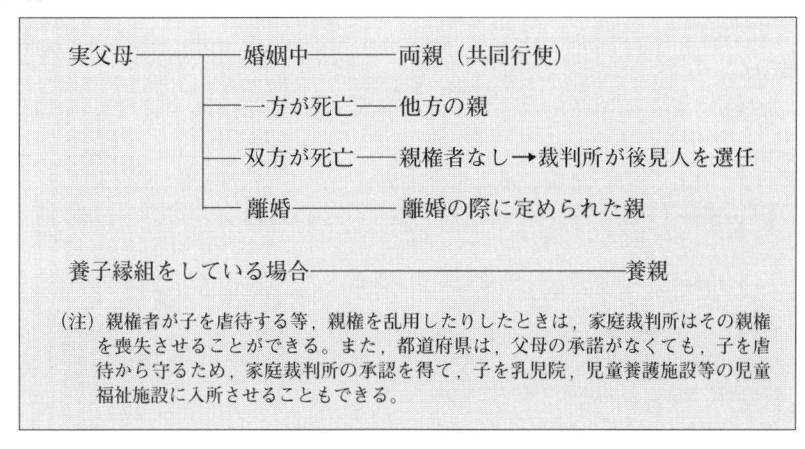

```
実父母────┬──婚姻中──────両親（共同行使）
　　　　　├──一方が死亡──他方の親
　　　　　├──双方が死亡──親権者なし→裁判所が後見人を選任
　　　　　└──離婚──────離婚の際に定められた親

養子縁組をしている場合────────────────養親
```
（注）親権者が子を虐待する等，親権を乱用したりしたときは，家庭裁判所はその親権を喪失させることができる。また，都道府県は，父母の承諾がなくても，子を虐待から守るため，家庭裁判所の承認を得て，子を乳児院，児童養護施設等の児童福祉施設に入所させることもできる。

(4) 離　婚

1）離婚の方式
① **協議離婚**——当事者間で離婚の合意が成立し，離婚届出が受理されること
② **調停離婚**——家庭裁判所の調停で，離婚の合意が成立すること
③ **審判離婚**——家庭裁判所で，離婚の審判がされること
④ **裁判離婚**——家庭裁判所で，離婚の判決がされること

　（注）協議離婚ができないときは，家庭裁判所での離婚調停を申し立てるのが原則である。調停が成立しないときは，最終的には，家庭裁判所に対して，離婚の判決を求める訴えを提起することとなる。上に掲げた方式のほか，離婚の裁判で，離婚の合意をしたり（和解），離婚を求める相手方の請求を認める（認諾）という方式もある。なお，平成16年4月1日から，離婚や認知などの裁判は，地方裁判所ではなく，家庭裁判所が取り扱うこととなった。

2）離婚の要件
裁判所の判決で，離婚が認められるための要件
① 配偶者に不貞な行為があったとき
② 配偶者から悪意で遺棄されたとき
　（例・正当な理由なく，家に戻らず，生活費を入れない場合等）
③ 配偶者の生死が3年以上不明のとき
④ 配偶者が強度の精神病にかかり，回復の見込みがないとき
⑤ その他婚姻を継続しがたい重大な事由があるとき
※ ただし，上記の①から④の事情があっても，裁判所が婚姻の継続を相当と認めたときは，離婚は認められない。

　（注）最近の判例では，婚姻が破綻している期間が長いようなときは，事情により，不貞を働いた配偶者からの離婚請求も認められる余地があるとされている。

3）離婚の効果
① 夫婦関係，姻族関係の終了
② 婚姻により氏を変えた者の氏は，婚姻前の氏に復する
　（ただし，離婚後3ヵ月以内であれば，届出により，婚姻中の氏を称することができる）
③ 未成年の子の親権者（注）
　ア　協議離婚，調停離婚→当事者が協議で定める
　イ　審判離婚，裁判離婚→裁判所が，子の福祉の観点から定める
④ 夫婦の財産関係の清算
　ア　財産分与
　　婚姻中に夫婦が取得した財産について，その形成への寄与度等を考慮して，清算する。
　イ　慰謝料
　　不貞や暴力等，離婚について責任がある配偶者に対しては，慰謝料を請求することができる。
　（注）1　いったん定めた親権者がその後親権者として不適当となったときは，親権者の変更を家庭裁判所に請求することができる。
　　　　2　子を監護養育していく親は，他方の親に対し，その負担能力に見合った子の養育費を請求することができる。
　　　　3　子を監護養育していない親は，他方の親に対し，子の福祉に反しない限度で，子と面会させるよう求めることができる（面接交渉権）。

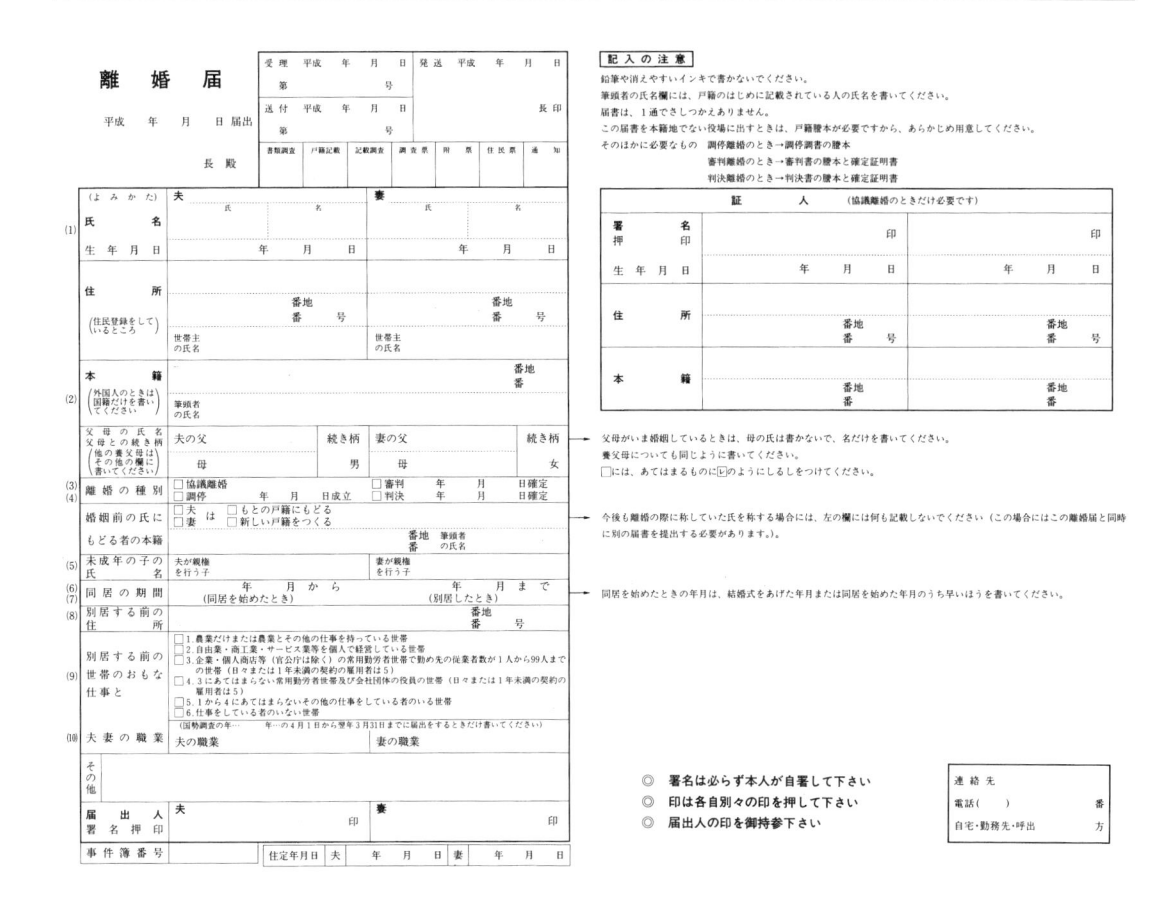

(5) 相　続

1) 相　続　人

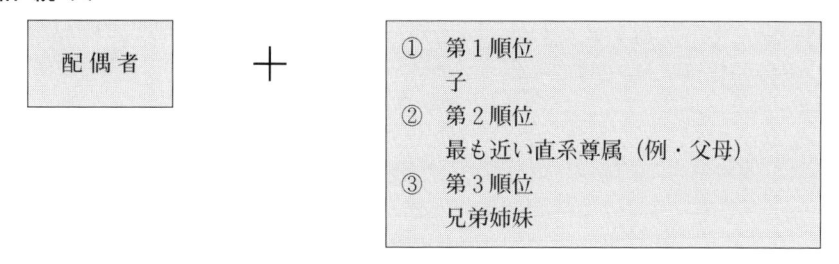

```
┌─────────┐        ① 第1順位
│  配偶者  │  ＋       子
└─────────┘     ② 第2順位
                   最も近い直系尊属（例・父母）
                ③ 第3順位
                   兄弟姉妹
```

（注）1　配偶者は常に相続人となるが，直系尊属や兄弟姉妹は，先順位の者がいるときは，相続人とはならない。
　　　2　被相続人（死亡した人）の死亡時に，相続人となるべき子や兄弟姉妹がすでに死亡していたときは，孫やおい・めいが相続人となる。

2) 相続の対象

相続の対象＝積極財産＋消極財産（負債）

人が死亡すると相続が開始するが，相続は，死亡した人（被相続人）のプラスの財産だけではなく，マイナスの財産（借金等）も承継することになる。

3）法定相続分

　法律では，各相続人が承継する遺産の割合は，以下のように定められている（相続人間でこれと異なる割合で遺産分割の協議をすることは可能）。

① 配偶者と子が相続人の場合

　　配偶者＝2分の1，子＝全体で2分の1（これを子の数で頭割りする。ただし，非嫡出子の相続分は，嫡出子の相続分の2分の1となる）

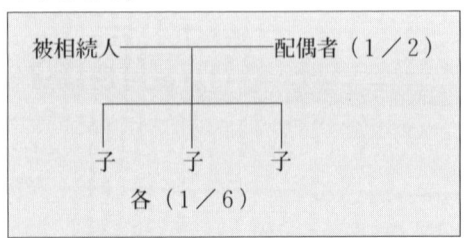

```
被相続人――――――配偶者（1/2）
   │
 ┌─┼─┐
 子  子  子
   各（1/6）
```

② 配偶者と直系尊属が相続人の場合

　　配偶者＝3分の2，直系尊属＝全体で3分の1

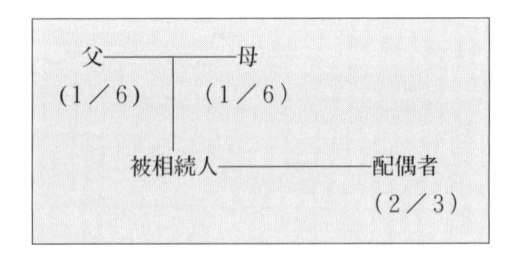

```
父――――――母
(1/6)    (1/6)
   │
被相続人――――――配偶者
              （2/3）
```

③ 配偶者と兄弟姉妹が相続人の場合

　　配偶者＝4分の3，兄弟姉妹＝全体で4分の1

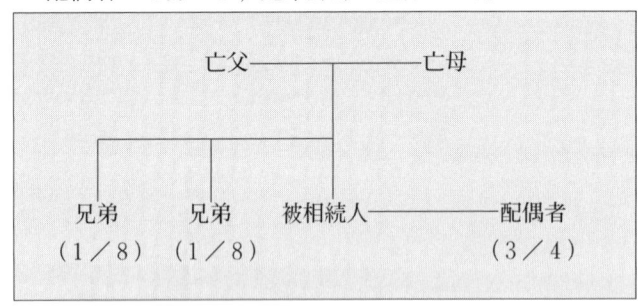

```
       亡父――――――亡母
          │
 ┌────┬────┐
 兄弟  兄弟  被相続人――――――配偶者
(1/8) (1/8)              （3/4）
```

（注）以上の原則に対し，以下の修正要素がある。

　寄　与　分→相続人の中に被相続人の事業を手伝ったとか，療養看護に努めたとかして，被相続人の財産の増加，維持に寄与した者がいれば，その相続人の相続分は増加する。

　特別受益→被相続人から生前に不動産等，生活のための財産をもらっている相続人は，その分につき，相続分が減少する。

4）相続放棄

　　　相続放棄＝相続開始を知った日から3ヵ月以内に家庭裁判所に申述
　　　　　　　　　　　　　　　　↓
　　　　被相続人の遺産（積極財産＋消極財産）を承継しない

　被相続人に借金があるとか，遺産を分散させたくない等の理由で，相続をしたくないという場合には，相続放棄をする必要がある（この期間内に放棄をしないと，相続を承認したことになり，その後に放棄することができなくなる）。

（注）たとえ，相続人間で自分は遺産をまったく取得しないという遺産分割協議書を作っていても，相続放棄をしていないと，3）の原則の割合で被相続人の借金を相続により承継したことになるので注意を要する。

5）遺産分割の方法

相続人間で協議が成立　→遺産分割協議書の作成
　　　　　　　　不成立→家庭裁判所に遺産分割の調停申立て
　　　　　　　　　　　→調停成立
　　　　　　　　　　　→調停不成立→家庭裁判所の審判

　当事者間で協議ができれば，それでよいが，できないときは，家庭裁判所の調停，審判の手続きを利用することとなる。

6）遺　言
① 遺言の方式
ア　自筆証書遺言
　　全文，日付，氏名を自書し，これに押印する。
イ　公正証書遺言
　　公証人に遺言の内容を口授して，遺言書を作成してもらう。
ウ　秘密証書遺言
　　署名押印した遺言書を封印して，公証人に提出する。
（注）法律で定められた方式にしたがっていない遺言は効力が認められない。なお，イおよびウでは，証人2名が必要。

② 遺留分
　遺言では，ある相続人の相続分を変更したり，遺産を贈与したりすることができる。しかし，各相続人には，最低限自分が確保できる「遺留分」という一定の割合が法律で定められており，遺言でこの最低限の相続分を減らすことはできない。

例）相続人が妻と子2名のときの遺留分

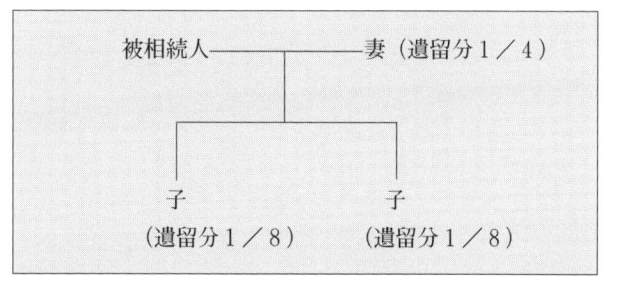

被相続人────妻（遺留分1／4）
　├─子（遺留分1／8）
　└─子（遺留分1／8）

2．日常の取引の法律

(1) 契　約

1）契約の成立

　契約は，書面を作らなくても，口頭の約束で成立するのが原則。書面は，その後の紛争が生じたときの証拠となるように作っておくものである。

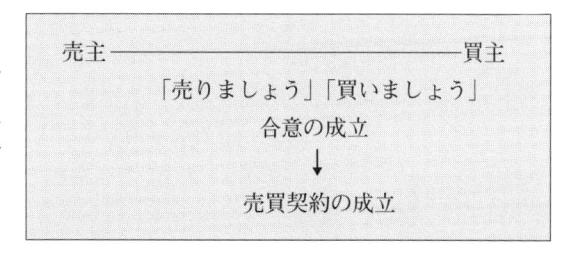

売主────────買主
「売りましょう」「買いましょう」
合意の成立
↓
売買契約の成立

2）単独で契約できない者
ア　未成年者（満20歳未満の者）→親権者の同意が必要
イ　成年被後見人，被保佐人（高齢者等で判断能力が低下しており，家庭裁判所で保護を開始するとの決定を受けた者）→後見人，保佐人の同意が必要（被保佐人は一定の行為についてのみ）

　同意がない場合は，契約を取り消すことができ，不利な契約をしても，保護される。イは，成年後

見制度と呼ばれるもので，高齢者等の財産を守る制度であり，これを利用するには，家庭裁判所に申立てを行う必要がある。

3）契約の無効・取消し
① 契約の内容が社会の秩序や善良な風俗に反するような契約は，無効であり，これに従う義務はない（例・賭博の負け金を支払う合意）。また，契約の重要な部分に思い違いがあり，誤って契約をしてしまったようなときも，契約が無効となることがある。
② 詐欺によって契約をしたり，脅かされて契約をさせられたようなときは，その契約を取り消すことができる。

4）借金と保証
① 利　息
借金をしたときは，利息の定めがあれば，元本のほかに，利息の支払いも必要となる。利率については，利息制限法により，下表の利率を超える部分については，支払いを強制されることはないものとされている。

② 保　証
他人の債務（たとえば，借金の返還債務）を保証したときは，その他人と同じ責任を負うこととなる。保証の中でも，連帯保証人となると，本来の債務者にまず請求してくれとか，本来の債務者には財産があるはずだから，まずそちらから取り立ててくれ，というような理由で請求を拒むこと（催告・検索の抗弁という）はできない。すなわち，本来の債務の期限が来たら，すぐに債権者から請求されても文句はいえないということになる。

本来の債務者から頼まれて保証人となった人が借金を返済した場合，本来の債務者に対して，返済した額や利息等を請求することができるが，そのような場合，本来の債務者の資産状況は破綻しており，保証人は，本来の債務者からの取り立てができずに損失を被るというケースが多い。

元　本　額	利　息
10万円未満	年20％
10万円以上100万円未満	年18％
100万円以上	年15％

(注) 遅延損害金の上限は，上記の1.46倍

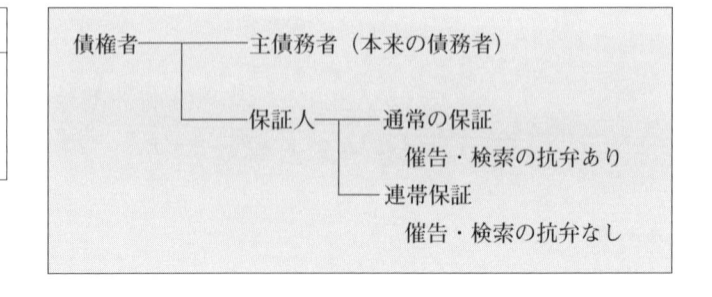

```
債権者──┬──主債務者（本来の債務者）
        │
        └──保証人──┬──通常の保証
                      │     催告・検索の抗弁あり
                      └──連帯保証
                            催告・検索の抗弁なし
```

(2) 権利の実現方法

自分の権利を実現するには，まず，話し合いでの解決が考えられる。当事者間のみの話し合いで解決しなかったときは，家庭に関する事項では，家庭裁判所での家事調停，契約や交通事故等に関する事項では，簡易裁判所や地方裁判所での民事調停という裁判所での話し合いの手続きを利用することができる。話し合いができないときは，最終的には，裁判所の判決，審判により解決されることになる。どの裁判所に申立てをすればよいのかは，いろいろな法律に定められている。申立ての手続きについては，各地の裁判所で相談に応じている。具体的な紛争が生じたときは，弁護士に相談することが考えられる。また，各地の弁護士会や市役所等では，法律相談を開催しているところも多い。さらに，2006年10月からは，全国に「日本司法支援センター」（通称「法テラス」）が開設され，法的なトラブル解決のための関係機関・団体などの情報を提供している。問題がこじれる前にそのようなところで，早めに適切なアドバイスを受けることも大変有効である。

3．男女共同参画社会をめざすための法

　1999年6月23日「男女共同参画社会基本法」が施行され，女と男が自立して，ともに生きるための歩みが加速された。ここでは，「男女共同参画社会基本法」を生み出すもととなった，あるいは同法の目的を実現するための法律，条約等を掲げる。

（1）日本国憲法（1946年公布，1947年施行）

第14条［法の下の平等，貴族の禁止，栄典］すべて国民は，法の下に平等であって，人種，信条，性別，社会的身分又は門地により，政治的，経済的又は社会的関係において，差別されない。

第24条［家族生活における個人の尊厳と両性の平等］婚姻は，両性の合意のみに基いて成立し，夫婦が同等の権利を有することを基本として，相互の協力により，維持されなければならない。

2．配偶者の選択，財産権，相続，住居の選定，離婚並びに婚姻及び家族に関するその他の事項に関しては，法律は，個人の尊厳と両性の本質的平等に立脚して，制定されなければならない。

（2）女子差別撤廃条約（女子に対するあらゆる形態の差別の撤廃に関する条約）

　国際連合憲章，世界人権宣言，国際人権規約，女性に対する差別撤廃宣言等に規定されている，性による差別禁止の原則を具体化したものである。国際婦人の10年の流れの中で1979年に国連総会で採択された。同条約の批准に先立ち，わが国では国籍法の改正（父母両系主義），男女雇用機会均等法の制定などを行った。批准は1985年。

　内容は，政治的，経済的および社会的分野における差別の禁止と差別撤廃に必要な措置を締約国に義務づけたものである。女性差別は女性の基本的人権の侵害であること，開発と平和は男女平等の前提条件であること，女性の全面的社会参加の確保と性別役割分業の見直し等が盛り込まれている。また各国における法律・制度のみならず慣習も対象としていることが大きな特徴である。

　なお，批准国は，批准後1年以内に第1次レポートを，以降4年ごとに実施状況についての政府のレポートを提出しなければならないことになっている。

（3）ILO条約第156号（家族的責任を有する男女労働者の機会及び待遇の均等に関する条約）

　国連の機関のひとつであるILO（国際労働機関）が1981年に採択した条約で，わが国は1992年に育児休業法，1995年に介護休業制度を成立させたこと（実施は1999年から）で条件が整い，1995年に同条約を批准した。女子差別撤廃条約の精神を，雇用の場で具体化した条約といえる。この条約では，前文で①家族的責任を持つ男性労働者と女性労働者の間の機会および待遇の実効的な均等，②家族的な責任を持つ労働者と他の労働者の間の機会および待遇の実効的な均等を目的としてあげている。

（4）第4回世界女性会議「北京宣言」および行動綱領

　北京宣言および行動綱領は，1995年中国の北京で開かれた第4回世界女性会議で採択された。内容は21世紀に向けて各国政府の女性政策のとるべき指針を示したものである。行動綱領では，行動を起こすべき12の重大問題領域を明記し，それぞれの戦略目標ととるべき行動を示している。12の重大問題領域は，A女性と貧困，B女性の教育と訓練，C女性と健康，D女性に対する暴力，E女性と武力紛争，F女性と経済，G権力および意思決定における女性，H女性の地位向上のための制度的なしくみ，I女性の人権，J女性とメディア，K女性と環境，L女児（少女）である。なお，これらの事項においては，リプロダクティブ・ヘルス／ライツやアンペイド・ワーク（無償労働），貧困の

女性化など，女性の地位について考えるに当たって重要な概念が盛り込まれている。

（5）労働基準法（1947年施行）

労働者の労働時間など労働条件の最低基準を定めた基本法である。

第3条［均等待遇］ 使用者は，労働者の国籍，信条又は社会的身分を理由として，賃金，労働時間その他の労働条件について，差別的取扱をしてはならない。

第4条［男女同一賃金の原則］ 使用者は，労働者が女性であることを理由として，賃金について，男性と差別的取扱いをしてはならない。

1987年および1993年の改正で労働時間の短縮を目的とした改正がなされた。

1997年の改正では，雇用機会均等法の強化に対応して，女性の時間外・休日労働，深夜業の規制等のいわゆる女子保護規定を撤廃した。

（6）男女雇用機会均等法（雇用の分野における男女の均等な機会及び待遇の確保等に関する法律）

女子差別撤廃条約批准のための国内法整備の一環として1985年に公布，翌年から施行された。

1997年，①募集・採用，配置・昇進について，女性差別の禁止を事業主の努力義務から禁止へと強化，②差別是正勧告に従わない企業名の公表や調停の一方申請を認める（従来は労使双方の同意が必要）等，法の実効性を確保するための措置の強化，③ポジティブ・アクションの促進やセクシュアル・ハラスメントの防止等の新しい課題への対応，④妊産婦の健康管理の義務化，など従来の問題点を解消し，また新しい問題への対応を図るために改正を行った。

（7）育児・介護休業法

1991年，育児休業法（育児休業等に関する法律）として公布，翌年から施行された。その後，1995年，育児・介護休業法（育児休業等育児又は家族介護を行う労働者の福祉に関する法律）として，大幅に改正された。1999年には育児・介護休業法（育児休業，介護休業等育児又は家族介護を行う労働者の福祉に関する法律）として，介護休業制度についても本格的に実施された。2001年の改正では，働きながら生み育て，介護をしやすい雇用環境を整備するための規定が増えた。

主な内容は，①男女の労働者は，満1歳に満たない子の養育のために育児休業を取得できる，育児休業をしない労働者のための短時間勤務等の措置，②1歳以上3歳未満の子を養育する労働者のための育児休業に準ずる措置又は短時間勤務の措置，③要介護状態の親族を介護するために3ヵ月を限度に介護休業を取得できる，④深夜業の制限，というもので，使用者は労働者からの育児休業取得の申し出を拒否できず，休業を理由として解雇することもできない。

その後，2004年の改正では，期間を定めて雇用される者も休業の対象とされ，特別の事情があるときは，子が1歳6ヵ月になるまで育児休業を取得することが可能になる等の制度の拡充が図られた。

（8）DV防止法（配偶者からの暴力の防止及び被害者の保護に関する法律）

多くの場合に女性が被害者となる配偶者からの暴力を防止し，被害者を保護することを目的として，2001年に公布，施行された。

この法律では，配偶者暴力相談支援センターによる被害者の保護等について規定されたほか，被害者がさらなる配偶者からの暴力により生命・身体に重大な危害を受けるおそれが大きいときに，裁判所が配偶者に対し，被害者への接近禁止，住居からの退去を命じる「保護命令」の制度が創設された。

2004年に改正され，被害者の自立支援の明確化等のほか，暴力を振るう配偶者と離婚した後でも保護命令を出せるようにし，子どもへの接近も禁止することができるようにするなど，保護命令制度の拡充が図られた。

附章 III 生活史年表
―祖母・母・わたしの時代―

西暦 (元号)	社会の動き ☆国内 ★世界 △日本＆外国	世相・生活のトピックス	国内初登場
1945 (昭和20)	☆東京大空襲 ☆広島，長崎に原爆投下 △「ポツダム宣言」受諾，敗戦 △連合国軍総司令部（GHQ）設置 　（～1952） ★国際連合設立	―物資不足―ヤミ市全盛，タケノコ生活，焼跡に「リンゴの唄」 昭和20年の 　戦病死者 約260万人 　戦争未亡人 約28万人 　銃後戦災傷死・ 　　行方不明者約80万人 昭和20年の献立 　　　　　　『主婦の友』 朝　雑穀雑炊・大根おろ 　　し・ふだんそう 昼　だんご・芋・春菊 夕　豆スープ・あしたば 　　・大根漬け・ご飯	
1946 (昭和21)	☆農地改革実施，新円切り替え ☆婦人参政初選挙 　（婦人代議士39人誕生） ☆日本国憲法公布（1947.5.3施行） ☆公娼廃止司令（GHQ） ☆生活保護法施行	・食糧・住宅不足深刻 ・発疹チフス，天然痘，コレラ大流行 ・漫画「サザエさん」	・市販のペニシリン ・女子東大生
1947 (昭和22)	☆教育基本法・学校教育法施行 　（6・3・3・4制，男女共学） ☆民法改正（家父長制廃止，結婚および離婚の自由） ☆刑法改正（不敬罪・姦通罪廃止） ☆労働基準法施行（男女同一賃金，母性保護） ★国連婦人の地位委員会開催	・第1次ベビーブーム 　（後の"団塊の世代"） ・喫茶店復活，コーヒー1杯5円（東京） ・更生服製作盛ん 　着物を洋服に，モンペをスカートに	・30銭の郵便切手 　（法隆寺五重塔） サラリーマンの実態調査 　平均月収　3,542円 　赤　字　1,580円 食生活費の75％がヤミ買い
1948 (昭和23)	☆優性保護法施行（人工妊娠中絶条件緩和，1949，1952改正） ★朝鮮，南北に政権成立 ★国連「世界人権宣言」採択 ★自由主義圏と共産圏の冷戦時代に	・「不良マッチ退治の主婦大会」 　→「主婦連合会（主婦連）」結成 ・日本脳炎大流行 ・歌「東京ブギウギ」	・プラスチック容器 ・ナイター
1949 (昭和24)	☆家庭裁判所開設（全国49ヵ所） ☆湯川秀樹，ノーベル賞受賞 △単一為替レート1ドル360円設定 ★中華人民共和国成立 ★ドイツ，東西に政権成立	・都の失業対策事業の日当240円 　"ニコヨン"（100円札2枚と10円札4枚） ・映画「青い山脈」	・母の日 ・男性ファッションモデル
1950 (昭和25)	☆警察予備隊設置（自衛隊の前身） ☆レッドパージ指令（GHQ）	合計特殊出生率* 3.65 （*15～49歳の女性の平均出産児数） 平均寿命** 女61.4歳，男58.0歳 　　　　（**0歳児の平均余命）	・1,000円札 　（聖徳太子） ・短期大学 ・満年齢

附章Ⅲ　生活史年表

西　暦 （元　号）	社 会 の 動 き ☆国内　★世界　△日本＆外国	世相・生活のトピックス	国内初登場
1950 （昭和25）	★朝鮮戦争勃発（～1953） 　――特需景気――	日本経済の復興始まる 　食糧難・物資不足期終わる	
1951 （昭和26）	△サンフランシスコ講和条約・日米安全保障条約調印 ☆全国社会福祉協議会設置 ☆児童憲章制定，児童福祉法改正 ☆民間ラジオ放送開始	・赤痢大流行（死者約15,000人） ・初の老人ホーム誕生 ・身売り児童5,000人と推定（厚生省） ・第1回紅白歌合戦放送	・公営住宅にダイニングキッチン ・「としよりの日」（1966敬老の日） ・ナイロン
1952 （昭和27）	☆血のメーデー事件 ☆栄養改善法公布 △16年ぶりにオリンピック参加（ヘルシンキ）	・「全国地域婦人団体連絡協議会（地婦連）」設立 ・強化食品時代の幕開け ・漫画「鉄腕アトム」1963 TV化（初の国産アニメ）	・駅に牛乳スタンド ・デパートに冷凍食品売り場 ・持ち帰り寿司チェーン「京樽」
1953 （昭和28）	☆テレビ本放送開始 ★朝鮮戦争休戦	・家庭電化時代スタート（電化元年） ・「日本婦人団体連合会」発足 ・ラジオ「君の名は」→映画・歌・本・ファッション（真知子巻き）	・電気洗濯機 ・小型冷蔵庫 ・スーパーマーケット「紀ノ国屋」 ・化学洗剤 ・有料老人ホーム
1954 （昭和29）	☆学校給食法施行 ☆自由党「憲法改正案要項」発表（孝養の義務，家産制度） ★米，ビキニ環礁水爆実験 　第五福竜丸被爆，放射能の雨 　放射能マグロ問題化	・家族制度復活反対婦人の集い ・農山村でもガス器具使用可能に ・消費者団体が原水爆禁止を訴える ・映画「ローマの休日」→ヘップバーンスタイル流行	・缶ジュース ・ステンレス流し台 ・プロパンガス
1955 （昭和30）	☆森永ヒ素ミルク事件 （患者約12,000人，1972救済補償決定） ☆原因不明の神経症発生 （1964スモン病と判明） △ガット（GATT）に加盟 ★アジア・アフリカ（AA）会議（バンドン） ――神武景気始まる（～1957）――	・消費生活ほぼ戦前に 国勢調査 平均初婚年齢　男26.6歳 　　　　　　　女23.8歳 合計特殊出生率　2.37 老年（65歳以上）人口比率　5.3％ 女子大学・短大進学率　5.0％ 平均世帯人員4.97人――35年間ほとんどかわらず5人世帯が最多	・電気釜 ・電気掃除機 ・トランジスタラジオ
1956 （昭和31）	☆売春防止法公布（1958施行） ☆水俣病発生 （1996チッソと和解成立） △日ソ共同宣言に調印（国交回復） △日本，国連加盟	・「もはや戦後ではない」『経済白書』 ・テレビの一般化 "一億総白痴化" ・TV人形劇「チロリン村とくるみの木」（～1964）	・中性洗剤 ・公団団地（堺市） ・TV料理番組 ・国民車「コロナ」
1957 （昭和32）	☆日本初の原子炉始動（東海村） △日本，国連安全保障理事会非常任理事国に当選 ★ソ連，世界初の人工衛星打ち上げ成功→米ソ宇宙開発競争始まる	・東京，都市人口世界一（約850万人）に ・第1回全国消費者大会「消費者宣言」採択 ・不良ジュース追放運動（主婦連）	・やぐら式電気こたつ ・ルームクーラー ・ガス湯沸かし器

西　暦 (元　号)	社会の動き ☆国内　★世界　△日本＆外国	世相・生活のトピックス	国内初登場
1958 (昭和33)	☆東京タワー竣工, 関門トンネル開通 ☆国民健康保険法全面改正 　(国民皆保険) ―なべ底不況― ★米, 人工衛生打ち上げ	・西洋野菜 (レタス, セロリ, カリフラワーなど) 広まる ・インスタント食品時代の幕開け← ・合成繊維, 生産激増	・10,000円札 　(聖徳太子) ・日清「チキンラーメン」 ・バレンタインチョコ
1959 (昭和34)	☆皇太子, 美智子様ご成婚 ☆伊勢湾台風 ☆国民年金制度発足 (国民皆年金) ☆『国民生活白書』消費革命論 ☆メートル法実施 △貿易自由化開始------	・結婚パレード中継→テレビ購入激増 ・家庭電化ブーム "三種の神器" 　白黒TV・電気冷蔵庫・電気洗濯機 ・耐久消費財が急速に普及 ・エンゲル係数39.8％ (40％を割る) ・加工食品の売れ行き増加 ← ・戦後復興期終わる	・缶詰ベビーフード ・プレハブ住宅 ・「バンドエイド」 ・ビデオテープレコーダー ・「シーチキン」 　(素材缶詰の元祖)
1960 (昭和35)	△日米安保条約改定調印→安保反対闘争 ☆カラーテレビの本放送開始 ☆初の女性大臣誕生 (厚生大臣) ☆「所得倍増計画」発表 ★IOCU (国際消費者機構) 設立 ―岩戸景気―	・都市部で食生活の洋風化定着 ・食料農産物総合自給率90％ 　(以降逐年低下) ・消費ブーム, レジャーブーム ・インスタント食品ブーム起こる← ・高度経済成長期始まる	・発泡スチロール ・提携住宅ローン ・クレジットカード ・自動販売機 ・「森永インスタントコーヒー」
1961 (昭和36)	★ソ連, 人間衛星船地球一周 ★国連, 核兵器使用禁止宣言	・"食品公害" 問題化 (着色剤・防腐剤・漂白剤) ・文学部女子学生増加→「女子大生亡国論」 ・小児マヒ大流行 　(ポリオ・生ワクチン緊急輸入) ・歌「上を向いて歩こう」	・生理用ナプキン「アンネ」 ・「クレラップ」 ・「サランラップ」 ・「コカ・コーラ」
1962 (昭和37)	☆サリドマイド睡眠薬販売中止 　(西独で奇形児問題化) ★ケネディ米大統領「消費者の4つの権利」発表 ★キューバ危機 (米ソ核戦争の危機)	・食品の輸入自由化相次ぐ ・中性洗剤の有害論争起きる ・既婚女性就労増加 ・コメの1人当たりの消費最高	・即席みそ汁 ・国立がんセンター
1963 (昭和38)	☆名神高速一部開通 　(日本初のハイウェイ) ☆老人福祉法施行 △日米間テレビ宇宙中継実験成功 　(ケネディ暗殺ニュース受信) △部分的核停止条約に参加	・BG (ビジネスガール) からOL (オフィスレディ) へ 　(勤続年数は4〜5年程度が現実) ・リース時代到来 ← ・第2種兼業農家40％突破 　"三ちゃん農業"	・新1,000円札 　(伊藤博文) ・リース会社 ・自動脱水洗濯機 ・消費生活コンサルタント

昭和38年の献立　『婦人の友』
朝　トースト・紅茶・ミルク・ハムエッグ
昼　ご飯・さんまバター焼き・煮豆・キャベツ
夕　ご飯・豚カツ・いんげんソティー・スパゲッティ
　　ケチャップかけ・冷奴・きゅうりもみ
間食　みかん

西　暦 （元　号）	社　会　の　動　き ☆国内　★世界　△日本＆外国	世相・生活のトピックス	国内初登場
1964 （昭和39）	☆東海道新幹線開通 △東京オリンピック開催 ☆母子福祉法施行 　―オリンピック景気― ★中国核実験	・海外観光渡航自由化 ・カラーテレビ急激に普及 ・"家つき・カーつき・ババア抜き"が流行語に ・出稼ぎ100万人"半年後家" ・標準食費，1日1人当たり167円	・「クリネックスティッシュ」 ・電気カーペット ・レンタカー ・モノレール
1965 （昭和40）	△日韓基本条約調印（国交樹立） △経済協力開発機構（OECD）常任理事国に決定 ★米の北ベトナム爆撃開始（～1968） ★国連，人種差別撤廃条約	・経済企画庁に国民生活局設置 　平均寿命　　女72.9歳，男67.7歳 　　　　　　　男女差5.2歳に 　平均世帯人員　4.05人 　　　　　　　―核家族化進む	・ディスカウントショップ ・スモッグ警報 ・宇宙遊泳
1966 （昭和41）	☆新東京国際空港建設決定 　→成田闘争 ☆ビートルズ旋風（日本公演） ★中国文化大革命	・日本の人口1億人突破 ・丙午で出生数前年比25％減 ・3C時代"新三種の神器" 　カラーテレビ・クーラー・カー ・メンズウエア，カラフル化 　（ピーコック革命） ・TV「おはなはん」 ・TV「ウルトラマン」→怪獣ブーム	・家庭用電子レンジ ・2ドア冷凍冷蔵庫 ・コインランドリー（100円） ・「養老の瀧」フランチャイズ1号店
1967 （昭和42）	☆公害対策基本法施行 ☆国民総生産（GNP）が世界第3位（1968第2位）に ★国連「婦人に対する差別撤廃宣言」採択	・ミニスカート大流行，パンティストッキング急速に普及 ・海外旅行増加→レジャーの大型化 ・「国民の半数が"中流"と意識」 　（『国民生活白書』）	・リカちゃん人形 ・建国記念日 ・住宅公団にLDK
1968 （昭和43）	☆大学紛争激化，全国に広がる ☆消費者保護基本法施行 ☆イタイイタイ病，水俣病，公害病に認定（厚生省） ☆カネミ油症事件（PCB混入） 　―いざなぎ景気（～1970）― ★「核拡散防止条約」調印（62ヵ国）	・合成樹脂使用広がる 　（食器から家具まで） ・公害問題，意識高まる ・レトルト食品時代の幕開け ・長期大型景気，使い捨ての大型消費時代"昭和元禄"	・100円化粧品「ちふれ」（地婦連） ・ラジカセ ・「ボンカレー」 ・ポケベル ・心臓移植手術
1969 （昭和44）	☆全共闘が占拠する東大安田講堂を機動隊が封鎖解除 ☆東名高速道路全線開通 ☆東京地裁女子若年定年制無効判決 △日米共同声明（1972沖縄返還） ★米アポロ11号，人類初の月面着陸	・大学封鎖解除相次ぎ，学生運動下火に ・ファミリーレストランのチェーン展開始まる ・コメの消費減で古米在庫550万t ・共働き増加，カギっ子483万人 ・「チクロ」発がん性の疑いで追放運動 ・歌"反戦フォークソング"盛ん	・ゼロ歳児保育 ・ベビーホテル ・「ロイヤルホスト」

附章Ⅲ 生活史年表

西　暦 (元　号)	社会の動き ☆国内　★世界　△日本＆外国	世相・生活のトピックス	国内初登場
1970 (昭和45)	☆公害対策基本法改正 　公害関係14法案制定 ☆日航機よど号ハイジャック事件 △万国博覧会開催（大阪） △日米安保自動延長 ★米でウーマンリブ運動盛んになる	・国民生活センター発足 　各地に消費生活センター開設 ・外資系ファーストフード店など外食 　チェーン1号店続々開店 　"外食（産業）元年" 　第1次産業人口20％割る 　老年人口比率7.1％→高齢化 　婚姻率10.0‰，離婚率0.93‰	・光化学スモッグ ・米飯給食 ・「ケンタッキー 　フライドチキン」 ・「象印電子ジャー」 ・コンピュータ結婚
1971 (昭和46)	☆環境庁発足 △沖縄返還協定調印 　（東京－ワシントン宇宙中継） △ドルショック→株価大暴落	・第2次ベビーブーム ・冷凍食品前年比30％増，レトルト 　食品も急成長 ・Tシャツ・ジーパンスタイル流行 　（以後定着） ・アンノン族―ヤングファッションの 　カタログ化	・「日清カップヌードル」 ・掃除の専門サービス業「ダスキン」 ・「マクドナルド」
1972 (昭和47)	☆沖縄県発足 ☆「米穀の物価統制令」廃止 　（26年ぶりに自由化） ☆「日本列島改造論」発表 △札幌冬季オリンピック大会開催 △日中共同声明発表（国交回復） ★国連，人間環境会議 　（ストックホルム）	・スナック時代到来 　（エビせんなど大人気） ・本「恍惚の人」 　→老人問題関心を呼ぶ ・土地ブーム→地価高騰 ・「東京の物価は世界一（NY100・東京117）」（国連） ―高度経済成長期終わる―	・山陽新幹線 ・中ピ連 ・パンダ 　（中国から） ・若葉マーク ・遺伝子操作
1973 (昭和48)	☆老人福祉法施行 ☆菊田医師事件（赤ちゃん斡旋） △円，変動相場制に移行 ★第4次中東戦争でアラブ産油国石 　油供給制限 ★米，女性の呼称に"Ms.（ミズ）" 　使用公認 ―オイルショック不況―	・PCB汚染深刻化→消費者の魚離れ ・本「日本沈没」 　　「ノストラダムスの大予言」 ・第1次オイルショック 　買いだめパニック（トイレットペーパー，洗剤，砂糖など） ―一気に省エネの時代に	・ダイエット食品 ・出前惣菜 　「タイヘイ」 ・シルバーシート
1974 (昭和49)	☆ルバング島から小野田元少尉30年 　ぶり生還 ☆日本人口会議 　「子は2人まで」宣言	・狂乱物価 　"消費は美徳"→"節約は美徳" 　全国でリサイクル運動始まる ・産む自由が問題となる ・食品添加物ショック（保存料AF2に発がん性判明→使用禁止） ・高校進学率90％を超える ・実質経済成長率，戦後初めてマイナス	・コンビニエンスストア「セブンイレブン」 ・ラジオ「子ども相談室」

附章Ⅲ　生活史年表

西　暦 （元　号）	社　会　の　動　き ☆国内　★世界　△日本＆外国	世相・生活のトピックス	国内初登場
1975 （昭和50）	国際婦人年 ★第1回国連世界女性会議 　（メキシコシティ） ★第1回主要先進国首脳会議 　（サミット，ランブイエ） ★ベトナム戦争終結（1965～） 　（1976南北ベトナム統一）	特に性別役割の論議 →「私作る人，僕食べる人」のCM禁止 ・マイカー10年前の8倍1,700万台 ・不況深刻化，就職内定取り消し，自宅待機相次ぐ 平均世帯人員 3.48人 ── 独身世帯急増 女子大学・短大進学率　32.4％	・家庭用カセットビデオ ・ポリ袋
1976 （昭和51）	☆ロッキード事件（巨額献金） ☆民法改正（離婚復氏制度） ☆訪問販売法施行 　（クーリングオフ制度） ★「国連女性の10年」始まる	・サラ金被害問題続出 ・欠陥住宅社会問題に ・歌「およげ！たいやきくん」	・宅配便「ヤマト」 ・持ち帰り弁当 「ほっかほっか弁当」
1977 （昭和52）	△200カイリ漁業水域法成立 ☆児童福祉法改正（保父制度） ──トンネル不況──	・漁獲高減で魚価格急上昇 →魚隠し・魚離れ起こる ・女性のジーパン是非論争 ・安売りの量販店（カメラ，メガネ）が盛況 ・小・中学生の自殺報道増える 平均寿命 女78.0歳，男72.7歳 （世界一に）	・TVゲーム ・ドライブスルーの店 ・紙おむつ 「パンパース」
1978 （昭和53）	☆新東京国際空港開港 △日中平和友好条約調印 △円高，初めて1ドル200円台割る △日米農産物交渉妥結 ★英，体外受精児誕生 　"試験管ベビー"	・日本ヒーブ協議会設立 ・日本サラ金問題対策協議会設立 ・円高倒産急増 ・食料農産物総自給率73％	・日本語ワープロ ・ペットボトル ・ショートステイ ・"キャリア・ウーマン"（ことば）
1979 （昭和54）	国際児童年 ☆自民党「家庭基盤の充実」提唱 ☆滋賀県で合成洗剤禁止条例制定 ☆国立大，共通一次試験開始 △東京サミット開催（アジアで初） ★米，スリーマイル島原子力発電所で事故 ★イラン革命	・大会社重役，新聞社部長など女性の目覚ましい社会進出続々 ・環境庁も有リン洗剤追放決定→洗剤無リン化への動き ・「日本人は"うさぎ小屋"に住む働きバチ」（EC委） ・エンゲル係数30％を割る ・第2次オイルショック ・歌「関白宣言」	・トイレの擬音装置 ・ウォークマン
1980 （昭和55）	△日本，婦人差別撤廃条約に署名 　（1985批准） ★イラン・イラク戦争勃発（～1988） ★第2回世界女性会議 　（コペンハーゲン） ★モスクワオリンピック 　──日，米，独など不参加	・輸入農産物のポストハーベスト問題化 ・映画「クレイマー・クレイマー」 第1子の出産平均年齢 26.4歳 ── 高齢出産化	・ホームファックス ・レンタルレコード店 ・消費生活アドバイザー資格試験

附章Ⅲ　生活史年表

西　暦 (元　号)	社　会　の　動　き ☆国内　★世界　△日本＆外国	世相・生活のトピックス	国内初登場
1981 (昭和56)	国際障害者年 ☆児童福祉法改正 　（無認可児童施設への指導強化） △中国残留孤児，初の正式来日	・公共施設で車椅子用トイレ設置始まる ・ベビーホテル問題 ・雑誌の創刊ブーム始まる ・ＯＡ革命 　――パソコン，オフコン企業に導入 ・単身赴任問題顕在化 ・本「窓ぎわのトットちゃん」	・空缶回収条例 　（京都市） ・写真週刊誌 　「フォーカス」 ・缶入ウーロン茶
1982 (昭和57)	★国連環境計画特別会議（ナイロビ） ――世界同時不況――	・離婚急増（約17万組），熟年離婚増加 ・グルメブーム 　→味のガイドブック出版相次ぐ ・使い捨ておむつ大ヒット 　（前年比20倍）	・ＣＤプレイヤー ・東北新幹線 ・上越新幹線 ・「PC-9801」NEC
1983 (昭和58)	☆サラ金規制2法施行 ☆日本初の体外受精児誕生 　（東北大病院） ★大韓航空機，ソ連領で撃墜される	・テレビゲーム時代到来 ・乳幼児死亡率世界最低に ・少年非行戦後最高，校内暴力も多発 　（荒れる中学7校に1校，教師の被害も倍増） ・ダイオキシン製造中止（除草剤） ・ＴＶ「おしん」「積木くずし」	・ファミコン 　（任天堂） ・テレホンカード ・マイコン炊飯ジャー ・東京ディズニーランド
1984 (昭和59)	☆グリコ・森永脅迫事件 ☆国籍法，戸籍法改正 　（父母両系血統主義） ★世界でエイズ問題化	・国民の90％が中流意識（総理府） ・映画「風の谷のナウシカ」 ・1,000円（夏目漱石），5,000円 　（新渡戸稲造），10,000円（福沢諭吉）	・衛星放送 ・男性化粧品 ・通販110番 ・新札
1985 (昭和60)	☆日航ジャンボ機墜落事故 ☆男女雇用機会均等法公布 　（1986施行） ☆科学万博開催（筑波） ☆ＮＴＴ，ＪＴ（公社民営化） ★米ソ首脳会議「核不戦」共同声明 　→緊張緩和へ向かう ★国連総会「国連消費者保護ガイドライン」採択 ★第3回世界女性会議（ナイロビ）	・小中学校で「いじめ」問題深刻化 「いじめ」相談1,500件，3割は誰にも話せず，がまん（法務省） 昭和60年の献立　『婦人の友』 朝　トースト・コーヒー・オムレツ 　　・カリフラワー・ヨーグルト 昼　盛りそば・天ぷら 夕　煮魚・揚げだし豆腐・ご飯・みそ汁・漬け物 間食　バナナ・クッキー	・8 mmビデオ ・電話付ＦＡＸ ・ＣＤ-ＲＯＭ ・パソコン通信 ・セラミックス製台所用品
1986 (昭和61)	△東京サミット開催 ☆伊豆大島三原山200年ぶり大噴火 ★ソ連，チェルノブイリ原発事故 ――円高不況と差益還元――	・「激辛」ブーム（ラーメン，カレー） ・少年自殺前年比4割増 ・世界人口，50億人突破 独居高齢者　　　　113万人 夫婦のみの高齢者　279万人 単身赴任者　　　　 14万人	・宅配ピザ 　「シカゴ」 ・バイオによる新野菜 ・使い捨てカメラ 　（レンズ付フィルム）

西　暦 (元　号)	社会の動き ☆国内　★世界　△日本＆外国	世相・生活のトピックス	国内初登場
1987 (昭和62)	☆エイズが広がる ☆特別養子縁組制度成立 ☆最高裁，有責配偶者からの離婚請求認める判決（35年ぶりの判例変更） ☆ＪＲ（国鉄民営化） ──バブル景気────── ★株価が世界的に大暴落（ＮＹブラックマンデー）	・朝シャン（朝のシャンプー）ブーム ・「アグネス論争」 　子連れで仕事は是か非か ・独身女性に"3高"志向 　身長・学歴・収入 ・地価狂騰続く→地上げ屋横行	・携帯電話サービス ・コードレス電話
1988 (昭和63)	☆青函トンネル，瀬戸大橋開通 ☆リクルート疑惑（非公開株譲渡，政治問題化）	・日本列島"陸続き"となる ・マル優廃止 ・フロンガス使用規制スタート	・コンピュータ・ウイルス ・デジカメ
1989 (昭和64) 1/8～ (平成元)	☆昭和天皇逝去，昭和から平成へ ☆消費税導入（3％） ☆日本初のセクハラ裁判（福岡） ★米ソ首脳，冷戦終結宣言 ★ベルリンの壁崩壊 　── 東欧に民主化と改革の嵐	・登校拒否児童・生徒4万人台へ ・セクハラが私的問題から労働問題へ	・エコマーク ・ダイヤルＱ２
1990 (平成2)	☆大学入試，センター試験制度へ ☆在宅介護支援センター制度開始 ──バブル経済破綻── ★統一ドイツ誕生 ★世界の各地で異常気象（生態系の破壊が原因か）	・(財)消費者教育支援センター設立 　漫画，ＴＶ，歌「ちびまる子ちゃん」 **合計特殊出生率1.57に** **"1.57ショック" ─ "少子化"現象** **平均世帯人員2.99人（3人を割る）**	・カーナビ ・ステイオンタブの缶 ・スギ花粉情報 ・抗菌防臭繊維 ・スーパーファミコン
1991 (平成3)	☆育児休業法成立（1992施行） ☆4大証券会社巨額損失補填 ☆雲仙普賢岳大規模な火砕流発生 ★多国籍軍がイラク空爆→湾岸戦争 ★ソビエト連邦解体 ★フィリピン，ピナツボ火山噴火 ★南ア「アパルトヘイト」の終結宣言	・「全国過労死を考える家族の会」結成 ・証券不祥事・金融不祥事次々発覚 ・倒産件数，前年比164.4％と急増 ・ダイエット志向→カロリー・オフ商品出回る	・代理母斡旋業 ・余命保険 ・新宿新都庁
1992 (平成4)	☆佐川急便事件 　（不正融資，巨額献金） ☆ＰＫＯ協力法成立→自衛隊のＰＫＯ部隊カンボジアへ派遣 ☆毛利飛行士，日本の子どもへ宇宙から授業 ──平成バブル不況（複合不況）──── ★国連環境開発会議（地球サミット） 　（リオデジャネイロ）	・給食か愛情弁当かの大論争 ・政治不信広がる ・女性，雇用者総数の38.3％ 　──共働き世帯が非共働き世帯を上回る ・通信販売活況 ・倒産による消費者被害増加，多重多額債務で個人破産が史上最大（カード地獄） **高齢者ひとり暮らし　　162万人** **　　　（7年前の37.5％増）**	・Ｊリーグ，サポーター ・学校週5日（月1回） ・完全週休2日（国の行政機関） ・山形新幹線 ・ＭＤ

西　暦 (元　号)	社　会　の　動　き ☆国内　★世界　△日本＆外国	世相・生活のトピックス	国内初登場
1993 (平成5)	☆皇太子，雅子様ご成婚 ☆記録的な冷夏 ☆新党ブーム 　（自民党長期一党支配崩れる） ☆女性衆議院議長誕生 ☆環境基本法施行 △円高が急速に進行 ★ガット・ウルグアイラウンド妥結 　（GATT→WTO，日本のコメの部分的開放）	・バリアフリー商品開発盛ん ・コメ不足→コメを緊急輸入 ・食糧自給率37％に急落 ・女子学生就職難始まる 　（就職率75.6％） ・本「マディソン郡の橋」→映画化	・形状安定加工シャツ ・「ナタ・デ・ココ」
1994 (平成6)	国際家族年—盛り上がり欠く ☆記録的猛暑，西日本では異常渇水 ☆大型不況深刻化，円高続く ☆生命誕生複雑に ☆高校家庭科，男女必修に ☆関西国際空港開港 ★国際人口開発会議（カイロ） 　「リプロダクティブヘルス／ライツ」宣言	・「悪魔ちゃん」→親の命名権をめぐる論争に ・消費低迷で"価格破壊"進む ・戸籍上・遺伝学上・出産上の3人の母を持つ子誕生 ・"援助交際" 　——女子高校生の性意識の低下問題に	・「プレイステーション」
1995 (平成7)	☆阪神淡路大震災 ☆地下鉄サリン事件 　→オウム真理教摘発 ☆戦後50年の国会 ☆自治省，住民票続柄表記変更 ☆製造物責任（PL）法施行 ☆育児休業法→育児・介護休業法 　（介護休業制度，1999施行） ☆高齢社会対策基本法施行 ★第4回国連世界女性会議（北京） ★中国2回，仏5回核実験を実施	・個人のインターネット利用急増 ・高校中退者94,000人 ・従軍慰安婦の保障問題議論 ・嫡出子，非嫡出子，養子→「子」に統一 　婚姻率　6.4‰　　離婚率1.6‰ 　老年人口比率　14.5％——高齢社会へ 　平均寿命　女82.9歳，男76.4歳 　生涯未婚率　女5.1％，男8.9％ ・フランス製品不買運動起きる	・「Windows95」 ・PHS
1996 (平成8)	☆優生保護法→母体保護法へ 　（優生思想排除） ☆O157による食中毒大規模発生 ☆薬害エイズ事件	・インターネット利用者100万人突破 ・女子学生就職率63.5％（就職氷河期） ・輸入非加熱血液製剤をめぐる産・官・学の癒着明るみに	・プリクラ ・バーチャルペット「たまごっち」 ・DVD
1997 (平成9)	☆臓器移植法施行 ☆消費税5％に ☆容器包装リサイクル法施行 ☆介護保険法成立 ☆北海道拓殖銀行破綻 △地球温暖化防止京都会議 　「京都議定書」 ★クローン羊ドリー誕生	・「脳死は人の死か」論争 ・離婚件数20万組突破，離婚率過去最高，特に熟年夫婦の離婚急増 ・ダイオキシン問題広がる 　（母乳から検出） ・以後大型倒産相次ぐ ・新聞小説「失楽園」→本，映画，TV ・遺伝子操作などのバイオテクノロジー盛んに	・携帯メール ・長野新幹線 ・秋田新幹線

西　暦 (元　号)	社会の動き ☆国内　★世界　△日本＆外国	世相・生活のトピックス	国内初登場
1998 (平成10)	☆和歌山毒入りカレー事件 ☆長野冬季オリンピック大会開催 △北朝鮮のミサイルが日本近海に着弾 ★インド・パキスタン，相次いで核実験 ★中国・韓国など各国で大洪水	・飲食物への毒物混入事件相次ぐ ・企業倒産，リストラなどで完全失業率戦後最悪（4.1％）——中高年の自殺激増 ・"ストーカー"被害急増 ・本「五体不満足」 ・「ケータイ着メロドレミBOOK」	・カリスマ美容師 ・「ダンスダンスレボリューション」（体感ゲーム） ・介護タクシー
1999 (平成11)	国際高齢者年 ☆初の脳死判定，臓器移植 ☆男女共同参画社会基本法施行 ☆男女雇用機会均等法改正 ☆労働基準法改正 　（女性保護規定解消） ☆介護休業制度導入 ★EU単一通貨，ユーロ発足 ★トルコ北西部で大地震 ★NATO軍，コソボ空爆	・世界人口60億人突破 ・不登校（約13万人），学校崩壊深刻化 ・差別禁止明確に（保母→保育士など） ・携帯電話ブレーク，PHSと合わせて5,000万台突破（普及率40％） ・世界レベルでゲノム（遺伝子）解読競争激化 ・アウトレットモール続々誕生 ・厚底靴・ブーツ大流行 ・コンピュータ2000年問題 ・歌「だんご3兄弟」「First Love」	・ペットロボット「アイボ」 ・「iモード」 ・男性専用エステサロン
2000 (平成12)	☆雪印食中毒事件 ☆沖縄サミット ☆未成年者による殺傷事件多発 ☆有珠山，三宅島などの火山噴火相次ぐ ☆児童虐待防止法施行 ★国連，ミレニアムサミット（NY）	・食品に異物混入騒動相次ぐ パソコン普及率　38.6％	・2000円札（首里城守礼門） ・女性知事（大阪府）
2001 (平成13)	☆DV防止法制定 ☆池田小児童殺傷事件 ☆国内初の狂牛病確認（BSE問題） ☆デフレ不況深刻化 ★ニューヨーク同時多発テロ 　→米英軍アフガニスタン空爆 ★米，炭疽菌騒動	・出会い系サイトによる犯罪増加 ・大型倒産相次ぐ 　失業率過去最悪5.5％ ・映画「千と千尋の神隠し」	・USJ ・ディズニーシー ・「Suica」（JR東日本） ・ETC ・女性専用車（京王電鉄）
2002 (平成14)	☆住民基本台帳ネットワーク稼動 ☆牛肉偽装事件，原発損傷隠し事件 △拉致被害者5人24年ぶり帰国 △日韓共催サッカーワールドカップ開催 ★過激派テロ世界に拡散 ★自爆テロ報復攻撃激化（中東）	・カメラ付携帯流行 ・業界トップ企業の不祥事続発 65歳以上　　　　18.5％ 75歳以上　　　　1000万人突破 ・映画・本「ハリーポッター」	・電子投票
2003 (平成15)	☆有事関連3法成立 　→安保政策新段階に。自衛隊先遣隊イラクへ ☆日本郵政公社（郵政省公社化） ☆中学生が幼児誘拐殺人 ★米英軍がイラク攻撃，フセイン政権崩壊→テロ続発，復興混迷 ★新型肺炎（SARS）が世界的流行	・少年の重大事件相次ぐ	・教育特区 ・地上デジタル放送

西　暦 （元　号）	社　会　の　動　き ☆国内　★世界　△日本＆外国	世相・生活のトピックス	国内初登場
2004 （平成16）	☆新潟中越地震をはじめ記録的な猛暑，台風上陸，集中豪雨など自然災害頻発 △鳥インフルエンザ，アジアで猛威 ★イラク情勢混迷続く △自衛隊派遣，邦人人質事件，殺害事件 ★スマトラ沖地震・大津波，犠牲者20万人以上	・おれおれ詐欺→振り込め詐欺多発 ・ニート（NEET: Not in Employment, Education or Training）の若者急増 ・テレビドラマ「冬のソナタ」→韓流ブーム	・新札 10,000円札 5,000円札（樋口一葉） 1,000円札（野口英世） ・「おサイフケータイ」
2005 （平成17）	☆個人情報保護法施行 ☆郵政民営化関連法成立 ☆耐震強度偽装事件 ★米南部に超大型ハリケーン襲来	**合計特殊出生率過去最低　1.26** ・初の人口自然減→人口減少社会に突入 ・言葉「もったいない」（W・マータイ） 　→MOTTAINAIキャンペーン展開 ・本「ダ・ヴィンチ・コード」→映画化	・中部空港 （セントレア）
2006 （平成18）	☆改正教育基本法成立 ☆景気拡大するも地域格差，所得格差鮮明に ☆預金者保護法（偽造カード法） △首相の終戦記念日靖国参拝，隣国を刺激 △北朝鮮ミサイル発射，日本海に着弾	・愛国心をめぐって論戦 ・自治体の破綻，ワーキングプア増大 ・幼児虐待通告件数激増 ・いじめによる自殺相次ぐ	・「孫」を代理出産

> 青春と戦争が重なり合う祖母の世代，生育史の背景がそのまま戦後史の母の世代―20・21世紀にまたがる青春をおくるあなた‥‥21世紀はあなたたちの時代です。

＜参考文献＞
日本家政学会編『日本人の生活』建帛社，1998
下川耿史・家庭総合研究会編『昭和・平成・家庭史年表』河出書房新社，1998
『現代用語20世紀事典』自由国民社，1998
『情報・知識　imidas』集英社，2007
『知恵蔵』朝日新聞社，2007
『現代用語の基礎知識』自由国民社，2007

参　考

困ったときは国民生活センター，全国消費生活センターへ

　全国の消費生活センターでは，商品やサービスなど消費生活全般に関する苦情や問い合わせなど，消費者からの相談を専門の相談員が受け付け，公正な立場で処理にあたっています。
　都道府県別の消費生活センター相談窓口は，下記「独立行政法人　国民生活センター」のホームページに掲載されています。

消費生活センター数：532（2007年1月23日現在）
　都道府県立；151　政令指定都市；24　市区町立；357

■独立行政法人　国民生活センター

独立行政法人　国民生活センターは，全国の消費生活センターをネットワークで結び，消費生活相談をはじめとした情報を収集・分析・提供しています。

　［住所］　〒108-8602　東京都港区高輪3-13-22
　［電話］　03-3446-0999（相談受付直通）
　［ホームページ］　http://www.kokusen.go.jp/
　＊全国の消費生活センターを，都道府県別に調べることができます。また，ホームページを開設している消費生活センター等にもリンクしています。

21世紀の生活経営 ─自分らしく生きる─ 索　引

＜あ＞
ＩＳＯ14001	79
ＩＬＯ条約第156条	185
ＩＴ	81,142
ＩＴ革命	89,90
activity of daily living	119
悪徳商法	45
アジェンダ21	66
アダム・スミス	61
アポイントメントセールス	54,55
アンペイド・ワーク	20,21,33,117
安楽死	172

＜い＞
ＥＣ	91
イヴァン・イリイチ	21
生きる力	110
育児・介護休業法	186
育児休業法	30,104
育児不安	15
意思表示	172
いじめ	108
遺伝子組換え技術	69,172
遺伝子組換え食品	53,154
遺留分	183
医療保健	136
医療保護入院	133
インフォームド・コンセント	168

＜う＞
ヴェブレン効果	46
ウェル・エイジング	112,125

＜え＞
ＡＦ２	53,62
ＡＣＡＰ	60
ＨＩＶ	163
エコマーク	76
ＮＧＯ	147
ＮＰＯ	147
ＮＰＯ法	147
Ｍ字型労働力率	26
ＬＣＡ	79
エンゼルプラン	100,131

＜お＞
オイルショック	53,191
ＯＥＣＤ８原則	87
ＯＰＰ	62
オゾン層	65
温室効果ガス	65

＜か＞
介護サービス計画	135
介護支援専門員	135
介護保険	122
介護保険制度	134
核家族	46
学生の年金	140
学童保育	105
可処分所得	39,43
家族機能	10
──の社会化	10
家族計画	97
家族の個人化	11
家庭託児所	105
家電リサイクル法	79
カネミ油症事件	53,191
寡婦年金	129
空の巣症候群	38,113
環境家計簿	77
環境税	79
環境ホルモン	155
完全学校週５日制	110

＜き＞
機会費用	22
企業の社会的責任	53,60
規制緩和	52,63
基礎的消費	44
基礎年金	139
キャッチセールス	54
ＱＯＬ	119
共依存	117
協議離婚	180
共済年金	140
京都議定書	66
寄与分	182
緊急３ヵ年戦略	110

＜く＞
クーリング・オフ	56
──制度	54,55,56,62
クラミジア	163
グリーン購入法	79
グリーンコンシューマー運動	76
グリーンマーク	76
グループホーム	119,133
クレジット	45

＜け＞
ケアプラン	135
ケアマネジャー	135
蛍光増白剤	69
経常所得	46
契約	56,183
──の取消し	184
──の成立	183
──の無効	184
ケネディ，J.F.	57
健康な自己愛	3
健康日本21	136
建設リサイクル法	79

索引

顕微授精　167
権利の実現方法　184

<こ>

恋人商法　54,55
合計特殊出生率　39,99
公正証書遺言　183
厚生年金　140
公的年金　138,139
高度大衆消費社会　50
更年期障害　113
高齢社会　122
高齢者憲章　125
高齢者の認知症　119
高齢者保健福祉推進10ヵ年
　戦略　134
co-op　63
ゴールドプラン　134
ゴールドプラン21　134
国際障害者年　132
国際消費者機構　58,64
国民健康づくり対策　136
国民生活審議会　59
国民生活センター　59
国民年金　139
国連環境開発会議　66
個計　48
個人情報保護法　87
子ども・子育て応援プラン　101
子どもの権利条約　109
子どもの人権　109
コミュニティ　142,143
婚姻　176
婚外子　8,9,12
Consumers International　58
コンシューマリズム　50,57
コンドーム　162,164
コンピュータウイルス　84
コンプライアンス　60
　――経営　53,59
婚約　177

<さ>

再婚禁止期間　177
裁判離婚　180
サスティナブル　157
サロゲート・マザー　167

<し>

CI　58
CSR　60
ジェンダー　162
　――・アイデンティティ　162
　――・バイアス　117
　――役割　23,27
　――役割観　28
資産移転　49
持続可能な　157
　――開発　66
　――生活経営　3
しつけの最適水準領域　106
実子　178
実収入　43
指定権利　56
指定商品　56
指定役務（サービス）　56
私的保険　47
自転車リサイクル法　79
児童委員　131
児童虐待　107
児童虐待防止法　107,131
児童憲章　109,131
児童手当　131,132
児童福祉　131
児童福祉法　109,131
児童扶養手当　131
　――制度　130
　――法　131
自筆証書遺言　184
死への準備教育　169
社会文化的性　162
社会保障給付　35,42
社会保障制度　127
シャドウ・ワーク　20,21
終末期医療　170
出生前診断　168
シュレッダーダスト　72
循環型社会　74
障害者福祉法　132
生涯所得　46
消極財産　181
少子化対策基本法　101
少子社会　99
消費支出　43
消費者運動　62

消費者学習　64
消費者関連専門家会議　60
消費者基本法　59
消費者契約法　56,57,62
消費者行動　62
消費者主義　57
消費者主権　57,61
消費者信用　51
消費者宣言　63
消費者団体訴訟制度　63
消費者の5つの責任　58
消費者の権利　57,59
消費者の8つの権利　58
消費者の4つの権利　57
消費者の利益保護に関する
　特別白書　57
消費者保護基本法　59
消費者問題　50
　――専門スタッフ　60
消費者優先主義　57
消費生活アドバイザー　60
消費生活条例　58
消費生活センター　54,59
消費生活専門相談員　60
消費生活用製品安全法　52
消費性向　43
消費の下方硬直性　46
商品テスト活動　62
情報家電　90
情報のバリアフリー　93
情報民主主義　83
情報リテラシー能力　83
ショートステイ　105,124,133
職親制度　133
食品衛生法　50,52
食品リサイクル法　79
食料自給率　69
女子差別撤廃条約　186
女性保護規定　30
所得　43
新エンゼルプラン　100,131
親権　179
人工授精　167
人工妊娠中絶　162
新ゴールドプラン　134
新・新性別役割分業　14
　――志向　15

索　引

新・専業主婦志向	14
親族	176
陣痛促進剤	166
親等	176
審判離婚	180

<す>
スノッブ効果	46

<せ>
生活協同組合	63
生活習慣病	138
生活保護	127,129
生活保護法	127
性感染症	163
生協	63
製造物責任法	52,61
生存権	127
性と生殖に関する健康と権利	162
成年後見法	118
製品アセスメント	79
生物学的性	162
性別役割分業	13,16
──規範	13
──の再生産	16
積極財産	181
セックス	162
ゼロ・エミッション構想	79
全国子どもプラン	110
全国消団連	63
全国消費者団体連絡会	63
選択的消費	44

<そ>
臓器提供者	173
相続	181
ＳＯＨＯ	92
措置入院	133
尊厳死	172

<た>
ターミナルケア	170
第１号被保険者	139,140
第１次石油危機	53,191
ダイオキシン	65
体外受精	167
第３号被保険者	33,140
代替効果	46
代替費用	22
第２号被保険者	140
太陽光発電システム	74
第４回世界女性会議「北京宣言」および行動綱領	185
代理母	167
Double Income No Kids	38
男女共同参画社会	1
男女共同参画社会基本法	1,32,182
男女共同参画2000年プラン	33
男女雇用機会均等法	30,39,186

<ち>
地域子育て支援センター	105
地球サミット	66
チクロ	53,62
知的障害者地域生活援助事業	133
知的所有権	88
痴呆	119
チャイルドネット	105
嫡出子	178
超高齢社会	122
調停離婚	180
貯蓄	45
──性向	43

<つ>
通信販売	54

<て>
ＤＶ	1,2
──防止法	183,186
デイサービス	105,124,133
定年前仮面うつ病	113
低容量ピル	162
デジタル・デバイド	84
デビット・カード	48
デポジット制度	79
デモンストレーション効果	46
テレワーク	92
電気製品取締法	52
電子商取引	91
電子署名	92
電子政府	90
電子認証	92
電子マネー	48,92
電話勧誘	54

<と>
特殊販売	54
独身貴族	37
特定継続的役務提供	54,56
特定商取引に関する法律	54
特定商取引法	54,56
特定非営利活動促進法	147
特別受益	179
特別養子	178
ドナー	172
──カード	173
ドメスティック・バイオレンス	1,5,163

<な>
内分泌かく乱化学物質	65

<に>
日本国憲法	185
──第25条	127
乳幼児死亡率	97
任意後見制度	133
任意入院	133
認可保育所	105
認知症	119

<ね>
ネチケット	88
ネットワーク	146

<の>
ノーマライゼーション	132

<は>
配偶者控除	33
配食サービス	150
ハイブリッドカー	72
排卵	165
バブル経済	52,194
パラサイト・シングル	38
晩婚化	5,6,14
バンドワゴン効果	46

索引

＜ひ＞
ＰＬ法	52
ＢＯＤ	67
ＰＣＢ	53,62
ヒープ	60
非婚	8,9
ヒ素ミルク事件	53
非嫡出子	178
秘密証書遺言	183

＜ふ＞
ファミリー・サポート・センター	105
夫婦別姓	12
父子家庭対策	130
婦人保護事業	129
普通養子	178
不妊治療	167
Product Liability Law	52
プロバイダ	86
フロンガス	65
分割払い	45

＜へ＞
平均寿命	125
ペイド・ワーク	20,21,24,33,117
北京女性会議	20,185
ベビーシッター	105

＜ほ＞
保育ママ	105
法定離婚請求原因	12
訪問看護	124
訪問販売	54,55
ホームヘルプサービス	124,133
母子及び寡婦福祉法	129
母子保健対策	131
ＰＯＳ	82
ポストハーベスト	69
──農薬	53,69
ホスト・マザー	167
ホスピス医療	171
母性神話	101
母性喪失	102
母性的養育の喪失	101
母体血清マーカー検査	158
母体保護法	98
ボランティア	148
──の活動内容	150

＜ま＞
マルチ商法	54,55

＜み＞
見えざる手	61
未婚化	5,6,14
未婚率	6
未成年者の契約	54
民法改正	12

＜む＞
無店舗販売	54
無認可保育所	105

＜ゆ＞
遺言	183
ＵＮＣＥＤ	66
優生保護法	98
ユビキタス社会	94

＜よ＞
容器包装リサイクル法	79
養子	178
４つのＲ	74

＜ら＞
ライフサイクルアセスメント	80
ラルフ・ネーダー	57

＜り＞
離婚	180
リサイクル	74
利殖商法	51
リスクマネジメント	126
リデュース	75
リビング・ウィル	172
リフューズ	75
リプロダクティブ・ヘルス	97,162
リプロダクティブ・ライツ	97,162
リボルビング払い	45
リユース	75
流動資産仮説	46

＜れ＞
連鎖販売取引	54

＜ろ＞
労働基準法	30,186
労働時間短縮	15
老年人口比率	122

＜わ＞
ワークシェアリング	152

21世紀の生活経営
──自分らしく生きる──

2001年3月1日　第一版第1刷発行
2004年4月1日　第二版第1刷発行
2007年4月1日　第三版第1刷発行
2011年4月1日　第三版第4刷発行

編著者	臼井和恵
著　者	奥田都子・藤田純子・鬼頭由美子
	磯村浩子・中澤弥子・岡部千鶴
	小野瀬裕子・中澤孝江・小澤千穂子
	岩本真代・田中美恵子
発行者	宇野文博
発行所	株式会社　同文書院
	〒112-0002
	東京都文京区小石川5-24-3
	TEL (03)3812-7777
	FAX (03)3812-7792
	振替　00100-4-1316
印　刷	モリモト印刷株式会社
製　本	東京美術紙工

© Kazue Usui et al., 2001
Printed in Japan　ISBN978-4-8103-1244-7
●乱丁・落丁本はお取り替えいたします